U0611729

数字货币初探

姚 前 著

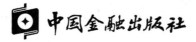
中国金融出版社

责任编辑：陈　翎
责任校对：孙　蕊
责任印制：丁淮宾

图书在版编目（CIP）数据

数字货币初探（Shuzi Huobi Chutan）/姚前著．—北京：中国金融出版
社，2018.5
ISBN 978 – 7 – 5049 – 9415 – 8

Ⅰ.①数…　Ⅱ.①姚…　Ⅲ.①电子货币—研究　Ⅳ.①F830.46

中国版本图书馆 CIP 数据核字（2018）第 019882 号

出版
发行　**中国金融出版社**

社址　北京市丰台区益泽路 2 号
市场开发部　（010）63266347，63805472，63439533（传真）
网 上 书 店　http://www.chinafph.com
　　　　　　　（010）63286832，63365686（传真）
读者服务部　（010）66070833，62568380
邮编　100071
经销　新华书店
印刷　北京市松源印刷有限公司
尺寸　169 毫米 × 239 毫米
印张　25.5
字数　340 千
版次　2018 年 5 月第 1 版
印次　2018 年 5 月第 1 次印刷
定价　65.00 元
ISBN 978 – 7 – 5049 – 9415 – 8
如出现印装错误本社负责调换　联系电话（010）63263947

序　言

　　几年前，当我们开始做数字货币研究的时候，这一领域既冷门，又边缘，不少人都质疑此项研究的必要性。这项工作的展开不能不归功于周小川博士的敏锐洞察力和学术前瞻性。这两年，随着比特币价格的暴涨暴跌，人们开始纷纷关注这一新兴事物。作为一个研究者，尽管我认为比特币还只是一种准私人数字货币，但我对其代表的数字货币技术的未来满怀憧憬！

　　应该说，有很多人是因为比特币而知道的数字货币。实际上，远在比特币之前，数字货币就是密码学的一个研究分支。自 20 世纪 70 年代以来，密码学界一直有一个梦想，我们手里拿的实物现金能不能数字化以后，通过数字加密技术，像发一个邮件一样，直接从某一个数字身份人转移到另外一个数字身份人的名下？就这么一个问题，很简单但也很复杂，引起了众多学者的兴趣，开创性的人物是 David Chaum。1982 年，他提出了一种具备匿名性、不可追踪性的电子现金系统，作为最早能够落地的试验系统，得到了学术界的高度认可。1994 年 Bruce Schneier 的集大成之作 *Applied Cryptography*：*Protocols*，*Algorithms*，*and Source Code in C*，就专设一节，探讨 David Chaum 的数字现金协议①。

　　到 2008 年，一位化名 Nakamoto 的神秘人物提出了比特币的构想。数字货币的发烧友们狂喜地发现，去中心化的数字货币梦想竟也可以大规模试验了。这就是我们目前看到的席卷全球的比特币试验。客观而言，这个试验极具争议，有人对其背后的技术啧啧称叹，有人攻击它是诈骗工具，有人认为其堪比黄金，

---

　　① Bruce Schneier. 应用密码学：协议、算法与 C 源程序［M］. 吴世忠等译. 北京：机械工业出版社，2000：98 - 104.

也有人认为它一钱不值。一些知名人士，比如许多诺贝尔经济学奖获得者，也发表了自己的观点。"天下熙熙，皆为利来；天下攘攘，皆为利往"，众说纷纭间，与传统意义上的商品、资产、支付工具、货币等均有所不同的比特币以其丰厚的回报，吸引了全球投资者的眼球。

想要评价它，我们必须回到中本聪的经典论文《比特币——一种点对点的电子现金系统》。其中有两个关键词："点对点"和"电子现金系统"。"点对点"的特性，使我们想起了实物货币，因为它就具有"点对点"这一优越的支付特性，只是其支付功能逐步被电子支付工具所蚕食。时至今日，"无现金社会"喧嚣尘上，似乎实物现金已无容身之地。果真如此吗？事实上主要经济体的实物现金投放和使用是在增加而不是减少①。所以实物现金的未来究竟如何，恐怕现在还不能妄下结论。

也许从哲学角度分析有助于理解这个问题。按照马克思主义辩证法，一样事物从自然产生到消亡，并不是简单的消失，而是有一个推陈出新，此乃"否定之否定"。货币亦是如此。假使实物现金在长期的历史进程中要消亡的话（当然这一点还有很大争议），这个"否定之否定"应该是什么？个人认为，那就是"点对点+电子支付系统"。也就是说，从实物现金的角度看，需要"+电子支付系统"；而从银行存款转账、第三方支付等电子支付工具的角度看，则需要"+点对点"。按目前电子支付系统的发展势头，无论"无现金社会"实现与否，电子支付将实物现金的特性融合进来，是显见的趋势。所以个人以为，所谓的数字货币应该是电子货币和实物现金的一体化。这个一体化如果动态地去理解可能会更好，现在数字货币的定义还是存在争议的，我理解这个事情不要把它看成一个静止的状态。数字货币一定与货币的数字化进程紧密相关，在这个进程中，货币的数字化实际上是一个非常动态的、不断演进的东西，有些属性可能我们看得很清楚，还有一些属性很可能现在还看不清，还需要完全展开，需要观察和研究。这个观察和研究，如何结合法定数字货币的设计，成为我们

---

① Cash is Still King in the Digital Era［EB/OL］. http：//money. cnn. com/2017/11/20/news/economy/cash－circulation－payment/index. html. 2017.

现在工作的重点。

很显然，实物货币向数字货币演进的意义在于，实物货币的支付功能优化了，可以在多种交易介质和渠道上完成支付，具有良好的普适性和泛在性。电子支付工具向数字货币演进的意义则在于，它能吸收实物货币"点对点"支付和匿名性的特性，将支付权利真正地赋予用户自身。在一定程度上，第三方支付的出现破除了用户对银行账户的依赖以及被施予的约束（如需到银行物理网点和 ATM 办理业务、一层层烦琐的业务程序等），有效释放了用户的支付主动性和能动性，降低了支付交易成本。但这还远远不够，账户是否可以透明？向谁透明？透明到什么程度？数字货币是否可被追踪？这些理应都由用户自主掌控。

或许有人会说，既然数字货币是实物货币和电子支付工具的发展方向，那么是否就意味着比特币终将胜出，笑到最后？也许一些持"货币非国家化"观念的自由主义者会这么认为。但是，许多国际组织和政府部门却倾向于将比特币定位成虚拟货币。为什么叫虚拟货币？因为它背后没有资产支撑，许多人（包括多位诺贝尔经济学奖获得者）认为它是没有前景的，尽管它的暴涨掀起了一股庞大的浪潮。"比特币也许失败，问题是这里头有钱可赚"，这句话道尽了很多人对"比特币"们的真实心态。比特币价格涨到什么程度才算合理？其暴涨究竟有多少泡沫？这是仁者见仁，智者见智的问题，作为研究者而不是投机客，追问"比特币"们的真正价值所在才是问题的关键。

回顾加密货币的研究历程，如果说 David Chaum 模式的数字货币是基于"银行—个人—商家"三方模式来设计的，那么比特币模式的数字货币则由原来的三方模式，变成了点对点的两方交易模式。这当然是一个范式的飞跃，但这两个模式都没有考虑中央银行的角色。David Chaum 只是探讨了匿名化现金的实现机制，根本没有涉及中央银行。比特币所谓的挖矿发行，煞有介事，实质上是把记账权、铸币权和发行权混为一谈，央行的角色因此消解。实际上，他们更多的是在研究数字化技术本身，但货币作为一般等价物，显然不只是（数字）铸币技术的问题，其背后的价值支撑才是关键。纵观各种货币形态均有价值锚定。商品货币、金属货币的价值锚定来源于物品本身的内在价值。金本位制度下，各国法定货币以黄金为价值锚定。布雷顿森林体系崩溃以后，各国法定货币虽不再与黄金挂钩，但是以主权信用为价值担保。全球那么多的货币，根本的区别在于背后的价值支撑而不是铸币技术。相信现有的数千种加密货币，在追求极客技术的同时，也会逐步认识到这一点：当前的经济社会是一个高度发达的信用经济，货币发行和管理功能有缺陷的"比特币"们实难担当大任，核心问题在于这类"可转让数字资产"很难构建自身的价值支撑体系。

所以，必须把目前虚拟货币缺乏价值支撑这一根本性的缺陷给矫正过来。技术固然可以向典型的虚拟货币、加密货币取经，但人类社会长期形成的货币的本质内涵，理应是数字货币发行的基石。从这个意义上说，虚拟货币的未来得有一个"去虚拟"的过程，一个可能的变化是在前述所言的"点对点＋电子支付系统"的基础上，再加上强有力的"央行信用"，也就是"点对点＋电子支付系统＋央行信用"。

因为价值支撑的缺失，各国政府对于虚拟货币活动，如 ICO、虚拟货币交易等，一直持审慎的态度，对其中隐含的金融风险和投资者保护问题高度警惕，但对代币或者是虚拟货币背后的技术却是态度积极。中国人民银行是最早对数字货币进行研究和试验的中央银行，其他主要国家央行也高度重视数字货币的研究。目前央行数字货币已成为国际央行会议最重要的主题词之一。数字货币可谓是数字经济发展的基石，把实物货币转为数字货币的梦想已在民间率先发力和试验，中央银行必须奋起直追。

以太坊的创始人 Vitalik Buterin 认为，数字货币这样的创新由政府部门来主导是不可能实现的。这是一个很有趣的观点，私人数字货币伴随着财富效应，趋之若鹜；法定数字货币一定程度上则是对原有知识结构和投资收益的挑战，阻力难免。两者的难易程度一望即知，问题是在推动创新方面，政府的作用怎么可能缺位呢？早在 20 世纪 20 年代，凯恩斯就写下了这样的话：

"宣称私人利益和社会利益必定会相互一致，这是没有根据的，上天并非是如此来统治世界的。说两者在实际上是一致的，这也是不真实的，在现实生活中并非是如此来管理社会的。断言开明的自利必定会促进公共利益，也不是根据经济学原理得出的正确推论。而所谓自利一般是开明的，同样也是不符合实际情况的。"①

当下愈演愈烈的 ICO、IFO 仿佛就是这段话最好的注解，有人因此感慨："人性是比特币生态链上最大的弱点！"所以笔者以为，对于 Vitalik 的论断，最好看看情况再下结论。无论是官方还是民间，数字货币研发进程的大幕都才刚刚拉开。两者也未必就是绝对的泾渭分明，公权与私权，宛若一枚硬币的两面，既对立又统一。任何新生事物都需要时间来检验。

实际上，老百姓对货币的基本要求也就两个：一个是不能假了，另一个是不能毛了。无论对私人数字货币，还是法定数字货币，这两个要求都概莫能外。就全局最优的角度而言，我们相信，央行数字货币理应更能满足大众对货币的需求。

实物现金"＋电子支付系统"，数字货币"＋央行信用"，电子支付工具"＋点对点"甚至"＋央行信用"，"＋可控匿名"，"＋智能便捷"……各类演变看似各异，实则脉络清晰。不仅朝着"你中有我，我中有你"的方向演进，而且"草蛇灰线"，"伏脉千里"之外的则是那若隐若现的法定数字货币。

这一历史进程正徐徐展开！

大浪淘沙，我们都在这一进程之中！

姚　前
2018 年 1 月 20 日

---

① 凯恩斯. 预言与劝说［M］. 赵波，包晓闻，译. 南京：江苏人民出版社，1999：313.

目　录

第一章　数字货币概述

数字货币是指以数字形式存在的货币，在不同语境下，有着不同的内涵和外延。目前，狭义的数字货币主要指纯数字化、不需要物理载体的货币；广义的数字货币等同于电子货币，泛指一切以电子形式存在的货币。

从狭义看，最早的数字货币源于 1982 年 David Chaum 提出的一种具备匿名性、不可追踪性的电子现金系统①。它的两项关键技术是随机配序和盲化签名：随机配序产生的唯一序列号保证数字现金的唯一性；盲化签名确保银行对该数字现金的匿名背书。Chaum 的理论及其研发的 E - Cash 激发了研究者们对数字货币的兴趣。经过近四十年的发展，数字货币已经在 Chaum 理论的基础上融合了群盲签名、公平交易、离线交易、货币的可分割性等新概念。

但 Chaum 当时建立的模型还是传统的"银行、个人、商家"三方模式。每个使用过的 E - Cash 序列号都会被存储在银行数据库中，且在每次交易中系统都要验证 E - Cash 序列号的唯一性，因此随着交易量的上升，数据库就会变得越来越庞大，验证过程也会越来越困难。

2008 年，中本聪发表经典论文《比特币：一种点对点的电子现金系统》②，提出了一种全新的电子化支付思路——建立完全通过点对点技术实现的电子现金系统，将 Chaum 的三方交易模式转变为去中心化的点对点交

---

① Chaum D. Blind Signatures for Untraceable Payments ［M］. Advances in Cryptology. Springer US, 1983：199 - 203.

② Nakamoto S. Bitcoin：a Peer - to - peer Electronic Cash System ［EB/OL］. https：//bitcoin. org/ bitcoin. pdf. 2008.

易模式。技术思路是：把通常意义上的集中式簿记分拆为约每十分钟一次簿记，簿记数据按时间顺序链接起来并广播全网，簿记的权利由全网竞争选取。任何节点均可同步网络上的全部簿记记录，均可投入计算资源参与簿记权的争夺。攻击者如果不掌握全网50%以上的计算资源，就无法攻击这套簿记（链接）系统。通过这样的技术设计，以前人们隔着万水千山做不到的点对点交易，现在不依赖银行等中介机构而仅靠分布式账本就可以实现。

比特币是一个互相验证的公开记账系统，具有总量固定、交易流水全部公开、去中心化、交易者身份信息匿名等特点。其"未花费过的交易输出"（Unspent Transaction Output，UTXO）的绝佳设计，解决了E－Cash数据库无限膨胀的问题，使数字货币技术出现新的飞跃。人们将这一前沿技术称为区块链技术。目前，区块链技术的基础架构包括数据层、网络层、共识层、激励层、合约层、应用层。

继比特币之后，基于各种区块链技术创新的各种数字货币不断出现。截至2017年，共有1400多种数字货币。目前市场占有率较高的加密货币有比特币、以太币（Ethereum）、达世币（Dash）、门罗币（Menero）、瑞波币（Ripple）和零币（Zcash）等。这些加密货币利用各种加密技术，对比特币进行了扩展与变型，如以太币扩展了比特币的可编程脚本技术，致力于发展一个无法停止、抗屏蔽和自我维持的去中心化智能合约平台；达世币设置了双层奖励制网络，提供即时支付以及以混币技术为基础的匿名支付等增强服务；门罗币采用环签名技术隐藏交易双方地址，并吸收比特币社区发展出的机密交易技术隐藏交易金额，提供了更完善的匿名性；瑞波币允许不同的网关发行各自的IOU（I Owe You，相当于在线债券的借据），并实现不同IOU之间的自动转换；零币首创的零知识证明算法zk－SNARK可同时保证交易发送者、接收者和交易数额的隐私性，具有较强的学术创新性。

另一方面，纵观全球，各国央行也正加速法定数字货币的研发，如加拿大央行Jasper项目、新加坡金管局Ubin项目、欧洲中央银行和日本央行联合开展的 Stella 项目，这些项目均已取得积极进展。

当前，私人数字货币与法定数字货币俨然形成竞争态势。那么，数字经济时代的货币角色由谁来承担？私人数字货币，抑或法定数字货币？央行发行法定数字货币的理论依据是什么？技术逻辑是什么？无疑，厘清这些问题，意义重大。本章首先基于历史视角，追本溯源地回顾货币演化中的技术因素，发现货币的历次形态演化和内涵扩展均受到科技进步的深刻影响，因此，在当前数字货币技术快速发展的背景下，央行货币发行创新是历史的必然。然后，针对私人数字货币对法定货币的挑战，跳出货币"非国家化"论与货币法定论的传统分析框架，从货币价值稳定性、公共经济学、交易费用理论等三个经济学视角审视和讨论数字货币发行权的归属问题，论证了央行发行法定数字货币的经济理论逻辑。

第一节　货币演化的技术因素

回顾历史，从工业革命、电力革命到信息技术革命，历次重大的技术进步无不重塑了人类的生产、生活方式，引起了巨大的经济社会变革。技术是生产力进步的关键因素，是社会发展的主导动力。作为一种社会关系[①]，货币亦不例外，它的历次形态演化和内涵扩展均受到了科技进步的深刻影响。

一、技术变迁推动货币形态的演化

理论上，货币应具备以下基本特性：容易标准化、可分性、携带方便、材料稳定和不容易变质[②]。在人类社会发展早期，限于技术水平的落

---

① 马克思指出："货币代表一种社会关系，不过是采取了一种具有独特的社会属性的自然物的形式"。马克思. 资本论（第 1 卷）[M]. 北京：人民出版社，2004：101.

② 易纲，吴有昌. 货币银行学 [M]. 上海：上海人民出版社，1999：26.

后，人类只能选择不容易标准化、可分性差、材质不稳定的商品币（如贝壳、牲畜、布帛等）作为货币。金属采矿和冶炼技术的成熟，让货币形态第一次发生质的飞跃：商品币被真正具有货币形态和功能的青铜币所取代，并伴随着冶炼技术的发展，从青铜铸币、铁制铸币到银币、金币，货币特性渐趋完善。而造纸术、印刷术、材料技术和防伪技术的发展则为纸币的出现提供了重要动力和技术支撑，进一步降低了货币制作成本，使货币流通和储藏更趋方便、安全。到18世纪，以蒸汽机、珍妮纺纱机为标志的工业技术革命，引起了社会生产从手工劳动到机器生产的巨大变革。19世纪的电力革命则将人类社会由机器化时代带入了电气化时代，使社会生产力提升到了新的高度。两次技术革命极大提高了货币的生产效率，为有效满足社会化大生产所要求的大规模货币流通创造了基本的技术条件。进入20世纪，在信息技术革命推动下，货币在继商品货币、金属货币、纸币之后出现了新的形态，即电子货币。货币的"无形化"超越了物理形态上的限制，货币流通的领域、速度、效率达到历史巅峰。

二、技术变迁推动货币内涵的扩展

关于货币内涵，经济学界历经货币金属论和货币名目论两个认识阶段。货币金属论认为，只有贵金属才是货币，货币具有金属形式和劳动内在价值，如马克思指出，"金银天然不是货币，但货币天然是金银"①，亚当·斯密认为，贵金属货币具有劳动价值，而纸币不过是贵金属的表征，没有实际意义②。货币名目论则认为，货币的价值尺度、流通手段仅是观念上的存在，货币是一种符号，因此即使不具有十足价值，但购买商品和劳务或清偿债务时被广泛接受的任何物品，也都可以被认为是货币③。应

---

① 马克思. 资本论（第1卷）[M]. 北京：人民出版社，1975：107.
② 亚当·斯密. 国民财富的性质和原因的研究（上卷）[M]. 北京：商务印书馆，1972：20－49.
③ 弗雷德里克·S·米什金. 货币金融学 [M]. 北京：机械工业出版社，2011：42.

该说，从货币金属论到货币名目论，货币内涵的扩展既是历史的缘起，如对重商主义的反思与批判①，也是现实的必然。那就是，通过应用先进科技手段，银行建立起四通八达的网络，银行存款越来越多地充当交易清算和支付工具。特别是信息技术革命以来，银行广泛应用信息技术提升业务效能，如推广应用电子数据交换技术、自动取款机、移动互联网技术，从初级的电话银行、PC 银行发展到 WAP 银行、网络银行，银行支付清算体系已成为现代社会不可或缺的资金流通网络，因此将货币内涵从贵金属货币扩展到信用货币，自然得到广泛的认可②。

在货币名目论中，以流动性水平标准来划分和定义货币概念层次的观点最为流行，并被各国中央银行所采纳。流动性水平是指资产价值实现（或称变现）的能力。现金或通货具有完全流动性，即无论出售决定做出得有多迟，该资产都能实现其全额价值③。以现金或通货为标尺，其他资产转换成现金的能力代表了该资产的流动性水平。从 20 世纪 50 年代开始，许多中央银行根据流动性标准定期计算和公布 M_0、M_1、M_2 等不同层次货币供应量。到了 20 世纪 70 年代，随着信息技术的快速发展，尤其是因特网的出现，电子计算机信息技术在金融业中得到广泛应用，极大激发了金融创新④，但随之带来的大量高流动性金融资产，如货币市场存款账户、货币市场共同基金股份、隔夜回购协议等，使美国出现了"货币失踪现象"⑤，即这些高流动性金融资产超出了 M_2 口径的统计范围。由此，学者

① 重商主义认为，金银是国家的财富，一国积累的金银越多，就越富强。主张国家干预经济生活，禁止金银输出，增加金银输入。

② 除了交易媒介功能，存款准备金、存款保险、央行最后贷款人、政府对银行隐含担保等制度安排使银行存款具备价值储藏功能。

③ James Tobin, Stephen S. Golub. 货币、信贷与资本 [M]. 大连：东北财经大学出版社，2010：12.

④ Hannon 和 MeDowell（1984）的实证研究表明，20 世纪 70 年代电脑、电信设备等新技术的采用和扩散是美国银行业金融创新的主要因素。见 T H Hannon, JM McDowell. Market Concentration and Diffusion of New Technology in the Banking Industry [J]. Review of Economics and statistics, 1984, Vol. 11.

⑤ Stephen M. Goldfeld. the Case of the Missing Money [J]. Brookings Papers on Economic Activity, 1976, 3：683 – 739.

们建议将货币内涵从 M_0、M_1、M_2 的信用货币一步扩展到 M_3、L 等更高流动性金融资产。

三、信息技术与货币的深度融合

进入 21 世纪，随着大数据、移动互联网、云计算和人工智能技术等信息技术的快速进步，技术对货币演化的影响进一步深入，货币形态及其流通模式日趋数字化和网络化，出现了一种不同于传统货币的新型货币：数字货币。

数字货币技术迄今已历经近四十年的研究，其未来在中央银行的创新应用场景丰富多元，例如可用于货币发行、流通和调控方式创新；用于解决现行中心化模式运行下的金融行业"痛点"，优化金融基础设施，提高金融运行效率；用于改进金融监管手段，提高监管效率；用于加强金融信息安全保护等。因此中央银行主动学习和吸纳数字货币技术具有重大意义。另一方面，数字货币技术在金融业的应用将可能引发整个金融运行模式的重构，从而深刻改变中央银行的履职环境，对中央银行的宏观审慎监管能力提出了新的要求。

第二节　私人数字货币与货币"非国家化"

未来数字经济的货币角色由谁来承担？私人数字货币，抑或法定数字货币？对于自由主义者而言，答案无疑是前者。传统上，关于货币发行权力的归属，存在货币"非国家化"论与货币法定论两种理论，但传统的分析框架对数字货币不具有完全适用性。

一、私人数字货币的"自由主义梦想"

作为去中心化的可编程货币，以比特币为代表的私人数字货币一出现即获得了许多自由主义者的欢呼，被寄予了颠覆法定货币的梦想。尤其是本轮国际金融危机后，中央银行的声誉及整个金融体系的信用中介功能受到广泛质疑，奥地利经济学派思想开始回潮，货币"非国家化"的支持者不断增多。

不得不说，比特币的分布式记账、共同验证等去中心化设计理念与奥地利学派的开山鼻祖卡尔·门格尔的货币自发秩序理论高度一致。卡尔·门格尔认为，货币本身是人类社会自然演化发展出的"每个人的意念的社会秩序"，就如同道德标准、风俗、爱好、语言一样，是一种社会习惯，一种社会共识①。而比特币则利用加密技术、点对点通信技术和共识算法来达成这一社会共识，从而建立卡尔·门格尔所谓的货币自发秩序。

二、货币发行权归属的历史争议

按照奥地利经济学派的观点，货币自发秩序的好处在于，可以避免政府在发行货币中的通货膨胀和利益再分配倾向，因此他们提出，只有废除政府的货币发行垄断权，用市场中的竞争性货币取代法定货币，才能实现价格水平稳定②，这就是货币"非国家化"论。虽然奥地利学派一直反对实证研究，推崇逻辑一致性的理论演绎，但依然以18世纪的苏格兰自由银行制度为例，来论证货币竞争的合理性③。他们认为，苏格兰自由银行制度的成功之处在于：一是自然形成的外部市场约束。在竞争性货币发行环境下，银行的盈利直接与银行券的发行规模和公众持有时间相关。发行规模越大，公众持有时间越长，则银行盈利越大。因此银行经常雇用人员

---

① C. Menger. On the Origin of Money [J]. Economic Journal, 1892, No. 2：239-255.
② 弗里德里希·冯·哈耶克. 货币的非国家化 [M]. 北京：新星出版社, 2007.
③ 比如 White（1984）研究了1844年前苏格兰自由银行时期货币发行的竞争体系。见 White L. H. Free Banking in Britain：Theory, Experience, and Debate, 1800-1845 [M]. Cambridge University Press, 1984.

专门收集竞争对手的银行券，要求对手对其银行券兑付黄金，从而造成竞争对手流动性的困难，由此对银行券超发和信用货币价值稳定形成了外部市场约束。二是银行券选择条款。银行向银行券持有者提出延迟兑付的选择，如果持有者同意延迟一定期限兑付，持有人将获得相应的补偿。这一条款有助于减少银行挤兑的压力，避免自由银行体系的不稳定。三是私人部门最后贷款人。各银行因清算需要将一定的储备或流动性存在清算所协会，构成了银行体系的共同保险计划，当银行业出现恐慌时，清算所协会可向暂时陷入流动性危机但有偿还能力的私人银行提供贷款，扮演最后贷款人角色。

与货币"非国家化"论针锋相对的是货币法定论。他们认为，货币秩序是按照社会性的生产方式构建的，而不是从市场中自发产生的[1]。货币是国家的特殊产物，国家理论和货币理论不可分离[2]。信用货币通常不具有与其面值相匹配的内在价值，之所以能被广泛接受，真实原因是社会对货币发行主体的权威地位的普遍认同。发行主体权威越高，则拥有越大的货币发行权。显然，政府具有最高的权威，它能强制要求本国居民以自己发行的通货支付赋税[3]，弗里德曼指出，"货币是不能拿来开玩笑的，所以要交给中央银行"[4]。他认为，实现货币稳定的关键是货币当局必须遵循某种规则，且如果可能的话，规则应该体现在一部"货币宪法"中[5]。

基于上述货币"非国家化"论与货币法定论，经济学界对货币发行权归属展开激烈的争论，时至今日，虽然最早的中央银行——英格兰银行已经成立了三百多年，但两种观点之间的争论依然没有停止。然而，需要指出的是，货币"非国家化"论与货币法定论讨论的对象是以信用为价值基

[1] Goodhart C A E. the Two Concepts of Money: Implications for the Analysis of Optimal Currency areas [J]. European Journal of Political Economy, 1998, 14 (3): 407-432.
[2] Knapp G F. the State Theory of Money [M]. History of Economic Thought Books, 1924.
[3] Ingham G. the Nature of Money [M]. John Wiley & Sons, 2013: 81-86.
[4] 米尔顿·弗里德曼. 货币的祸害 [M]. 北京: 商务印书馆, 2006: 291.
[5] 米尔顿·弗里德曼. 货币的祸害 [M]. 北京: 商务印书馆, 2006: 291.

础的货币，即通货、银行券、银行存款等。因此，对于不是以信用为价值基础的私人数字货币而言，上述两种理论的分析框架不具有完全适用性。

第三节　数字货币发行权归属分析：
新的视角

跳出货币"非国家化"论与货币法定论的传统分析框架，至少可以从货币价值稳定性、公共经济学、交易费用理论等三个视角来审视和讨论数字货币发行权的归属问题。

一、货币价值稳定性

理论上，货币应具备三类功能：一是交易媒介功能；二是价值核算单位功能，即计价功能；三是价值储藏功能。诚如凯恩斯的观点，比起交易媒介功能，货币作为计价手段的功能是第一性的[①]。而作为计价功能，货币价值的稳定性则至关重要。很难想象，价值不稳定的物品能够承担起计价和价值储藏的功能，更遑论在商品交易或清偿债务时能被广泛接受。传统形态的货币均有价值支撑，如金属货币的价值来源于贵金属本身的内在价值，信用货币的价值则来源于发行人对社会的债务信用价值[②]。那么，以比特币为代表的私人数字货币的价值特征是什么？对此，本节从私人数字货币的资产属性入手[③]，分析它的价值特征。

---

① 凯恩斯. 就业、利息和货币通论［M］. 北京：商务印书馆，1983. 同见张宇燕，张静春. 货币的性质与人民币的未来选择——兼论亚洲货币合作［J］. 当代亚太，2008（2）：9－43.

② 这也是货币"非国家化"论与货币法定论的争论焦点在于银行信用和央行信用价值哪个更加稳定的缘由。

③ 相关经验研究表明，比特币的新参与者更多是把比特币视为一项投资资产。见 Glaser F, Zimmermann K, Haferkorn M, et al. Bitcoin－Asset or Currency? Revealing Users' Hidden Intentions ［C］//The Twenty Second European Conference on Information Systems, 2014.

（一）私人数字货币是加密股权

目前区块链行业受到广泛关注的是初始数字货币发行（Initial Coin Offering，ICO）。考虑到私人发行数字货币的敏感性，"Coin"本身是不是货币也有争议，该词一度被替换成了"Token"（代币），并加上了"Crypto"（加密）的修饰。因此，将初始数字货币发行解读为初始加密代币发行（Initial Crypto - Token Offering）更为准确，即通过发行加密代币方式来融资。比如以太坊通过以太币的初始数字货币发行募集3万余个比特币，来发展去中心化智能合约平台。其他为了区块链项目融资而进行初始数字货币发行的加密代币更是不断涌现，初始数字货币发行已成为区块链行业发展的重要融资渠道，数据显示，2017年区块链行业通过初始数字货币发行募集的资金是风险资本投资的2.4倍。

从加密代币的资产收益特征来看，与普通股票没有差异，收益具有"或有"特征：项目若能发展成价值网络，则代币投资者可获得收益回报，否则代币价值为零。且根据荷威标准（Howey Test），投资合同，即"个体将其资产投入普通企业，并期望仅通过发起者或第三方的努力获取利润收益的合同、交易或计划"，可被划分为证券。可见，初始数字货币发行除了资产投向不是企业之外，基本符合证券的定义和标准。初始数字货币发行和首次公开募股（IPO）、股权众筹一样，同属权益类证券。本质上，比特币、以太币等加密代币是一种在区块链上发行和流通的加密股权（Crypto - Equity）。

那么，既然是一种权益类资产，比特币的波动率远高于债券、回购等资产，甚至比首次公开募股发行的股票波动率还高（见图1-1），这就不足为奇了。

（二）私人数字货币价值不稳定的原因

同普通股票一样，以比特币为代表的私人数字货币发起或运营团队和参与者之间存在着委托代理问题。为提高参与者对项目的兴趣和信心，加密代币行业的普遍做法是向参与者展示技术白皮书和项目进展情况，尽管

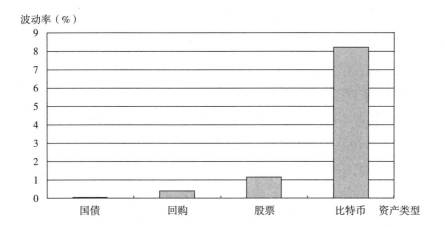

波动率（%）

图 1 – 1　比特币与其他资产收益率的波动率比较（基于 2016 年中国市场数据）

如此，限于技术的专业性、开发者的匿名性以及项目报告信息传递的有限性，参与者难以对项目具体进展及未来方向形成完整、透明的评估和判断。信息不对称容易产生道德风险和逆向选择问题，甚至发生诈骗、非法集资等犯罪活动。例如，每一次的协议更新或技术规则的改变掌控在少数专家手上，这样的"少数者"操控存在道德风险。2014 年 2 月比特币交易暂时中断，由 6 个开发人员组成的核心小组为软件设计修正程序，以恢复交易验证过程。2015 年 8 月，两位比特币开发者 Gavin Andresen 和 Mike Hearn 发布了比特币的另一个版本 Bitcoin XT，即所谓的"分叉"，Bitcoin XT 发布后，比特币价格出现了下跌。

　　而且这一委托代理问题难以通过共识机制解决，因为其中存在"两难"问题。若采用完全共识机制，则根据经济学的阿罗不可能定理，如果众多个体具有不同的偏好，而系统又有多种备选方案，那么在民主投票机制下不可能得到令所有人都满意的结果，也就是说，从理性经济个体出发，完全共识难以形成。而不采用完全共识机制，则意味着部分比特币持有者的经济利益将会受损，同时在技术上，采用何种程度的不完全共识机制，又需要"共识"的共识。

再者，私人数字货币持有者必须借助于代币交易所和清算中心才能买卖加密代币。然而，并不是初始数字货币发行的所有代币都能在代币交易所交易，未能上市交易的代币只能通过场外交易变现，或无法变现。此外，上市交易的代币可能因市场操纵而存在流动性风险。

最后，私人数字货币还存在安全风险：一是区块链系统不能关闭集中升级，导致安全漏洞修复困难。二是智能合约上的漏洞若审核不严，风险意识不够，容易被黑客攻击，导致代币资产损失。2016 年，"The DAO"初始数字货币发行不久即因为智能合约的重大漏洞遭到黑客攻击，300 多万以太币资产被分离出 The DAO 资产池。三是代币资产存在被盗风险，即使采用多重签名、第三方私钥托管等手段，依然存在安全隐患。

上述委托代理风险、流动性风险、安全风险等高风险决定了私人数字货币价格波动性要远高于其他金融资产。

（三）私人数字货币难以成为真正货币

准确地说，以比特币为代表的私人数字货币虽然名义上叫"币"（Coin），但实质上只是一种非货币数字资产。区块链技术解决了私人数字货币的支付技术信任问题，却不能解决它们的资产价值信任问题。价值不稳定决定了私人数字货币难以成为真正的货币。而央行发行的法定数字货币是实物纸币的数字化，同样由国家信用背书，具有最高价值信任，由央行垄断数字货币发行权无疑是最佳选择①。

二、公共经济学

根据哈特穆特·皮希特②的观点，由于价值储藏行为要求可预期的稳

---

① 在极端情况下，本国现金（包括法定数字货币）可能失去货币的资格，因此如何科学决定并调控数字货币发行量，以确保币值稳定，应成为央行发行法定数字货币最重要的考量，这也是不同货币当局在数字经济时代展开数字货币竞争的关键所在。

② 哈特穆特·皮希特. 货币竞争. V. 奥斯特罗姆，D. 菲尼，H. 皮希特编. 制度分析与发展的反思——问题与抉择 [M]. 北京：商务印书馆，1996.

定核算单位价值，因此货币的计价功能和价值储藏功能是相结合的，可统称为货币的"核算单位价值稳定化服务"，而交易媒介功能提供的服务是"清偿服务"。"核算单位价值稳定化服务"和"清偿服务"合在一起，构成了"货币服务"。

（一）"货币服务"的公共产品属性

哈特穆特·皮希特详细分析了货币"清偿服务"和"核算单位价值稳定化服务"的公共产品属性，主要得到两个结论：

一是货币"清偿服务"具有非竞争性和排他性，因此是准公共产品（或混合产品）。清偿特性指的是一种交换媒介的可接受程度。持有者对一种交换媒介单位的可接受程度并不因为是谁持有该单位而发生改变。所以，货币的清偿服务是共用的或者说非竞争性的。但作为一定数量交换单位的回报，货币的清偿服务在实际使用时却发生在具体的个体之间，具有排他性。

二是货币"核算单位价值稳定化服务"具有非竞争性和非排他性，因此是公共产品。该服务将核算单位的实际价值稳定在预设水平上，或将不稳定程度控制在某一限度内，并吸引其他个体使用这同一种单位。用某一单位计算报价而使用该项服务，不会由于他人使用本单位进行核算而受到削弱。所以，货币"核算单位价值稳定化服务"具有非竞争性。同时，任何人不能排斥其他人使用货币的"核算单位价值稳定化服务"，因此该服务具有非排他性。

（二）"货币服务"公共产品应由谁提供

鉴于货币"清偿服务"是类似于公园的准公共产品，因此根据它的属性特征，即清偿特性具有非竞争性，而清偿服务消费过程则具有排他性，应由政府主导货币"清偿服务"的整体制度设计，从而保障货币的清偿特性，比如通过立法规定货币的清偿能力、建立社会支付清算体系等，但在具体"清偿服务"的生产和供给上，则可采取市场方式，由非公共部门（如商业银行、第三方支付、钱包供应商）收费提供，消费者付款消费。

而货币"核算单位价值稳定化服务"具有非竞争性和非排他性，是纯公共产品，这就决定了货币发行和供给不能通过市场竞争、私人提供的方式，而应由政府主导发行，并以政府信用和社会整体财富为价值基础，承诺保障货币的核算单位价值稳定化。

（三）私人数字货币无法提供"货币服务"公共产品

一般而言，私人部门若想成功地提供公共产品，需要具备一系列条件①：首先，私人供给的公共产品一般应是准公共产品。其次，准公共产品的规模和范围一般较小，涉及的消费者数量有限。再次，在准公共产品的消费上必须存在排他性技术。最后，也是最关键的是，私人若想成功地提供公共产品必须要有一系列制度条件作保障。

比如作为私人部门，商业银行提供"清偿服务"的生产和供给（即支付服务），而若要提供"核算单位价值稳定化服务"，即让银行存款成为和通货一样的信用货币，则需要存款准备金、存款保险、央行最后贷款人、政府对银行隐含担保等制度来保障，诚如前文所言，奥地利经济学派也建议，应存在外部市场约束、银行券选择条款、私人最后贷款人等制度设计来保障银行存款价值的稳定②。

对照来看，私人数字货币的弱点是显而易见的。例如在维持比特币流动性最为关键的比特币交易所层面上，未有相关的制度保障（诚如银行体系的存款保险、央行最后贷款人等制度安排），以保障比特币交易、提现和储藏的安全性。2014 年 2 月 7 日，彼时规模最大的比特币交易所 Mt. Gox 声称遭受攻击而停止比特币提取业务，引发市场交易混乱，2 月 28 日，Mt. Gox 向东京地方法院申请破产保护，因为内部管理混乱，受黑客攻击和内部人非法转移，公司损失了约 85 万个比特币，约合 4.8 亿美元。作为一个去中心化的私人机构，其信用和可靠性毫无保障，不具备提供"清偿

---

① 马恩涛. 我国公共产品私人供给的有效性分析［J］. 哈尔滨商业大学学报，2003（6）.
② 19 世纪美国自由银行制度的失败或许就是因为没有这些制度安排。

服务"和"核算单位价值稳定化服务"等公共产品服务的能力，唯有公共部门发行的法定数字货币以及制度保障下的公共机构才能胜任和担当这一角色。

三、交易费用理论

根据新兴古典经济学的理论，在信息不对称下，由于存在被欺骗的可能性，因此即使局中人都是诚实的，他们也不会相互信任，从而引起了内生交易成本。杨小凯建立了有关内生货币制度的新兴古典模型①，他的研究发现，交换媒介是协调社会分工演进的关键，而在迂回生产的分工演进中，市场会选择交易费用最低的商品承担交换媒介的角色，从而内生出了货币。且交易费用系数越小的商品，越有可能成为货币。

目前私人数字货币在交易费用上还不具有显著优势。比如，比特币正面临着交易池爆满、交易延迟、平均交易手续费不断上涨等问题。用户在 2017 年 12 月需要为每笔交易支付 20 至 50 美元手续费。背后的原因有两个：基于工作量证明的共识协议需要耗费大量资源导致其运行成本较高，因此需要更多的手续费支撑其经济激励保障系统安全；比特币系统目前交易处理能力有限，而转账需求旺盛导致供需不平衡，矿工上涨手续费以抑制小额转账的需求。

相对而言，由中央银行发行法定数字货币带来的社会经济效益显著。当前实物法币的运营成本比较高，比如国内仅运钞车运输产业市场就有350 亿元。2010 年欧元区旧币回收，耗资 1000 亿欧元替换了 58 亿张纸币。如果发行法定数字货币，则可大大节省这些成本，并在很大程度上优化现有货币的运营体系，从而大幅降低法定货币的交易费用。

---

① 杨小凯. 经济学：新兴古典与新古典框架［M］. 北京：社会科学文献出版社，2003.

第二章　数字货币发展沿革

　　自从 1983 年 David Chaum[①] 首次提出利用盲签名技术实现完全匿名的数字货币以来，各种基于不同技术模式的数字货币形态和系统不断出现。本章分析了数字货币发展的历史沿革，指出数字货币的发展历程呈现出从完全匿名到可控匿名、从在线到离线、从第三方完全参与到只有在需要撤销匿名性时才参与、从单银行数字货币系统到多银行数字货币系统、从中心化到去中心化的演变特征，并分析了目前数字货币理论研究和实践中仍待解决的问题。本章介绍了几种典型的数字货币，指出各数字货币的优点和缺点。最后，从广义的视角探讨了与数字货币相关的网络游戏虚拟货币概念以及各类电子支付系统。

第一节　数字货币的发展历程

一、从完全匿名到可控匿名

1988 年，Chaum、Fiat 和 Noar[②] 提出支持离线交易的匿名数字货币系

---

①　Chaum D. Blind Signatures for Untraceable Payments [M]. Advances in Cryptology. Springer US, 1983: 199 – 203.

②　Chaum D, Fiat A, Naor M. Untraceable Electronic Cash [M]. Advances in Cryptology — CRYPTO' 88. Springer New York, 1988: 319 – 327.

统，并通过公开支付者身份来实现检测"双花"。1992 年 D. Chaum 和 T. Pdeeresn[1] 提出用"带观察者的电子钱包"实现完全匿名的离线数字货币系统。1993 年 S. Brnads[2] 基于 Schnorr 数字签名和素数阶群上的表示问题给出了一个单一符号、完全匿名数字货币方案。这些单一符号的数字货币协议成为目前大多数电子支付系统的基础架构。

1999 年，Juels[3] 提出基于信任标志的可信方追踪机制，并以此给出一种简单、高效、安全的可控匿名数字货币方案，该方案在完全匿名数字货币系统的基础上，进行了微小改动，实现了数字货币系统的可控匿名，是目前比较有效的可控匿名的数字货币方案。

二、从在线到离线

1983 年 Chaum[4] 提出的利用盲签名技术实现完全匿名的数字货币是针对在线交易的场景，而 1988 年 Chaum、Noar 和 Fiat[5] 则提出了一种支持离线交易的匿名数字货币系统。进一步地，Chna，Tsiouni 和 Farknel[6] 于 1996 年提出了一种基于 RSA 的可证明安全性的数字货币系统，该系统使用分割选择技术，创新性地阐明了即使在不使用密码协议的情况下，也可以构造一种基于可证明安全性的脱机数字货币系统。2001 年，陈恺[7] 则提

---

① Chaum D, Pedersen T P. Wallet Databases with Observers［C］// International Cryptology Conference on Advances in Cryptology. Springer – Verlag, 1992：89 – 105.

② Brands S. Untraceable Off – line Cash in Wallet with Observers［J］. Lecture Notes in Computer Science, 1993：302 – 318.

③ Juels A. Trustee Tokens：Simple and Practical Anonymous Digital Coin Tracing［C］// International Conference on Financial Cryptography. Springer – Verlag, 1999：29 – 45.

④ Chaum D. Blind Signatures for Untraceable Payments［M］// Advances in Cryptology. Springer US, 1983：199 – 203.

⑤ Chaum D, Fiat A, Naor M. Untraceable Electronic Cash［M］// Advances in Cryptology — CRYPTO' 88. Springer New York, 1988：319 – 327.

⑥ Chan A, Tsiounis Y, Frankel Y. Easy Come – Easy Go Divisible Cash［C］// International Conference on Advances in Cryptology – eurocrypt. 1996, 1403（11）：561 – 575.

⑦ 陈恺. 电子现金系统与公钥基础设施研究［D］. 陕西：西安电子科技大学, 2001.

出一种折中的优化数字货币方案，将在线和离线检测相互结合，防止重复花费。

三、从第三方完全参与到只有在需要撤销匿名性时才参与

在早期的实现可控匿名性的数字货币系统中（比如1995年M. Stadler[①]提出的可控匿名性的数字货币系统），第三方在顾客建立账户以及顾客提款的过程均要参与进来，这样会造成大量的网络通信，加大网络负荷量，有可能会造成通信失败或者延迟等情况，造成不必要的纠纷和损失。为避免这一缺陷，后续的数字货币系统就尽量减少第三方在系统中的参与程度，只有在需要撤销匿名性的时候，第三方才参与进来。例如，1996年J. Camenisch 等[②]与 Y. Frankel[③]同时提出了公平离线数字货币的概念，在他们的设计中，除非有用户登记和跟踪的需要，可信第三方在业务过程中均处于离线。

四、从单银行到多银行数字货币系统

许多数字货币系统都是基于"由单个银行发行数字货币，所有用户与商家在同家银行拥有账户"的场景。而在现实世界中，数字货币很可能是在一个中央银行监控下，由多家银行发行。

---

① Stadler M, Piveteau J M, Camenisch J. Fair blind signatures [C] // International Conference on Theory and Application of Cryptographic Techniques. Springer－Verlag, 1995：209－219.

② Camenisch J, Maurer U M, Stadler M. Digital Payment Systems with Passive Anonymity－Revoking Trustees [C] // European Symposium on Research in Computer Security：Computer Security. Springer－Verlag, 1996：33－43.

③ Yair Frankel, Yiannis Tsiounis, Moti Yung. "Indirect Discourse Proof"：Achieving Efficient Fair Off－Line E－cash [C] // International Conference on the Theory and Application of Cryptology and Information Security. Springer Berlin Heidelberg, 1996：286－300.

对此，1998 年，Lysyanskaya 和 Ramzan[①] 扩展了 J. Camenisch 和 M. Stdaelr[②] 的群签名方案，提出了群盲签名方案[③]，阐述了如何利用群盲签名方案构造一个由多家银行发行、匿名的数字货币系统，为数字货币系统的研究开辟了一个新的方向。

2001 年，张方国、张福泰、王育民[④]提出由多家银行发行的数字货币模式，并设计了一个可跟踪用户的多家银行数字货币方案。同年，王常吉、蒋文保、裴定一[⑤]提出一个新的被称为"限制性群盲签名"的概念，以此构造了一个由多家银行发行、公正的数字货币系统。这一系统具有以下优点：一方面，系统保证了数字货币发行银行的匿名性，在必要时，可以由中央银行识别出发行银行的身份；另一方面，系统也保证合法用户的匿名性，在特定的情况下，银行在可信方的帮助下，能够撤销用户的匿名性，保障数字货币的公正性。

这些方案的基本思想是：发钞行组成一个群，通过群签名技术来构造编码货币的合法签名，从而保证数字货币的真实性。由于群签名技术在密钥和签名长度、方案可扩展性方面存在一定的问题，2004 年，周红生等[⑥]又提出了基于代理签名的多银行电子现金系统的设计方案，即中央银行通过代理签名授权发钞行发行电子现金，这一方案体现了货币发行过程中的授权机制。

---

① Lysyanskaya a, Ramzan Z. Group Blind Digital Signatures：A Scalable Solution to Electronic Cash ［C］// International Conference on Financial Cryptography. Springer Berlin Heidelberg, 1998：184 – 197.

② Camenisch J, Stadler M. Efficient Group Signatures for Large Groups ［C］// International Crytology Conference. 1997.

③ 群盲签名的定义类似于群签名，所满足的安全性质类似于群签名，只是增加了签名的盲性质，即签名者不能识别他签过的信息。

④ 张方国，张福泰，王育民. 多银行电子现金系统 ［J］. 计算机学报, 2001, 24（5）：455 – 462.

⑤ 王常吉，蒋文保，裴定一. 用限制性群盲签名构造电子现金系统 ［J］. 通信学报, 2001, 22（12）：63 – 69.

⑥ 周红生，王斌，铁玲，李建华. 基于代理签名的多银行电子现金系统 ［J］. 上海交通大学学报, 2004（01）：79 – 82.

五、从中心化到去中心化

2008 年 11 月，Nakamoto 设计并发布了一种点对点的去中心化数字货币——比特币。近年来，比特币业务迅速发展，用户和供应数量稳步增长，使用范围逐渐扩大。

作为一种去中心化货币，比特币不设置参与门槛，因此其发展依赖社区的推进。比特币社区的主要参与方包括持有使用比特币的用户、受理比特币的商户、负责比特币兑换的交易所、提供增值服务的第三方服务供应商等。按市场层次可分为发行市场、兑换市场与支付市场等。比特币用户主要指持有或使用比特币的个人与组织，按照使用方式和用途可以分为投资（投机）交易类、捐款集资类、消费支付类、比特币矿工等用户。比特币交易所主要负责比特币与法定货币以及其他虚拟货币间的兑换，并收取一定比例的服务费，全球共有几十家比特币交易所支持比特币与美元、欧元、英镑、人民币等法定货币的兑换，且价格实时更新。随着比特币生态系统的发展，涌现了部分提供增值服务的第三方专业科技公司机构，BitInstant、CoinBase、BitPay 与 Blockchain. info 等服务商为用户和商户提供资产托管、资金充值、在线钱包、支付接入、套期保值支付处理和数据分析等增值服务。

比特币的去中心化主要表现在如下几方面：一是发行方式的去中心化。比特币不存在传统意义上的中央货币发行系统，货币创造的功能以一种被称为"挖矿"的过程完成：通过算力竞争获得记账权的矿工可以凭空发行限定数量的比特币作为挖矿奖励，该限定数量最早为每个区块 50 枚比特币，然后每 21 万个块减半，直到完成全部 2100 万枚比特币的发放工作。二是记账节点的去中心化。比特币是一个全球分布的上万个比特币节点组成的网络系统的总称，任何人都可以运行一个比特币节点软件加入到比特币网络中，可以直接发起转账交易并广播，可以接收其他节点广播的交易并进行独立验证和处理，可以从其他节点处下载历史数据。比特币因为工作量证明的特殊设计，交易历史的篡改成本极高，节点可以不依赖权威中心而独立验证交易的合法性。三是组织方式的去中心化。比特币生态的核心社区包括：推动比特币进化的软件开发者社区，提供记账服务维护账本安全的"矿工"和"矿池"社区，为最终用户提供便利服务的交易所、钱包、媒体等生态参与者。这三个社区利益基础有别，诉求不同，互相制衡，有别于中心化的组织形态。

因为去中心化的特殊设计，比特币还有如下特点：一是交易完全公开。比特币交易具有不可藏匿性，每一笔交易都会在系统中留下记录，且所有历史交易信息全部公开。二是一定的匿名性交易。尽管每一笔交易信息都需公开，但交易账户关联的真实身份信息无人知晓，因此，比特币提供的是假名基础上的匿名性，如果使用得当，可一定程度上保护隐私。但假名提供的隐私保护非常脆弱，通过观察关联交易，数据分析等手段可建立用户身份画像甚至探查用户的真实身份。

六、仍待解决的问题

虽然近30年来数字货币的理论研究与实践取得丰富成果，但仍然有若干问题需要进一步研究和解决：

第一，目前数字货币的研究价值更多体现在学术上，实践上的应用需要进一步深化。一个在理论上被证明非常安全的数字货币系统，往往可能会由于过高的通信代价和计算复杂度而在实践中不可行。

第二，目前许多数字货币系统方案在大规模应用场景下的效率都有待进一步提高，如何在保证数字货币支付系统安全性的同时提高支付效率，例如，如何高效地实现数字货币的可分性和离线可传递性，仍有待进一步探索。

第三，如何解决数字货币与支付场景的深度融合问题。支付技术与支付平台、支付场景和支付生态的深度融合是未来的发展趋势。只有解决好数字货币与支付场景的融合问题，才能提高数字货币的普适性、有效地推动数字货币的应用和发展。

第二节 典型的数字货币

本节重点阐述几种典型的数字货币，并分析了各数字货币的优点和缺点。

一、E – Cash

（一）E – Cash 概览

E – Cash[①] 是 1982 年 David Chaum 开发设计的一种电子现金，它允许消费者使用电子现金（E – Cash）进行联机交易。

E – Cash 系统是一个在线的完全匿名的系统。其基本模型如图 2 – 1 所示。

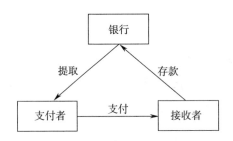

图 2 – 1 E – Cash 电子现金系统基本模型

E – Cash 电子现金系统包含三个主体：

1. 银行：制造并负责验证 E – Cash Coins，同时负责 E – Cash Coins 与日常生活中的纸币之间的兑换。

2. 支付者：通过银行中的账户来存取 E – Cash Coins，并进行网上

---

① Chaum D. Blind Signatures for Untraceable Payments［M］. Advances in Cryptology. Springer US, 1983：199 – 203.

消费。

3. 接收者：接收支付者所付的 E – Cash Coins，并通过银行验证所接收的 E – Cash Coins。

一个 E – Cash 的交易过程包括以下步骤：

1. 通过盲签名技术，支付者从银行匿名申请支取 E – Cash Coins。

2. 银行将 E – Cash Coins 传送到支付者的同时，支付者将收到的 E – Cash Coins 进行去匿名化处理。

3. 支付者将 E – Cash Coins 传递给接收者以获取所需的商品及服务。

4. 接收者收到 E – Cash Coins 后，将这些 E – Cash Coins 传送到银行进行鉴定。

5. 银行对接收者传送的 E – Cash Coins 进行鉴定，并将鉴定的结果告知商家。

6. 如果鉴定结果 E – Cash Coins 为真的话，则支付者就会从接收者得到所需的商品或服务。

（二）E – Cash 的优缺点

E – Cash 系统是最早的基于数字编码方案设计的数字货币系统。它为用户提供了较好的隐私保护特性。使用 E – Cash Coins 的消费者可以放心地购买他所需要的任何商品，因为 E – Cash 是一种无条件匿名系统。当消费者使用 Coins 时，商家所能看到的只是银行的签字，而不是消费者本人的签名。

E – Cash 系统在实际使用过程中也存在一些问题。由于 E – Cash 系统出于隐私保护的考虑采用了非记名的货币发行方式，如果用户存放 E – Cash 数据的存储介质出现故障并且没有备份的话，电子现金就会像普通现金一样丢失无法找回。同时，监管机构也无法对非法交易进行有效的追踪和监管。此外，E – Cash 系统使用了单一银行发行数字货币的集中发行模式，因此后台需要一个庞大的数据库来记录使用过的电子现金序号以防止数字货币的双花消费，随着用户规模的不断扩大，这对于单一银行后台系统的压力是非常巨大的。而这种单一发行模式也不利于 E – Cash 系统的商业推广，因此 E – Cash 系统并没有在市场上得到广泛使用。

二、M – PESA

（一）M – PESA 概览

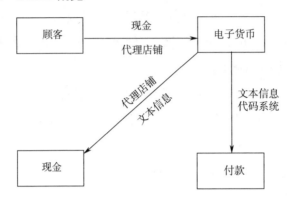

图 2 – 2　M – PESA 技术流程

2007 年 3 月，肯尼亚移动运营商 Safaricom 正式推出 M – PESA 业务。M – PESA 是一种虚拟的电子货币。但同我们常见的互联网电子货币不同，M – PESA 是首个由移动通信运营商独立开发和运作、传统商业银行不参与业务运营的一项新型移动支付业务。M – PESA 最初仅能办理存取款、汇款及手机充值等基本业务，但与其他汇款方式相比，更安全、方便、廉价，故发展迅速。

2010 年，M – PESA 推出超市业务。2011 年，M – PESA 推出国际汇款业务 M – PESA IMT（International Money Transfer），通过西联汇款（Western Union）等多家合作伙伴，M – PESA 用户可免费接收来自 100 多个国家的汇款。2012 年，M – PESA 与肯尼亚权益银行和钻石信托银行合作，M – PESA 用户可以在合作银行的 ATM 上取款。同年，Safaricom 公司与非洲商业银行联合推出 M – Shwari 业务，用户可将 M – PESA 账户存款免费转至 M – Shwari 账户中，成为非洲商业银行存款，让本来无利息的存款成为生息资产。截至 2014 年底，M – Shwari 已有 920 万账户，存款余额达 46.43

亿肯尼亚先令，贷款余额达 18.14 亿肯尼亚先令。

M – PESA 系统的运作原理：

1. 业务范围与银行基本相同，完全通过手机办理。目前，M – PESA 业务范围已扩展到存取款、汇款、商品支付、学费支付、水电费支付、工资发放等方面。通过与 30 多家银行合作，已经实现可在 ATM 上无卡取现，甚至可办理贷款业务，已与银行功能相差无二。其业务办理简单，客户只需要拥有手机和身份证，即可以在任何 M – PESA 代理网点申请注册 M – PESA 账户，然后可将现金存在该账户上获得等量移动货币。用户只需发送短信，就可以向其他用户进行转账或支付商品或服务费用，收款只需到最近的代理点凭短信兑换即可。当用户需要取现时，只需要向代理点的 M – PESA账户发送短信，代理点服务人员根据信息提示检验取现人员身份证件后即可支付现金。

2. 技术门槛低且安全性较高。M – PESA 采用 STK（用户识别应用发展工具）技术，STK 技术属于 GSM 标准，几乎任何手机都能为其提供支持，故 M – PESA 技术门槛低。STK 技术能在手机上实现数据底层加密，加密算法相对复杂，数据安全由密钥保障，其安全性得到金融、债券、电信等行业普遍认可。Safaricom 通过 STK 技术在客户手机上的 SIM 卡上设置 M – PESA 应用程序，用户通过手机菜单即可访问该应用程序。全部业务都通过 PIN 码加密的短信进行，提供了较高的安全性。

3. 代理商网络庞大且高效。Safaricom 是肯尼亚最大的移动通信运营商，在肯尼亚市场份额达 80% 以上，其 M – PESA 业务代理商可办理开户、现金存取等业务，并遵守"了解你的客户"规则。Safaricom 将大中型移动通信业务零售商作为主代理商，与其签订代理协议，而这些大中型零售商下属的多个分销点就自然成为了 M – PESA 代理点。主代理商负责管理其下属的各代理点，为各代理点提供货币流动性支持，解决地区间存取款不平衡造成的货币流通堵塞问题，并与 Safaricom 的主机系统进行清算和结算。目前，M – PESA 代理网络已包括超市、加油站等小型零售店铺，拥有

8 万多个代理点。

（二）M – PESA 的优缺点

现在所有的转账业务，几乎都必须与银行账户关联，但 M – PESA 不用，用户所有的操作基本都通过手机短信实现，这一方案的技术门槛较低，便于普及推广。而且 M – PESA 率先实现了不同用户间的虚拟货币转账和取现，使得原本由移动用户账号保存的电子计价单位具备了现实货币所具有的价值计量和流通功能，从而令业务本身同一般移动支付业务有了本质的区别。

但 M – PESA 的运营主体为移动运营商，交易过程采用短信完成，并且整个系统完全依赖于手机移动通信网络，不利于和应用场景的深度融合和在其他平台上的应用推广。

三、比特币

（一）比特币概览

比特币是一个分布式的 P2P 网络系统，没有中心服务器，不存在中央控制点和服务，网络中所有节点彼此对等，节点之间相互连通，节点遵守共同的协议规则，协同处理交易，每个节点在对外提供服务的同时也使用网络中的其他节点所提供的服务①。

比特币被设计为一种点对点的电子现金系统，它选择 P2P 的网络架构既是这种核心特性的反映，也是该特性的基石。去中心化控制是比特币设计时的核心原则，基于 P2P 网络协议设计的比特币协议更加可靠和开放，避免被少数人操纵和破坏。

比特币使用密码学确保货币流通各个环节安全性，使比特币只能被真实的拥有者转移或支付，并实现货币所有权与流通交易的匿名性。P2P 的去中心化特性与算法设计还可以确保避免人为操控币值。

---

① Andreas M. Antonopoulos. Mastering Bitcoin ［R］. 2015.

　　比特币不存在传统意义上的一个中央货币发行系统，而是通过预设的算法发行。随着比特币总量的增加，新币制造的速度减慢，总量上限被设置在 2100 万个。不过，获得足够挖矿算力和用户的支持包括改变发行上限在内的所有规则都可以修改，此为"分叉"，至于分叉后是否还可称为"比特币"，市场/社区是否认可则是另外一件事。不同分叉仅在于认同群体的数量多寡，以及被动或者主动的差别。

　　不同于传统货币，比特币是完全虚拟的，没有实物货币或有形资产背书，其交换价值来自于群体自发形成的共识。从技术角度看，比特币隐匿于在工作量证明保护下的交易流水账本中。比特币用户拥有的仅为可在比特币网络中证明自己交易权的密钥。

　　比特币常被误认为是一个匿名的支付网络。但事实上，比特币可能是世界上最透明的支付网络。所有的交易历史记录完全公开，所有人都可以下载查看，验证分析。比特币依靠"假名"保护交易者的隐私：交易地址用户自主生成，地址背后的真实身份信息无人知晓。但借助关联分析，交易回溯等手段有可能进行突破获得用户信息。

（二）比特币的优缺点

比特币的优点：

1. 开放。比特币无需开户，无需第三方清算机构即可完成价值转移，开放自由。比特币基于互联网，天生没有国界，在跨国交易的场景中很有优势。

2. 安全。比特币使用的 P2P 网络架构，区块链技术保护下的公共交易账簿，以及耗费大量资源的工作量证明共同维护着比特币系统的安全。比特币自 2009 年发布至今尚未发生交易历史记录被篡改、比特币被非法转移的安全事故，足以证明其安全性。

比特币的缺点：

1. 浪费大量能源，不环保。比特币使用工作量证明机制保护账本安全的同时造成了大量的资源浪费。在技术发展进步的现在，公共账本的安全保障可以有其他更为环保的实现方案。

2. 价格波动剧烈。比特币无真实资产背书，缺乏价格锚点，其平衡价格来自于市场博弈和群体想象。因为缺乏中央机构的背书调节，只能采用固定发行上限，逐步减少发行量，人为制造稀缺性的方式诱导投机行为，以引导用户持币，扩大影响力，这是比特币缺乏法律强制性而采用的替代手段。比特币自有交易价格开始，相对法币超万倍的涨幅既有用户增多，生态扩大，社区发展的客观原因，但其适合投机的机制设计也是币价不稳，波动剧烈现象的直接诱因。比特币价格剧烈波动的固有缺陷使得比特币无法承担价值尺度的货币职能，不是一种合格的价值交换媒介。

3. 支付确认延时长，不利实际应用。由于比特币区块大小的限制和基于工作量证明的"挖矿"确认的共识机制问题，比特币在支付后需要较长的等待时间，不适用于快捷支付的应用场景。

4. 比特币市场缺乏有效监管，易滋生非法交易。由于比特币的匿名性和无中心的特点，使得对于比特币的监管缺乏有效手段。因此，比特币一直是"暗网"交易和勒索软件的主要支付手段，滋生了全球范围内的非法交易，引起了各国监管机构的高度关注。

四、以太币

（一）以太币概览

以太坊致力于实现一个不停机、抗屏蔽的去中心化应用（dApp）的部署和运行平台，以太币（Ether）是以太坊平台的原生代币，去中心化应用的运行需要支付以太币。相比比特币脚本，以太坊内置的图灵完备的虚拟机，具有运行任意应用的能力，开发者可使用专用的编程语言创建各种智能合约，开发包括支付、众筹、域名、资产交易、基金管理、云存储、博彩、网络游戏等在内的各种去中心化应用。运行在以太坊上的以智能合约为核心的各种应用开放性好，标准化程度高，容易扩展，应用间可协同增效，形成良好的生态环境。

以太坊采用五层架构实现①，如图 2 - 3 所示：

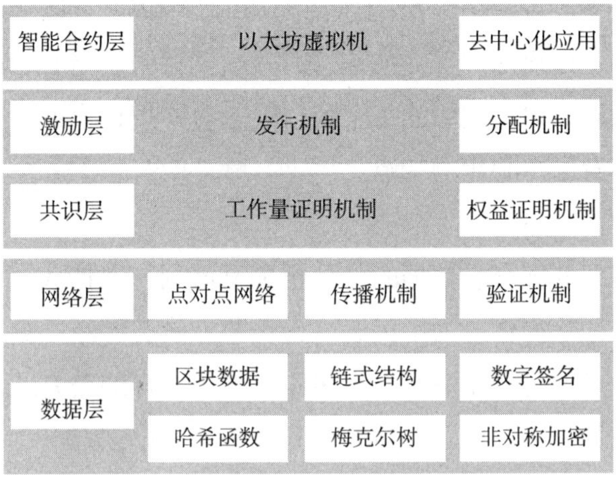

图 2 - 3　以太坊五层架构

1. 智能合约层

智能合约赋予账本可编程的特性，以太坊通过专用虚拟机 EVM 运行智能合约代码。去中心化应用的核心业务逻辑通过智能合约实现，结合前端的静态页面和其他内容资源共同构成一个完整应用。

2. 激励层

激励层主要实现以太币的发行和分配机制，以太币被看作是位于以太坊网络中的燃料，运行智能合约和发送交易都需要向矿工支付一定的以太币。目前，以太币可以通过挖矿获得，矿工每挖到一个区块固定奖励 5 个以太币。

3. 共识层

共识层主要实现全网所有节点对交易和数据达成一致，以太坊采用两种共识机制，初期采用工作量证明机制（PoW），后期将切换至相对更为节能高效的新共识协议 Casper。

---

① 李赫，孙继飞，杨泳等. 基于区块链 2.0 的以太坊初探 [J]. 中国金融电脑，2017（6）：57 - 60.

4. 网络层

网络层主要实现网络节点的连接和通信，又称"点对点技术"，是没有中心服务器、依靠用户群交换信息的互联网体系。与有中心服务器的中央网络系统不同，对等网络的每个节点既是客户端，也参与整个网络的运行和维护，具有去中心化的特点。

5. 数据层

数据层需要处理交易数据的序列化和反序列化，持久化，支持交易的快速查询和验证等操作。为了保证以太坊节点具有广泛的分布性，要求其数据层的实现高效且占用资源少。因此以太坊这样的公有区块链底层通常不采用关系型数据库，比如以太坊使用 Key－Value 数据库以 Merkle Patricia Tree 的数据结构组织管理账户数据、生成交易集合哈希等。这种数据结构融合了梅克尔树及前缀树的优点，读写效率高且支持轻节点扩展，实现简单支付验证。

以太坊的区块头和比特币略有不同，除了 tx root hash 外，还包括 state root 和 receipt root。此外，在以太坊节点的数据库中还会为每个智能合约的代码以及内部状态分配存储空间。

（二）以太币的优缺点

以太币的优点①：

1. 以太币与比特币不同，它的主要目的不是用于商品或服务的支付。以太币更像一种"加密燃料"（Crypto－fuel）形式的激励，支付运行各种智能商业逻辑程序所需的交易费用。

2. 以太坊区块链被设计为完全可编程，较比特币脚本更灵活，扩展性更好，开发更为方便。对于去中心化应用的开发者和用户而言，可以低成本使用区块链，是非常关键的要求。

3. 尽管工作量证明是以太坊目前所选择的共识机制，但是它打算进化

---

① 以太坊的商业潜能 ［EB/OL］. http：//ethfans. org/posts/3.

到更加节省能源的共识机制——权益证明。权益证明已经被证明是一种高效和可行的共识方式，运行的成本更低，攻击的成本更高。

以太币的缺点：

以太坊希望通过图灵完备的技术充分发挥区块链技术的优势，使开发者可以自由地实现各种商业模式。这个愿望很好，技术上也能够实现，但是，由此形成的系统太过复杂和灵活，导致两个问题：一是开发者自己难以防范复杂设计中的漏洞，所形成的智能合约容易受到攻击，不容易写出安全的合约代码；二是存在有人发布复杂的恶意合约，构造蜜罐骗取钱财的可能。

五、门罗币

（一）门罗币概览

门罗币（Monero）是一种安全、隐私、不可追踪的加密货币。它是开源的，对所有人开放。就门罗币来说，只能由资金的持有者对其资产进行掌管控制，且账户和交易不会被轻易窥探。

门罗币使用 PoW 机制，扩展了 CryptoNote 协议，并提出了一种不依赖于中心节点的加密混合方案[①]。门罗币通过隐蔽地址（Stealth Address）来保证不可链接性（Unlinkability），通过环签名（Ring Signature）来保证不可追踪性（Untracability），从而为用户的交易信息提供了很好的隐私性。

1. 隐蔽地址

隐蔽地址是为了解决输入输出地址关联性的问题。每当发送者要向接收者发送一笔金额的时候，他会首先通过接收者的地址（每次都重新生成），利用椭圆曲线加密算出一个一次性的公钥。然后发送者将这个公钥连同一个附加信息发送到区块链上，接收方可以根据自己的私钥来检测每个交易块，从而确定

---

① 秦波，陈李昌豪，伍前红，等. 比特币与法定数字货币 [J]. 密码学报，2017，4（2）：176 - 186.

发送方是否已经发送了这笔金额。当接收方要使用这笔金额时，可以根据自己的私钥以及交易信息计算出一个签名私钥，用这个私钥对交易进行签名即可。

2. 环签名

隐蔽地址虽然能保证接收者地址每次都变化，从而让外部攻击者看不出地址关联性，但并不能保证发送者与接收者之间的匿名性。因此门罗币提出了一个环签名的方案，每当发送者要建立一笔交易时，他会使用自己的私钥加上从其他用户的公钥中随机选出的若干公钥来对交易进行签名。验证签名时，也需要使用其他人的公钥以及签名中的参数。同时，发送者签名的同时还要提供钥匙映像（Key image）来提供身份证明。私钥和钥匙映像都是一次一密的，以此保证不可追踪性。

3. 门罗币的特性①

（1）安全性：门罗币是一种分布式加密货币，这意味着它在用户网络上是一种安全的数字现金。交易通过分布式的共识得到确认，不需要可信第三方来保证门罗币安全。

（2）隐私性：门罗币使用环签名和环的机密交易来隐藏所有交易的金额、来源和目的。

（3）不可追踪性：在默认情况下，发送和接收地址以及交易金额都是被隐藏的。门罗币区块链上的事务不能与用户的真实身份相关联。

（4）可互换性：门罗币是可互换的，因为它天生具有私密性，与历史交易不相关联，不存在好与坏之分。就目前的情况看，门罗币的用户地址不太可能因为与之前的交易相关联而被交易所或供应商列入黑名单。

（二）门罗币的优缺点

门罗币的隐私保护原理与比特币系统不同，它利用了比特币闪电侧链中的保密交易以及环签名技术，把可链接的自组织匿名群签名扩展为多层可链接的自组织匿名群签名，使用环签名和一次密钥隐藏交易支付方和接

---

① Why Monero is Different［EB/OL］. https：//getmonero. org/. 2017 - 6 - 22/2017 - 10 - 31.

收方，并使用秘密承诺隐藏交易额支持多输入多输出，以增强交易隐私。其安全性与比特币类似，但隐私保护强度明显高于比特币。

门罗币在提供强隐私保护的同时也存在一些问题。在该方案中，用户的地址（账号）长度约为普通比特币地址长度的两倍，增加了数据存储的开销，而且环签名的验证复杂性随着提供的匿名程度呈线性增长，并需要全网节点的验证与确认，使类比特币系统中的资源耗损问题更加严重。此外，环签名技术会导致区块的膨胀，如果交易量较大，区块膨胀问题会非常严重，且其交易验证时间与隐私保护力度正相关。

六、Zcash

（一）Zcash 概览

霍普金斯大学的 Miers 等[1]基于零知识证明技术提出了一种扩展比特币方案 Zerocoin，并建立分散式"清洗"机制，但该方案系统效率和性能较低。Groth 和 Kohlweiss [2]给出了一个对数复杂性的多选一零知识证明协议，可以用于强化比特币协议中交易发起方的身份隐私。Sasson 等[3]在 Zerocoin 协议的基础上进一步提出了 ZeroCash（Zcash），利用 zk – SNARKs 非交互式零知识证明算法[4]实现更强的匿名性，并保护交易额的隐私。

Zcash 是首个使用零知识证明机制的区块链系统，它可提供完全的支付保密性，同时仍能够使用公有区块链来维护一个去中心化网络。与比特币相同的是，Zcash 代币（ZEC）的总量也是 2100 万个，不同之处在于，

① Miers I, Garman C, Green M, et al. Zerocoin：Anonymous Distributed E – cash from Bitcoin［C］// 2013 IEEE Symposium on Security and Privacy（SP）. IEEE, 2013：397 – 411.

② Groth J, Kohlweiss M. One – out – of – many proofs：or How to Leak a Secret and Spend a Coin ［C］//Annual International Conference on the Theory and Applications of Cryptographic Techniques. Springer Berlin Heidelberg, 2015：253 – 280.

③ Sasson E B, Chiesa A, Garman C, et al. Zerocash：Decentralized Anonymous Payments from Bitcoin ［C］//2014 IEEE Symposium on Security and Privacy（SP）. IEEE, 2014：459 – 474.

④ Ben – sasson E, Chiesa A, Tromer E, et al. Succinct Non – interactive Zero Knowledge for a Von Neumann Architecture［C］//USENIX Security. 2014.

Zcash 交易自动隐藏区块链上所有交易的发送者、接收者及数额。只有那些拥有查看密钥资格的人才能看到交易的内容。用户拥有完全的控制权，他们可自行选择向其他人提供查看密钥权限①。

Zcash 使用 zk - SNARK 零知识证明架构。这个框架允许网络在不公开交易参与方或者交易数额的情况下维护一个安全的账户余额账本。其中，zk - SNARK 被用来证明没有人进行欺骗或者窃取。

Zcash 用户可以发送与比特币类似的透明交易。Zcash 同时支持隐藏和透明地址，用户可以选择使用秘密或公开方式发送 Zcash。从隐藏地址发到透明地址的 Zcash 交易会显示收到的余额，而从透明地址发到隐藏地址的支付会隐藏接收到的价值。

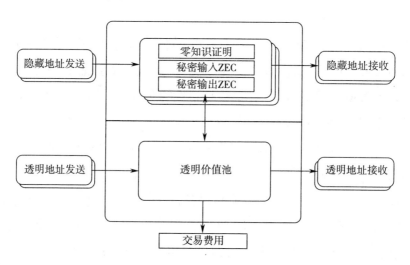

图 2 - 4　高级 Zcash 交易缩略图

图 2 - 4 显示出发送和接收 ZEC 的过程。如果需要使用隐藏地址，无论发送还是接收，都需要生成零知识证明，这个证明允许其他人在不揭露交易内容的前提下验证加密交易的真实性。由于转账手续费要通过 TVP，也因此在区块链上始终可见。即便交易的手续费始终被揭露在外，Zcash

---

① Zcash［EB/OL］. http：//www. 8btc. com/Zcash. 2017 - 10 - 31.

真实交易中的隐藏地址和转账金额也并不受影响[1]。

Zcash 交易具体包含两种，分别为铸币交易（Mint）和转账交易[2]
（Pour）。

1. 铸币交易

Zcash 上的铸币交易可以采取如下形式：我们假设用户 A 需要把面值为 v
的比特币转化成 ZEC（Zcash 的货币单位）。A 会首先随机生成三个字符串，
然后使用一个承诺方案来计算两个字符串 cm 和 sn，细节如图 2 −5 所示。

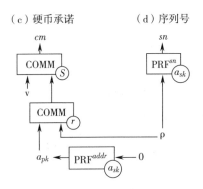

图 2 −5　Zcash 的铸币交易

所以 ZEC 币是完全数字化的，一枚币就是一个向量（a_{pk}, v, r, s, ρ, cm,
sn）。其中 v 是这枚 ZEC 的面值，而 cm, sn 是用于记录 ZEC 币的生成和消
费历史。

然后 A 在比特币的公网上公开如下的交易内容：

A：我需要用 v 比特币来铸造金额为 v 的 ZEC，我的承诺是 cm，我的
比特币来源于比特币账本上的第 K 个区块的第 T 个交易。

注意：这里 A 仅仅公开了自己的 cm 和 v，而 ZEC 的其他信息只有 A 自
己才知道。

---

① Zcashfans，Zcash. 交易剖析［EB/OL］. http：//www. zcashfans. com/posts/498，2016.

② 东天阳，Zcash. 数字货币领域的暗科技［EB/OL］. https：//zhuanlan. zhihu. com/p/25168970，
2017.

2. 转账交易

转账交易是 Zcash 的核心创新，转账交易的基本功能是：摧毁一个 ZEC，创造两个新 ZEC，满足金额守恒条件：

两个新 ZEC 的面值之和等于输入的 ZEC 的面值，这两个新 ZEC 币可以被匿名收款人接收，而且交易中的所有数额都对公网保密。

（二）Zcash 的优缺点

Zcash 系统具有如下一些优点①：

1. Zcash 可以隐藏转账金额，相对于 Zerocoin，Zcash 不容易遭到时序攻击（边信道攻击）。

2. Zcash 具有可互换性。为保证任意一笔加密货币具有同等的可互换性，数字货币的单元必须与它们的历史使用情况解绑，这样才不会存在每笔钱之间的好坏之分。通过隐私交易，与区块链上的历史不再关联，Zcash 为数字货币带来了可互换性。

3. 可启用新应用程序。Zcash 创新性使用了零知识证明，将前沿的密码学引入区块链技术。零知识证明允许完全加密的交易被确认为有效。这个新的属性将使一系列新的区块链应用的开发成为可能。

4. 个人和企业的财务交易信息得到很好的保密。通过 Zcash，用户不仅可以享受使用公有链的优势，还可以确保其私人信息受到保护。

不过由于引入新的密码算法以保护隐私，Zcash 也带来了一些新的问题：

1. Zcash 对内存占用很高，并且转账时间比 Zerocoin 要长很多，交易速度较慢。

2. Zcash 存在可能无法检测到的无限通胀币量发行问题。

3. 到目前为止，Zcash 是提供强用户隐私保护的系统之一，然而它需要人们相信系统开发人员诚实地销毁了系统启动用到的秘密参数，然而，这

---

① 更好的区块链技术 [EB/OL]. https：//z. cash/zh/，2017.

是不可证实的。也就是说，Zcash 将匿名性建立在对特定人群的信任假设之上，背离了类比特币的去中心化信任的初衷。从这个角度看，交易方的隐私保护，尤其是交易额隐私，交易元数据的保护还需更加深入的研究。

七、焦里币

（一）焦里币概览

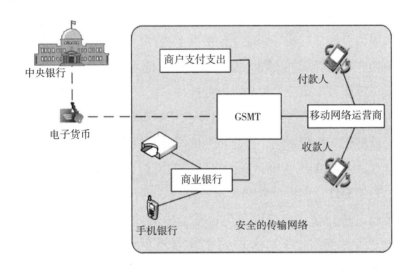

图 2 - 6　焦里币的技术架构

焦里币（Giori Digital Money，GDM）是 The Roberto Giori Company 公司在《中央银行发行法定数字货币的概念介绍》中倡导的法定数字货币系统，该数字货币系统基于 Roberto Giori 发明的专利"提供和转移替代电子货币的系统和方法"[①]。Giori 数字货币（Giori digital money，也称焦里币）是由中央银行作为法定货币设立和发行的数字货币，它将传统实物货币与借记卡、电子网络先进技术功能融为一体，依托 GSMT（Global Standard of Money Technology）架构体系管理全球的数字金融交易并建立一个基于现

---

① R·吉奥瑞. 提供和转移替代电子货币的系统和方法. CN 103548044 A〔P〕. 2014.

有纸币系统模式的电子网络。

焦里币用户主要指持有或使用焦里币的个人与组织，从设计理念来讲，焦里币是法定数字货币，具有法定货币价值尺度、流通手段、贮藏手段、支付手段、世界货币等所有功能，用户可以利用焦里币进行消费、投资等一切货币经济活动。焦里币法定数字货币的地位一旦确立，所有具有受理条件的商户必须无条件受理焦里币。中央银行主要承担焦里币的发行、兑换、交易等职能，保障 Giori 数字货币平台系统、账户与交易等方面安全。中央银行可以把焦里币兑换、交易等职能下放给商业银行，商业银行可能参与负责焦里币的兑换、交易等职能，同时发挥信用中介的功能，负责焦里币的存贷、理财、投资等业务。第三方机构可以依托用户焦里币账户提供支付处理和数据分析等增值服务。倡导 Giori 数字货币的 The Roberto Giori Company 公司提供技术标准框架与授权专利，亦是重要的第三方机构。

焦里币的技术架构主要依托两个独立的模块：Giori 数字货币和全球货币技术标准 GSMT。焦里币主要设计思路是，各国中央银行负责法定货币设立、发行并进行流通，是以中央银行为中心的集中式货币体系。系统、账户与交易等方面的安全则由 Giori 数字货币平台的安全技术来保障，但国内外尚未出现关于焦里币的相关产品与具体实践。焦里币的基本交易流程为：用户注册账户并向中央银行（或商业银行）申请兑换焦里币，申请后的焦里币将与用户账户进行绑定，在通过互联网终端或移动互联网终端进行交易时，付款人发起指令向收款人付款并确认后，中央银行焦里币货币平台将相应金额的焦里币与付款人账户进行解绑，并绑定至收款人账户，付款人和收款人会收到交易确认的信息，进而完成一笔焦里币交易。

（二）焦里币的优缺点

焦里币期望成为全球范围内的法定数字货币，双方交易使用全球法定发行的电子货币能使国家间、个人或企业间的交易更方便，如果能够真正地有效实施，一定程度上会促进经济的全球化进程。但这一过程有赖于各方的协调和努力，在支付应用场景上也有待开发。此外，焦里币是一串数字代码，它的生成不仅需要存储经过扫描后的物理参数，还需要在此基础上的二次加密，焦里币采用完全中心化的设计架构，GSMT系统中心服务器的存储容量和处理性能难以预估，尤其在处理全球范围内的跨境实时交易时，用户认证和不同汇率的自动汇兑都对中心服务器的性能、网络带宽提出很高的要求。

八、RSCoin

（一）RSCoin 概览

2016年，在英格兰银行的资助下，英国伦敦大学的两位研究人员George Danezis 和 Sarah Meiklejohn[①] 开发了数字货币原型系统 RSCoin。

RSCoin 项目的研发者认为，比特币不适用于中央银行发行数字货币的应用场景，这主要是因为比特币存在一些问题，主要包括以下两方面：一是比特币网络的可扩展性差，无法承载大容量、高速率的货币交易，目前比特币网络中每秒最多进行7笔交易；二是去中心化的货币发行体系，导致中央银行无法对货币供应进行宏观调控，货币本身的价值极度不稳定，不利于在更大范围、更大规模上的应用，尤其是不利于在主权货币上的使用。

RSCoin 的设计目标是站在中央银行的视角，实现一种受中央银行控制、可扩展的数字货币，为中央银行发行数字货币提供一套发行流通的参考框架和系列准则。

RSCoin 解决方案的核心内容主要有：一是将货币的发行和交易总账的维护分开，采用中心化的货币发行，由中央银行统一发行，而交易账本分布式存储，由多个可信的 mintettes（可理解为商业银行）记录和维护，最后由中央银行进行统一对账和管理。简而言之，RSCoin 系统的总体设计采用中央银行—商业银行的二元分层体系结构，并基于链式的数据结构实现

---

① Danezis G, Meiklejohn S. Centrally Banked Cryptocurrencies［R］. 2015.

分层管理的分布式账本；二是 mintettes 由中央银行授权接入系统，中央银行对 mintettes 的行为进行审查，因此不需要采用比特币的工作量证明来达成共识；三是 RSCoin 采用了一种称为两阶段提交（2PC）的共识机制来进行分布式记账，使得每秒可处理的交易能达到 2000 笔，通过 mintettes 数量的提高，每秒可处理的交易上限还能不断提升，从而实现系统的可扩展性。

RSCoin 系统的总体结构如图 2−7 所示：

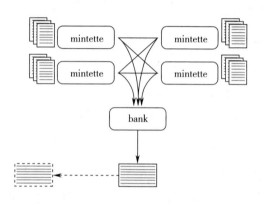

图 2−7　RSCoin 系统架构

系统总体由中央银行和 mintettes 两层结构组成。面向最终用户的管理域是分区的，不同分区由一定数量的 mintettes 交叉管理（便于互相监督），分区中的 mintettes 处理属于自己分区的交易。mintettes 各自收集交易并维护自己的区块，称为低层块。在一段时间后 mintettes 会向中央银行发送自己的低层块，而中央银行会利用这些低层块组装成高层块。高层块账本是对用户可见的。

在 mintettes 完成分布式账本的记账过程中，RSCoin 采用 Two − Phase Commit 两阶段提交机制（2PC）来达成共识。其具体流程如下：

1. 用户了解到交易中所有地址的管理者，即 mintettes；
2. 用户收集交易中输入地址管理者（大部分）的核准（Approval）；
3. 用户将交易和核准信息发送给交易中输出地址的管理者；
4. 输出地址管理者所在分区中的其他 mintettes 将交易添加到自己的低

层块中（mintettes 在确认后会回复给用户一个确认信息以作为凭证）；

5. 在一定时间后，mintettes 将分账本提交给中央银行，中央银行完成达成一致的总账。

通过上述过程，RSCoin 实现了如下的安全标准：一是没有货币双花。二是不可否认记账。用户收到的来自交易输出所有者 mintettes 发送的确认信息后，交易一定会被加入账本。若交易未加入账本，该确认信息可用于控诉 mintettes。三是定时的个人审计。用户有查看 mintettes 的低层块的权利，以确保 mintettes 没有作出违法操作。四是普遍的审计。任何有查看权利的用户都能查看 mintettes 的底层块，而 mintettes 不能进行篡改、遗漏、添加交易等行为。五是任何有查看权利的用户可以监察 mintettes 是否参加了 2PC 协议，而这可以作为 mintettes 获得交易费多少的证明。

（二）RSCoin 的优缺点

RSCoin 实现了中央银行控制下的货币发行技术架构，采用了中央银行—商业银行二元分层结构，这些都符合当前的应用需求，提高了数字货币总体系统的可控性和可扩展性。

但 RSCoin 也存在如下一些不足：一是 RSCoin 使用两层分布式账本，通过增加 mintettes 数量提高系统的处理能力，但并没有减少总账本的数据量，未必是正确的方向；而在两层分布式记账方法中，RSCoin 将大量的对账工作交由中央银行来处理，中央银行可能成为系统的瓶颈；而且 RSCoin 也没有进一步对中央银行应该如何对账、中央银行对账结果如何反馈给底层 mintettes 进行描述，从协议角度看是不完备的。二是 RSCoin 照搬了比特币的 UTXO 记账（记录交易流水）模型，而没有使用更易接受的账户余额表示方法，这意味着银行等机构要摒弃长期以来的习惯，将其领域模型从账户/余额转向 UTXO，而银行现有账户数据如何迁移，都是需要回答的问题。三是 RSCoin 只是一个概念原型系统，并未能实现现实系统中的众多支付、交易功能。

第三节　网络游戏虚拟货币与电子支付系统

一、网络游戏虚拟货币

（一）虚拟货币的概念

欧洲中央银行于 2012 年 10 月发布《虚拟货币体系报告》。报告指出，"虚拟货币是一种未加监管的数字货币，由其开发者发行并控制，被某一特定虚拟社区成员接受并使用"。获得虚拟货币方法通常有两种：一是按确定的兑换率兑换，这是最快捷的方法，即用法定货币购买虚拟货币；二是通过参与特定活动增加虚拟货币存量，如对促销和广告作出回应、填写网上调查问卷、"挖矿"等。

根据欧州中央银行对虚拟货币的定义，目前在我国，腾讯的 Q 币、新浪的 U 币、无忧卡平台的 G 币、百度的百度币等，本质上都是可充值的虚拟货币。用户在购买了上述虚拟货币后，可以购买相对应平台上的增值服务。在 2009 年 6 月以前，腾讯的 Q 币等虚拟货币可以兑换人民币，实现了虚拟货币到人民币的闭环流通。2009 年 6 月 26 日，中华人民共和国文化部和商务部联合发布《关于加强网络游戏虚拟货币管理工作通知》。上述虚拟货币仅能在这些特定平台内流通，而不可以用虚拟货币兑换人民币，不可赎回。

（二）虚拟币的优缺点

虚拟币的优点：

以 Q 币为例，虚拟币是由互联网公司发行的网络支付产品，主要用于购买各种网络服务。从价值本位看，虚拟币具有"币值"，即虚拟币是以发行者（通常为互联网公司）的信用为基础，其"币值"可以作为价值尺度，从交易媒介功能看，虚拟币可以换购网络服务，并且在交换工程中传递"某某币"这种"资金流"，在特定范围内具有交易媒介的属性。

1. 虚拟货币获取途径方便

以 Q 币为例，可以通过拨打声讯电话向自己的 QQ 个人账户充值，采取 QQ 号码与固定电话或手机绑定的方式。另一种常用手段是通过腾讯公司授权的经销商购买 QQ 卡。在销售点购买 QQ 卡后，用户只需登录腾讯 Q 卡充值主页，选择 Q 币充值，即可将卡中的 Q 币充入个人账户。除此之外，还可以通过银行卡或者腾讯支付工具财付通、一点通等购买虚拟 QQ 卡，进而完成 Q 币充值等。

2. 虚拟货币可以优化资源配置

网络中的各种资源十分丰富，其中的虚拟产品和服务可满足各类群体的不同需求。使用 Q 币等虚拟货币可以灵活、便捷、安全地购买到这些虚拟产品，有利于实现资源的优化配置。

虚拟货币的缺点：

1. 容易被利用进行洗钱、赌博等违法犯罪活动

虚拟货币容易进行远距离转移，且具有很强的匿名性，网络交易很难监管、取证和处罚，因此，其洗钱成本要低于很多其他的洗钱方式，容易被犯罪分子利用。一些网络游戏平台以网络虚拟货币代替了人民币进行赌博，虚拟货币充当赌场中的"筹码"，"合法"使用后再被兑换成现金。这种"聚赌性质"活动的盛行必然带来不良的社会风气，严重影响青少年的健康成长和人们的正常生活，从而扰乱社会秩序。

2. 无序的地下交易扰乱社会秩序

根据规定，虚拟货币仅能在特定平台内流通，而不可以用虚拟货币兑换人民币，不可赎回。为逃避监管，虚拟货币的地下交易市场由此形成，无序的地下交易让虚拟货币变成了一种变相的支付工具，破坏货币流通秩序。更为严重的是，虚拟货币发行商成为变相的金融非法机构，扰乱金融稳定的运行基础。

3. 网民权益受损风险高

由于网络运营商的经营存在很大的不确定性，一旦企业出现问题关门

或倒闭，持有该公司发行的虚拟货币的网民就会有承担相应损失的风险，而且，部分网络运营商系统在安全技术方面投入不足，防卫手段不高，管理不够严格，玩家们的虚拟货币很容易被盗用。目前国内法律对于个人网络"虚拟财产"保护尚未有相应的管理规定，玩家的"虚拟财产"失窃被盗，报案后执法机关处于无法可依的局面。

二、电子支付系统

（一）电子支付的概念

20 世纪 90 年代以来，计算机网络技术飞速发展，信息的处理和传递突破了时空限制。在电子商务的推动下，电子支付系统作为其中关键组成部分，从传统的封闭银行电子化系统发展成为开放的网络银行支付系统。

电子支付指电子交易的当事人，包括消费者、企业和金融机构使用安全的、数字化的支付手段，通过网络向另一方进行货币支付或资金流转的过程。与传统的支付方式相比较，电子支付具有以下特征：

一是采用较为先进的电子技术手段，通过数字流转来完成信息传输。

二是电子支付的工作环境是基于一个开放的系统平台（多为 Internet）。

三是与传统支付相比，电子支付需借助网络平台，如 Internet、Extranet 等，因此对软、硬件设施有较高要求，需要相应配套设施。

四是电子支付具有方便、快捷、高效、经济的优势，能在很短的时间内完成整个支付过程。

根据 N. Asokan 分类方法，可以将电子支付系统划分为基于账户的支付系统和基于数字货币的系统两大类，如图 2 - 8 所示。

1. 基于账户的支付系统

基于借记/信用或账户的支付系统，也称为账户类支付系统，其基本原则是用户在支付服务提供商处开设账户，并授权利用这些账户进行支付。此类系统多为在线服务，交易通常直接或间接链接到用户账户。如借记卡、信用卡等结算卡系统，在支付清算时，通过网络由"卡号"找到后

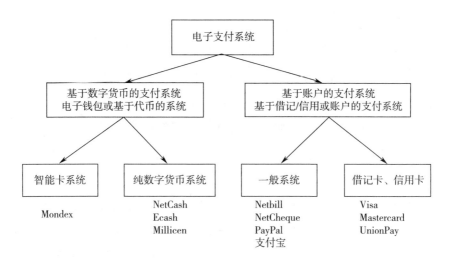

图2-8　电子支付系统的分类

台系统的账户账号，并根据指令来完成账户上资金的流转，在这一过程中，结算卡只是后台账户的符号代表，因此，有的分类中也称其为符号系统。

此类系统的优点：

（1）易用性和可扩展性好，一般可以利用现有的网络进行通信、利用计算机作为终端，不需要增加额外的硬件或基础设施。

（2）在大量的用户加入时，它不需要像电子现金系统那样维护一个大的数据库，只需要为用户增加一个新的账户，从而不会导致性能的大幅度下降，实施也相对容易。

此类系统的不足：

（1）通常它们都是可追踪的，用户的花销习惯与其资金流向能被服务提供商监控到，有关信息可能被提供商滥用；

（2）账户由提供支付服务的公司管理，通常各公司都会采用自己所独有的规范，不利于其他公司加入；

（3）这类系统通常需要一个中央控制系统在线参与支付过程，而不能提供离线支付，对使用的环境有一定限制。

2. 基于数字货币的支付系统

基于数字货币的系统，即图 2 - 8 中的电子钱包或基于代币的系统。

在数字货币系统中，用户从货币发行商处购买电子数字代币，这些数字代币代表了一定的价值，用户可以用它来实现对商家的支付，商家可以把这些数字货币存入自己的账户。另外，数字货币也可以数字形式存储下来，并在网络环境中起现金的作用，因此有的专家也称其为代币系统（Token - based System）、纯数字货币系统。

离线交易是数字货币系统研究的方向之一，交易过程中通常由用户与商家面对面交易而不需要有中央控制系统直接参与，这样可以减少交易成本，利于小额支付。多数数字货币系统能实现匿名，真正像现金消费一样，能在一定程度上保护用户隐私。

对于纯数字货币系统来说，无论是离线还是在线数字货币系统，它都需要维护一个庞大的数据库，用于存放过去的交易数据或其他数据，以防止重复花费。如在 E - Cash 中，必须跟踪所有已存款的证书，而 NetCash 中必须存储所有已发行的证书，这无形降低了系统的可扩展性与效率。

数字货币系统的另一个缺点就是可能需要用户和商家购买额外的软、硬件，对用户来说，还需要了解安全技术问题，以及学习新系统的使用；对商家来说，可能需要增加投入来整合新系统与现有记账系统。

（二）第三方支付平台

支付宝、财付通、微信支付以及 PayPal 作为第三方支付是一种新的支付模式，具有信誉保障，采用与相应各银行签约方式，提供与银行支付结算系统的接口和通道服务并能够实现资金转移和网上支付结算服务。第三方支付在充当交易第三方的服务中介机构、完成担保支付功能的同时，也在不断向"移动钱包支付""个人小额理财""资金转账结算"等功能渗透和拓展，以支付宝为代表的新一代支付平台已然成为惠民金融服务的倡导者和先导者，与老百姓生活相关性越来越密切。下面以支付宝为例，来分析这类新型平台的特点。

2003 年 10 月，阿里巴巴的淘宝网推出"支付宝"①，作为交易的第三方，以担保方式完善网上交易平台。在十多年的时间里，支付宝已成为全球最大的移动支付厂商，为用户提供更加便捷的移动支付服务。目前，支付宝与国内外 180 多家银行以及 VISA、MasterCard 等机构建立战略合作关系，成为金融机构在电子支付领域最为可信的合作伙伴。

截至目前，支付宝实名用户超过 3 亿个，支付宝钱包活跃用户超过 2.7 亿个，单日手机支付量超过 4500 万笔，超过 2013 年"双 11"创造的单日手机支付 4518 万笔的全球峰值纪录。2017 年"双 11"全天交易额达到 1682 亿元，全球 225 个国家和地区的消费者完成支付 14.8 亿笔，总支付峰值 25.6 万笔/秒。

支付宝是集中记账系统，其技术架构大致如图 2－9 所示：

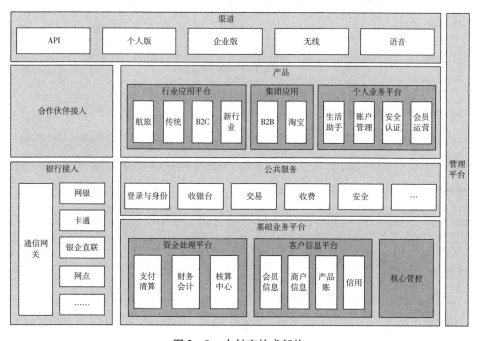

图 2－9　支付宝技术架构

① 支付宝［EB/OL］. https：//www. alipay. com/. 2017.

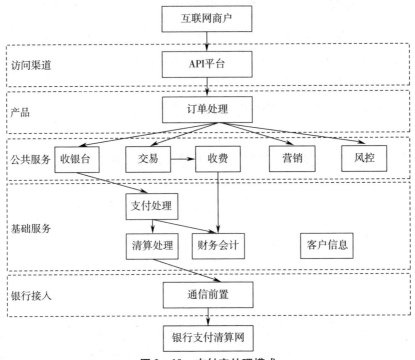

图 2 – 10　支付宝处理模式

1. 支付宝处理模式

交易中介处理模式：通过"代收代付的中介服务"和"第三方担保"功能为其网络交易的双方以及线下交易者提供服务是支付宝的重要功能，也是其为解决国内网上交易资金安全问题的设计初衷。

个人理财处理模式：主要通过余额宝来实现，即用户把自己银行里的钱转账到支付宝的余额宝账户中，由支付宝统一与专项基金合作，采取分散资金合并为大额资金池，统一购买理财产品，实现小额资金理财目的。

快捷支付处理模式：用户购买商品时，不需开通网银，只需提供银行卡卡号、户名、手机号码等信息，银行验证手机号码正确性后，第三方支付发送手机动态口令到用户手机号上，用户输入正确的手机动态口令，即可完成支付。如果用户选择保存卡信息，则用户下次支付时，只需输入支付宝支付密码或者是支付密码及手机动态口令即可完成支付。

电子钱包处理模式：支付宝钱包支付就是一个典型的电子钱包支付模型。用户把资金从银行转账到支付宝现金账户上，通过支付宝现金账户即可完成支付功能。

阿里信用业务模式：在交易的过程中，系统将安排买家进行一定的评价，作为日后进行贷款的主要依据，信用相关的主要指标包括卖家信用记录、交易量、交易频率等数据指标，系统将根据这些指标对符合条件的淘宝卖家提供信用贷款服务和授信评价。

阿里小贷业务模式：支付宝提供了借呗和花呗服务可以通过支付宝账户以个人名义提出申请小额贷款。

2. 支付宝特点

（1）产品多样性

与国外 PayPal 等第三方交易平台不同，支付宝等国内互联网金融产品体现出多样性功能特点，而不是简单的交易中介。支付宝陆续推出个人理财、快捷支付、电子钱包、手机公交卡以及二维码支付等新功能，一定程度上满足了用户的各类需求，也获得了较为不错的用户体验。

（2）交易便捷性

在线支付不仅帮助企业实现了销售款项的快速归集，缩短收款周期，同时也为个人网上银行客户提供了极其便捷的网上消费支付结算方式。

（3）由互联网金融加速走向移动金融

近年来，移动端电子商务突飞猛进地发展，用户对移动电商的接受程度明显提高，手机等移动支付取得了令人惊叹的业绩。根据支付宝统计数据，过去一年82%的支付笔数发生在移动端，2017 年"双 11"，无线交易额占比达到了90%。

（4）由集中记账向手机预付储值发展

支付宝 2011 年曾与北京万商通联企业服务有限公司合作，推出支付宝预付卡（取名为"享卡"），用户可以自主向支付宝预付卡内充值，通过预付卡来完成离线近场交易。受制于政策原因（人民银行明确监管预付卡发卡机构），目前支付宝预付卡不对个人用户开放享卡的申请。

（5）资金安全性

与传统的网银相比，支付宝在技术上采取的安全措施并不复杂，这是因为过于复杂的安全技防措施，会导致交易延迟与用户操作复杂，造成不好的用户体验和用户流量损失。其基本安全措施是通过账户与密码来保证登录安全，通过支付密码来保障资金支付安全，在传输过程中采用 SSL 协议来保障通信安全。

总体来看，支付宝更看重对用户资金损失的赔付承诺，并建立相应的风险基金、保险基金来应对风险。同时，在不断采取一定技术防范措施，保障自有系统的同时，也设有专项资金用于支付环境的整体安全建设。

（三）电子现金

电子现金[①]是基于智能卡技术实现对现金货币的电子化或虚拟化模拟，依附芯片卡既可在脱机情况下实现快速记账和支付，也可通过贴近非接触式受理终端来实现联机交易的数字货币形式。电子现金可以有效模拟或复制现金的多种性能，如匿名性、不可伪造性、不可重复性、不可抵赖性、不可追溯性、可流通性、可储存性、可离线操作性等（市场中并不是所有电子现金都满足这些特性），具有可脱机使用、无需密码验证、快速支付、金额上限保护等优势，在受理环境较为完善的情况下，能够在小额、快速、脱机交易领域实现对现金的有效替代。

电子现金是以银行为中心的集中式货币体系，系统、账户与交易等方面安全由整个银行业系统的安全技术保障，电子现金根据业务类型、资金安全等需要设定是否需要记名。其基本交易流程为：用户申请电子现金账户并圈存一定额度，基于非接触式受理环境，实现在脱机情况下的快速支付，在非接触式终端上实现联机交易，银行业金融机构在后台对电子现金账户进行资金结算与清算，进而完成一笔电子现金交易。

---

① 中国人民银行. 中国金融集成电路（IC）卡规范［M］. 北京：中国金融出版社，2013.

从应用流程来看，电子现金应用主要涉及卡片发行、充值业务、受理环境三个环节。在卡片发行环节，需要发行的金融 IC 卡具备电子现金功能且开通此项功能；在充值业务环节，需要为持卡人提供便利的电子现金充值环境；在受理环境环节，需要推动更多的终端设备支持电子现金受理，优化电子现金使用流程，及时处理电子现金异常受理问题。

人民银行在推动金融 IC 卡应用的同时，从卡片发行、充值业务、受理环境等方面促进电子现金应用发展。电子现金市场的主要参与方包括持有使用电子现金的用户，受理电子现金的商户，负责生产具有电子现金功能产品的厂商，负责电子现金开通、交易、转接、清算、提供增值服务与受理环境改造的银行业金融机构，市场层次分为发行市场与支付市场等。电子现金用户主要指持有或使用电子现金的个人与组织，现阶段电子现金主要用于快速、小额、脱机支付交易领域，基于非接通信技术在受理终端上进行交易。电子现金适应不具备联网通信条件或对交易速度敏感的应用场景，已覆盖公共交通、菜市场、快餐店、便利店、咖啡店、景区门票等快速、小额支付领域，且电子现金商户受理范围逐步扩大。

实现方式上看，金融 IC 卡电子现金功能主要分为两类，第一类是普通的标准电子现金消费，如菜市场、便利店、出租车等领域，其应用特点是用卡时金额已经确定，与普通消费用卡情形一致，一次消费只需一次用卡，此类应用采用金融行业本身的密钥体系，各地发行的具备电子现金功能的金融 IC 卡均可应用。第二类是具有分时、分段计费功能的电子现金应用，在普通电子现金应用基础上，为满足公交、地铁等分时分段计费的需求进行升级，第一次在卡片上记录时间、站点编号等信息，第二次用卡时根据第一次的记录，计算并完成扣费，此类应用需关联行业计费系统，加载当地的行业密钥，只有银行与行业应用方合作发行的金融 IC 卡才可应用。

电子现金在技术标准、安全体系、卡片规范、系统接口、终端要求、使用方式、清算处理等方面和金融 IC 卡个性标准紧密衔接，可共享使用金融 IC 卡的受理终端、转接网络、密钥体系等基础设施，采用借记/贷记应用的基础框架构造小额支付应用，其安全体系采用非对称密码算法，卡片和终端认证采用公钥认证体系，保障电子现金的安全、规范发展。

第三章　数字货币技术基础：密码技术

当今社会，人们高度重视信息系统的安全，使用各种密码算法来对信息进行加密、签名等，保证其机密性、完整性和不可否认性，不被轻易篡改和窃取。对于数字货币而言，加密技术更是实现技术安全和可信的关键要素。本章详细讨论了密码体制的分类以及几种典型的加密算法，包括对称密钥密码算法 DES、国密对称密码算法 SM4、散列函数 SHA－1 算法、SM3 密码杂凑算法、公钥密码算法 RSA 、ECDSA 椭圆曲线公钥密码算法、SM2 椭圆曲线公钥密码算法以及数字签名技术和零知识证明。

第一节　现代密码体制的分类

现代密码体制的分类很多，可以按照密码算法对明文信息的加密方式，分为序列密码体制和分组密码体制；按照加密过程中是否注入了客观随机因素，分为确定密码体制和概率密码体制；按照是否能进行可逆的加密变换，分为单向函数密码体制和双向函数密码体制。不过人们常用的是按照密码算法所使用的加密密钥和解密密钥是否相同，能不能由加密过程推导出解密过程（或者反之，由解密过程推导出加密过程）而将密码体制分为对称密码体制和非对称密码体制。

在对称密钥加密中，明文的加密过程是：将一个固定的文本，即密钥和明文一起提交给加密算法，然后加密算法返回密文，密文的解密则通过将密钥和密文提交给相应的解密算法来完成。由于加密和解密都使用相同的密钥，因此这种算法被称为"对称密钥加密"。对称密钥加密有时也被称为秘密密钥加密，因为密文的安全取决于密钥能否被保密。常见的对称密码算法比较如表3－1所示。

表3－1 常见对称密码算法比较

算法	密钥长度（位）	运算速度	安全性	资源消耗
DES	56	较快	低	中
3DES	112、168	慢	中	高
AES	128、192、256	快	高	低
SM4	128	快	高	低

在非对称密钥加密中，加密和解密过程要用到两个密钥：一个是用于加密数据的公钥（Public Key），另一个是用于解密数据的私钥（Secret Key）。任何需要将数据安全地发送给私钥持有者的人首先获得公钥。由于只有通过私钥才能解密密文，公钥无法推导出私钥，因此用于加密的密钥通常不需要保密。相比对称密钥加密有一个很大的优点，那就是消息的发送方不需要与相应的接收方交换需保密的密钥。只有消息的接收方需要持有一个保密的密钥。常见非对称密码算法比较如表3－2所示。

表3－2 常见非对称密码算法比较

算法	密钥（位）	加密速度	存储空间
RSA	1024、2048	慢	大
ECDSA	192、256	快	小
SM2	256	快	小

第二节　密码算法介绍

一、对称密码算法

DES 是目前国际上最常用的对称密码算法，我国也研制出了自己的对称密码算法——SM4 密码算法。

（一）对称密码算法 DES

最早被广泛使用的对称密钥密码算法 DES[①]（Data Encryption Standard）是由 IBM 公司在20 世纪70 年代发展起来的，经过美国政府的加密标准筛选后，于 1976 年 11 月被采用，随后获得了美国国家标准局和美国国家标准协会 ANSI（American National Standard Institute）的承认。三十多年来，DES 一直活跃在国际保密通信的舞台上，扮演了十分重要的角色，被广泛应用在 ATM、磁卡、智能卡以及加油站等诸多领域。

1. DES 密码算法结构

DES 加密采用的是分组加密的方法。在 DES 中，加密和解密算法输入 64 比特明文或密文消息和 56 比特密钥，输出 64 比特密文或明文消息。DES 算法的基本流程如图 3 – 1 所示。

从图 3 – 1 中可以看出，明文的处理过程可以分为三个阶段。首先，64 比特的明文经过一个初始置换 IP 后，被分成两个部分：32 比特的左半部分 L_i 和 32 位的右半部分 R_i，用于密码函数的 16 轮迭代运算的首次迭代的初始输入。然后，经过重排的明文要与密钥作用，进行 16 轮的迭代置换。最后一个循环产生的 64 位比特序列，还要再把左右 32 个比特（分别用 L_i 和 R_i 表示）对调，以便产生预输出。最后，预输出经过一个逆初始置换 IP^{-1} 处理后，才能产生 64 比特的密文。

密钥的使用方式，可以分为两个阶段。首先，56 比特的密钥通过一个初始置换被打乱重新排列。然后，生成子密钥对明文发生 16 轮的作用。每一轮中，密钥都被分成左右两部分，每部分都是 28 比特，分别进行移位；之后整个密钥经过压缩置换，被处理成 48 位的子密钥，与明文发生进行异或运算。对每一个循环来说，压缩置换函数是相同的，但是，由于

---

① NIST. Data Encryption Standard（DES）[S]. Federal Information Processing Standards Publication 46 – 3（FIPS PUB 46 – 3），October 1999. U. S. Department of Commerce/N. I. S. T.

密钥比特的重复移位，产生的子密钥并不相同。

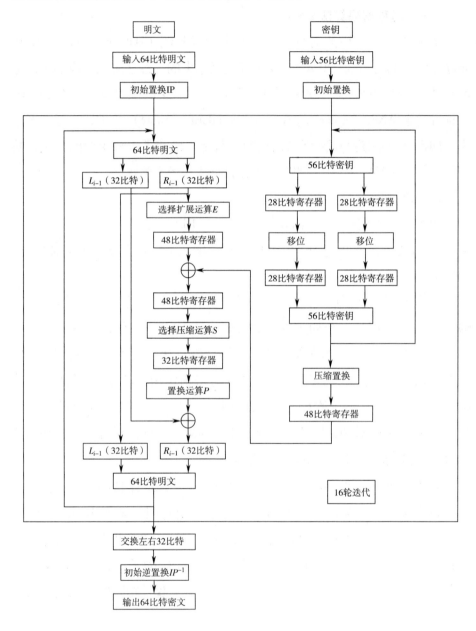

图3-1　DES加密算法基本流程

DES 的解密算法与加密算法完全相同，只需要将密钥的应用次序与加密时相反应用即可，即解密过程是初始置换函数 IP 接受长度为 64 比特的密文输入，将 16 个子密钥按照逆序应用于 16 轮迭代运算中，然后将迭代的结果经由末置换函数 IP^{-1} 得到 64 位的明文输出。

2. DES 算法运算过程

DES 主要采用置换和移位运算来对消息进行处理，接下来具体介绍 DES 每个部分运算的实现过程。

（1）加密过程

初始置换：

初始置换是按表 3 - 3 所示定义的，图中第一个数字（第一行，第一列）58 的意思是把输入的原序列中第 58 比特放在这个位置；第二个数字（第一行，第二列）50 的意思是把原序列中的第 50 比特作为新比特序列的第二位；依此类推。

表 3 - 3　　　　　　　　　　初始置换 IP

58	50	42	34	26	18	10	2
60	52	44	36	28	20	12	4
62	54	46	38	30	22	14	6
64	56	48	40	32	24	16	8
57	49	41	33	25	17	9	1
59	51	43	35	27	19	11	3
61	53	45	37	29	21	13	5
63	55	47	39	31	23	15	7

表 3 - 4　　　　　　　　　　初始置换 IP^{-1}

40	8	48	16	56	24	64	32
39	7	47	15	55	23	63	31
38	6	46	14	54	22	62	30
37	5	45	13	53	21	61	29
36	4	44	12	52	20	60	28
35	3	43	11	51	19	59	27
34	2	42	10	50	18	58	26
33	1	41	9	49	17	57	25

初始逆置换 IP^{-1}的定义方式如表 3 – 4 所示，其原理与初始置换 IP 相同，实际上这两个置换函数互为逆操作。用数学语言可表达为：

$$M = \mathrm{IP}^{-1}(\mathrm{IP}(M))$$
$$C = \mathrm{IP}(\mathrm{IP}^{-1}(C))$$

选择扩展运算 E：

扩展运算 E 的功能是将 32 比特明文扩展为 48 比特明文，将明文按表 3 – 5 中间 4 列所示进行排列，然后，左右各扩展一列。

如果扩展前的 32 位明文为：s_1、s_2、s_3、s_4、s_5、s_6、s_7、$\cdots$、s_{31}、s_{32}。

则扩展后的 48 位明文为：s_{32}、s_1、s_2、s_3、s_4、s_5、$\cdots$、s_{31}、s_{32}、s_1。

表 3 – 5　　　　　　　　　　　　　扩展运算 E

扩展数据	原数据				扩展数据
32	1	2	3	4	5
4	5	6	7	8	9
8	9	10	11	12	13
12	13	14	15	16	17
16	17	18	19	20	21
20	21	22	23	24	25
24	25	26	27	28	29
28	29	30	31	32	1

选择压缩运算 S：

S 盒的作用如图 3 – 2 所示。替代函数由一组 8 个 S 盒组成，其中每一个都接收 6 个比特作为输入，产生 4 个比特作为输出。

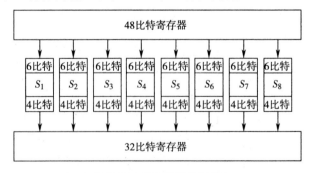

图 3 – 2　S 盒的结构示意

S 盒的具体定义是由表 3 - 6 规定的，其使用方法如下。

将 48 比特平均分为八组，每 6 比特一组，作为一个 S 盒的输入。盒子 S_i 输入的第一个比特和最后一个比特构成一个两位的二进制数，用来选择 S_i 表 3 - 6 中 4 行中的某一行；中间的 4 个比特则作为一个 4 位的二进制数，选出 S_i 表中 16 列中的某一列。

例如：在 S_2 中输入 001011，则行是 01，列为 0101，表 S_2 中 01 行 0101 列为 2，因此 S 盒的输出为 0010。

表 3 - 6　　　　　　　　　　　DES 的 S 盒定义

S_1	14	4	13	1	2	15	11	8	3	10	6	12	5	9	0	7
	0	15	7	4	14	2	13	1	10	6	12	11	9	5	3	8
	4	1	14	8	13	6	2	11	15	12	9	7	3	10	5	0
	15	12	8	2	4	9	1	7	5	11	3	14	10	0	6	13
S_2	15	1	8	14	6	11	3	4	9	7	2	13	12	0	5	10
	3	13	4	7	15	2	8	14	12	0	1	10	6	9	11	5
	0	14	7	11	10	4	13	1	5	8	12	6	9	3	2	15
	13	8	10	1	3	15	4	2	11	6	7	12	0	5	14	9
S_3	10	0	9	14	6	3	15	5	1	13	12	7	11	4	2	8
	13	7	0	9	3	4	6	10	2	8	5	14	12	11	15	1
	13	6	4	9	8	15	3	0	11	1	2	12	5	10	14	7
	1	10	13	0	6	9	8	7	4	15	14	3	11	5	2	12
S_4	7	13	14	3	0	6	9	10	1	2	8	5	11	12	4	15
	15	8	11	5	6	15	0	3	4	7	2	12	1	10	14	9
	10	6	9	0	12	11	7	13	15	1	3	14	5	2	8	4
	3	15	0	6	10	1	13	8	9	4	5	11	12	7	2	14
S_5	2	12	4	1	7	10	11	6	8	5	3	15	13	0	14	9
	14	11	2	12	4	7	13	1	5	0	15	10	3	9	8	6
	4	2	1	11	10	13	7	8	15	9	12	5	6	3	0	14
	11	8	12	7	1	14	2	13	6	15	0	9	10	4	5	3
S_6	12	1	10	15	9	2	6	8	0	13	3	4	14	7	5	11
	10	15	4	2	7	12	9	5	6	1	13	0	11	3	8	
	9	14	15	5	2	8	12	3	7	0	4	10	1	13	11	6
	4	3	2	12	9	5	15	10	11	14	1	7	6	0	8	13

续表

	4	11	2	14	15	0	8	13	3	12	9	7	5	10	6	1
S_7	13	0	11	7	4	9	1	10	14	3	5	12	2	15	8	6
	1	4	11	13	12	3	7	14	10	15	6	8	0	5	9	2
	6	11	13	8	1	4	10	7	9	5	0	15	14	2	3	12
	13	2	8	4	6	15	11	1	10	9	3	14	5	0	12	7
S_8	1	15	13	8	10	3	7	4	12	5	6	11	0	14	9	2
	7	11	4	1	9	12	14	2	0	6	10	13	15	3	5	8
	2	1	14	7	4	10	8	13	15	12	9	0	3	5	6	11

置换运算 P：

置换运算 P 的定义如表 3-7 所示。它的作用是进一步打乱各数据位，使明文中的任何移位都尽可能多地影响其他各位。置换函数 P 的使用方法与初始置换 IP 一样，按表操作即可。

输入为：s_1、s_2、s_3、s_4、s_5、s_6、s_7、…、s_{31}、s_{32}。

输出为：s_{16}、s_7、s_{20}、s_{21}、s_{29}、s_{12}、s_{28}、…、s_4、s_{25}。

表 3-7　　　　　　　　　　置换运算 P

16	7	20	21	29	12	28	17
1	15	23	26	5	18	31	10
2	8	24	14	32	27	3	9
19	13	3	6	22	11	4	25

（2）密钥的变换方案

DES 对密钥的处理进行了巧妙的设计，其变换方案可以分为三部分：密钥的初始置换、移位和压缩置换。

密钥的初始置换：

实际上，密钥置换函数要求输入一个 64 比特的密钥，但其中用到的只有 56 比特，另外 8 比特（每一个字节的最后一位）可以用做奇偶校验，也可以完全随意设置。

56 位密钥要按表 3-8 进行置换，置换方法与初始置换 IP 相同。

表 3 – 8 密钥的初始置换

57	49	41	33	25	17	9
1	58	50	42	34	26	18
10	2	59	51	43	35	27
19	11	3	60	52	44	36
63	55	47	39	31	23	15
7	62	54	46	38	30	22
14	6	61	53	45	37	29
21	13	5	28	20	12	4

密钥的移位：

每一个循环中，左右两个 28 比特的子密钥都要按表 3 – 9 所示循环左移 1 位或者 2 位。经过移位所得的结果，既是下一个循环的输入，又是压缩置换函数的输入。

表 3 – 9 密钥左移调度表

迭代轮数	1	2	3	4	5	6	7	8	9	10	11	12	13	14	15	16
移位位数	1	1	2	2	2	2	2	2	1	2	2	2	2	2	2	1

密钥的压缩置换：

如表 3 – 10 所示，经过压缩函数的处理以后，56 位的密钥被压缩成 48 位，以方便对明文发生作用。函数的使用方式与初始置换 IP 相同。

表 3 – 10 密钥的压缩置换

14	17	11	24	1	5	3	28
15	6	21	10	23	19	12	4
26	8	16	7	27	20	13	2
41	52	31	37	47	55	30	40
51	45	33	48	44	49	39	56
34	53	46	42	50	36	29	32

（3）DES 的解密方案

DES 的解密算法与加密算法完全相同，只需要将密钥的应用次序与加密时相反应用即可，即解密过程是初始置换函数 IP 接受长度为 64 比特的密文输入，将 16 个子密钥按照逆序应用于 16 轮迭代运算中，然后将迭代的结果经由末置换函数 IP^{-1}得到 64 位的明文输出。

（二）对称密码算法 SM4

SM4 密码算法[①]是一个分组算法。该算法的分组长度为 128 比特，密钥长度为 128 比特。加密算法与密钥扩展算法都采用 32 轮非线性迭代结构。解密算法与加密算法的结构相同，只是轮密钥的使用顺序相反，解密轮密钥是加密轮密钥的逆序。

SM4 密码算法结构，如图 3 - 3 所示。

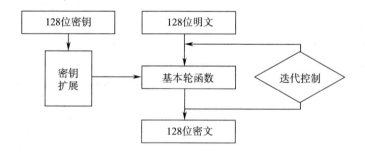

图 3 - 3　SM4 密码算法结构

由图 3 - 3 可知，128 位的密钥通过密钥扩展产生 32 个子密钥，输入 128 位的明文与子密钥进行轮函数运算，再经过 32 轮迭代控制就可以得到 128 位的密文。

1. 术语说明

（1）字与字节

用 Z_2^e 表示 e - 比特的整数集，Z_2^{32} 中的元素称为字，Z_2^8 中的元素称

---

① GB/T 32907 - 2016，标准信息安全技术 SM4 分组密码算法 [S].

为字节。

（2）S 盒

S 盒为固定的 8 比特输入 8 比特输出的置换，记为 Sbox（・）。

（3）基本运算

在 SM4 密码算法中采用了以下基本运算：

$\oplus$　32 位异或

$<<<i$　32 位循环左移 i 位

（4）密钥及密钥参量

加密密钥长度为 128 比特，表示为 $MK =$（MK_0，MK_1，MK_2，MK_3），其中 MK_i（$i = 0$，1，2，3）为字。

轮密钥表示为（rk_0，rk_1，$\cdots$，rk_{31}），其中 $rk_i (i = 0, \cdots, 31)$ 为字。轮密钥由加密密钥生成。

$FK =$（FK_0，FK_1，FK_2，FK_3）为系统参数，用于参与轮密钥生成，取值为：

$FK_0 =$（$A3B1BAC6$），$FK_1 =$（$56AA3350$），$FK_2 =$（$677D9197$），$FK_3 =$（$B27022DC$）

$CK =$（CK_0，CK_1，$\cdots$，CK_{31}）为固定参数，其中 CK_i（$i = 0$，$\cdots$，31）为字。固定参数用于密钥扩展算法中。

2. 轮函数

SM4 密码采用非线性迭代结构，以字为单位进行加密运算，称一次迭代运算为一轮变换。

设输入为（X_0, X_1, X_2, X_3）$\in$（Z_2^{32}）^{4}，轮密钥为 $rk \in Z_2^{32}$，则轮函数 F 为：

$$F(X_0, X_1, X_2, X_3, rk) = X_0 \oplus T(X_1 \oplus X_2 \oplus X_3 \oplus rk)$$

（1）合成置换 T

T 是 $Z_2^{32} \to Z_2^{32}$ 的可逆变换，由非线性变换 τ 和线性变换 L 两部分构成，T（・）$= L$（τ（・））。

非线性变换 τ：

τ 由 4 个并行的 S 盒构成。设输入为 $A = (a_0, a_1, a_2, a_3) \in (Z_2^8)^4$，输出为 $B = (b_0, b_1, b_2, b_3) \in (Z_2^8)^4$，则

$$(b_0, b_1, b_2, b_3) = \tau(A) = (Sbox(a_0), Sbox(a_1), Sbox(a_2), Sbox(a_3))$$

线性变换 L：

非线性变换 τ 的输出是线性变换 L 的输入。设输入为 $B \in Z_2^{32}$，输出为 $C \in Z_2^{32}$，则：

$$C = L(B) = B \oplus (B \lll 2) \oplus (B \lll 10) \oplus (B \lll 18) \oplus (B \lll 24)$$

（2）S 盒

表 3 – 11　　　　　　　　　　　　　　S 盒

	0	1	2	3	4	5	6	7	8	9	a	b	c	d	e	f
0	d6	90	e9	fe	cc	e1	3d	b7	16	b6	14	c2	28	fb	2c	05
1	2b	67	9a	76	2a	be	04	c3	aa	44	13	26	49	86	06	99
2	9c	42	50	f4	91	ef	98	7a	33	54	0b	43	ed	cf	ac	62
3	e4	b3	1c	a9	c9	08	e8	95	80	df	94	fa	75	8f	3f	a6
4	47	07	a7	fc	f3	73	17	ba	83	59	3c	19	e6	85	4f	a8
5	68	6b	81	b2	71	64	da	8b	f8	eb	0f	4b	70	56	9d	35
6	1e	24	0e	5e	63	58	d1	a2	25	22	7c	3b	01	21	78	87
7	d4	00	46	57	9f	d3	27	52	4c	36	02	e7	a0	c4	c8	9e
8	ea	bf	8a	d2	40	c7	38	b5	a3	f7	f2	ce	f9	61	15	a1
9	e0	ae	5d	a4	9b	34	1a	55	ad	93	32	30	f5	8c	b1	e3
a	1d	f6	e2	2e	82	66	ca	60	c0	29	23	ab	0d	53	4e	6f
b	d5	db	37	45	de	fd	8e	2f	03	ff	6a	72	6d	6c	5b	51
c	8d	1b	af	92	bb	dd	bc	7f	11	d9	5c	41	1f	10	5a	d8
d	0a	c1	31	88	a5	cd	7b	bd	2d	74	d0	12	b8	e5	b4	b0
e	89	69	97	4a	0c	96	77	7e	65	b9	f1	09	c5	6e	c6	84
f	18	f0	7d	ec	3a	dc	4d	20	79	ee	5f	3e	d7	cb	39	48

例：输入'ef'，则经 S 盒后的值为表 3 – 11 中第 e 行和第 f 列的值，$Sbox$（'ef'）='84'。

3. 加/解密算法

定义反序变换 R 为：

$$R(A_0,A_1,A_2,A_3)=(A_3,A_2,A_1,A_0)，A_i\in Z_2^{32}，\quad i=0,1,2,3。$$

设明文输入为 $(X_0,X_1,X_2,X_3)\in(Z_2^{32})^4$，密文输出为 (Y_0,Y_1,Y_2,Y_3) $\in(Z_2^{32})^4$，轮密钥为 $rk_i\in Z_2^{32},i=0,1,2,\cdots,31$。则 SM4 的加密变换为：

$$X_{i+4}=F(X_i,X_{i+1},X_{i+2},X_{i+3},rk_i)$$
$$=X_i\oplus T(X_{i+1}\oplus X_{i+2}\oplus X_{i+3}\oplus rk_i)i=0,1,\cdots,31;$$
$$(Y_0,Y_1,Y_2,Y_3)=R(X_{32},X_{33},X_{34},X_{35})=(X_{35},X_{34},X_{33},X_{32})。$$

SM4 密码解密变换与加密变换结构相同，不同的仅是轮密钥的使用顺序：

加密时，使用轮密钥序（rk_0，rk_1，$\cdots$，rk_{31}）；

解密时，使用轮密钥序（rk_{31}，rk_{30}，$\cdots$，rk_0）。

4. 密钥扩展算法

SM4 加密算法中的轮密钥由加密密钥通过密钥扩展算法生成。

加密密钥 $MK=$（MK_0，MK_1，MK_2，MK_3），$MK_i\in Z_2^{32}$，$i=0$，1，2，3；令 $K_i\in Z_2^{32}$，$i=0$，1，$\cdots$，35，轮密钥为 $rk_i\in Z_2^{32},i=0,1,2,\cdots,31$，则轮密钥生成方法为：

首先，$(K_0,K_1,K_2,K_3)=(MK_0\oplus FK_0,MK_1\oplus FK_1,MK_2\oplus FK_2,MK_3\oplus FK_3)$

然后，对 $i=0,1,\cdots,31$

$$rk_i=K_{i+4}=K_i\oplus T'(K_{i+1}\oplus K_{i+2}\oplus K_{i+3}\oplus CK_i)$$

说明：

（1）T' 变换与加密算法轮函数中的 T 基本相同，只将其中的线性变换 L 修改为以下 L'：

$$L'(B) = B \oplus (B \lll 13) \oplus (B \lll 23);$$

（2）固定参数 CK 取值方法为：

设 $ck_{i,j}$ 为 CK_i 的第 j 字节（$i = 0,1,\cdots,31;j = 0,1,2,3$），即 $CK_i = (ck_{i,0},ck_{i,1},ck_{i,2},ck_{i,3}) \in (Z_2^8)^4$，则 $ck_{i,j} = (4i+j) \times 7 \pmod{256}$。32 个固定参数为：

00070e15，1c232a31，383f464d，545b6269，

70777e85，8c939aa1，a8afb6bd，c4cbd2d9，

e0e7eef5，fc030a11，181f262d，343b4249，

50575e65，6c737a81，888f969d，a4abb2b9，

c0c7ced5，dce3eaf1，f8ff060d，141b2229，

30373e45，4c535a61，686f767d，848b9299，

a0a7aeb5，bcc3cad1，d8dfe6ed，f4fb0209，

10171e25，2c333a41，484f565d，646b7279

（三）对称密码算法的四种工作模式[①]

1. ECB（电码本模式）

ECB 是最简单的块密码加密模式，加密前根据加密块大小分成若干块，之后将每块使用相同的密钥单独加密，解密同理。

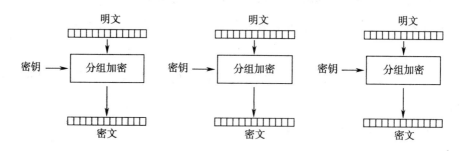

Electronic Codebook（ECB）mode encryption

① NIST. DES Modes of Operation［S］. Federal Information Processing Standards Publication 81（FIPS PUB 81）. U. S. Department of Commerce/N. I. S. T. December 1980.

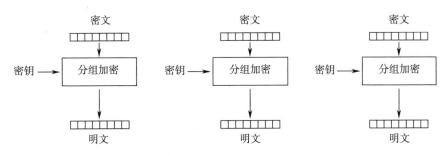

Electronic Codebook（ECB）mode decryption

图 3 – 4　电码本模式

2. CBC（密文分组链接模式）

CBC 模式对于每个待加密的密码块在加密前会先与前一个密码块的密文异或然后再用加密器加密。第一个明文块与初始向量异或。

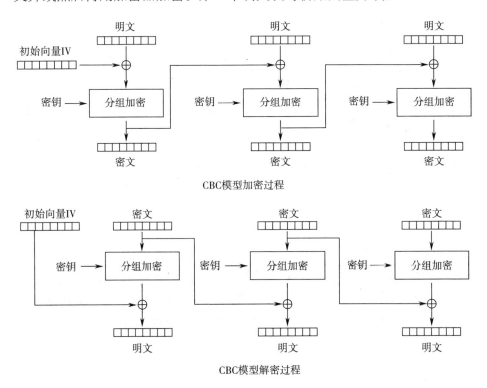

CBC模型加密过程

CBC模型解密过程

图 3 – 5　CBC 模式

3. CFB（密文反馈模式）

与 ECB 和 CBC 模式只能够加密块数据不同，CFB 能够将块密文（Block Cipher）转换为流密文（Stream Cipher）。

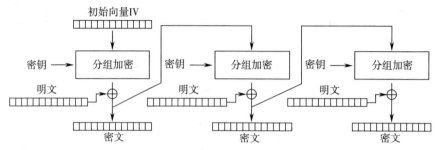

Cipher Feedback（CFB）模型加密过程

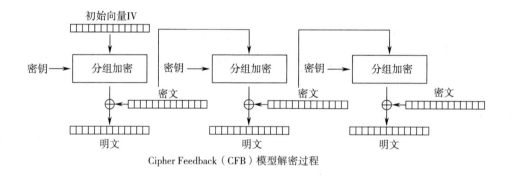

Cipher Feedback（CFB）模型解密过程

图 3 - 6　CFB 模式

4. OFB（输出反馈模式）

OFB 是先用块加密器生成密钥流（Keystream），然后再将密钥流与明文流异或得到密文流，解密是先用块加密器生成密钥流，再将密钥流与密文流异或得到明文，由于异或操作的对称性所以加密和解密的流程是完全一样的。

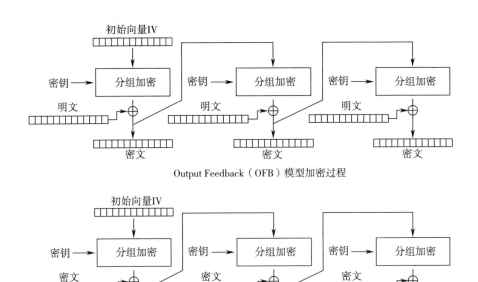

Output Feedback（OFB）模型加密过程

Output Feedback（OFB）模型解密过程

图 3 - 7 OFB 模式

二、哈希算法

（一）哈希算法 SHA - 1

SHA（Secure Hash Algorithm，安全散列算法)[①] 是由美国国家安全局（NSA）设计、美国国家标准与技术研究院（NIST）发布的一系列密码散列算法，是使用最为广泛的安全散列算法之一。该算法于 1993 年 5 月 11 日起被采纳为标准，后经不断改进现在已经发布 5 种安全 Hash 标准，分别为 SHA - 1、SHA - 224、SHA - 256、SHA - 384 和 SHA - 512。

SHA - 1 算法描述

SHA - 1 算法输入报文的最大长度不超过 2^{64} 比特，产生的输出是一个

---

① Eastlake Rd D, Jones P. US Secure Hash Algorithm 1 (SHA1) [M]. RFC Editor, 2001.

160 比特的报文摘要。输入是按 512 比特的分组进行处理的。

一个报文的处理操作过程包括以下几步：

（1）附加填充比特：对报文进行填充使报文的长度与 448 模 512 同余，即：

长度 ≡ 448 mod 512，

即填充长度为 512 的整数倍减去 64 位。填充比特串的最高位为 1，其余各位均为 0。

（2）附加长度值：将一个 64 比特分组附加到报文后面。这个分组被看作一个无符号数（高字节优先），它的值等于初始报文（填充前）的位长度。

（3）初始化报文摘要缓存 MD：使用一个 160 比特的缓存 MD 来存放该散列函数的中间及最终结果。该缓存可表示为 5 个 32 比特的寄存器（A，B，C，D，E）。这些寄存器被初始化为如下 32 比特长的整数（十六进制表示）：

$$A = 0x67452301, \ B = 0xEFCDAB89, \ C = 0x98BADCFE,$$
$$D = 0x10325476, \ E = 0xC3D2E1F0$$

在 SHA – 1 中，这些值以小数在前格式存储，即字的最低位字节放在低地址字节上。像 32 比特的串，初始化的值（十六进制表示）以如下方式存储：

字 A：67	45	23	01
字 B：EF	CD	AB	89
字 C：98	BA	DC	FE
字 D：10	32	54	76
字 E：C3	D2	E1	F0

（4）主循环：处理 512 比特（16 个字）报文分组序列。算法的核心是一个包含四轮迭代操作的模块，每轮由 20 次操作组成。这一过程可用图 3 – 8 说明。

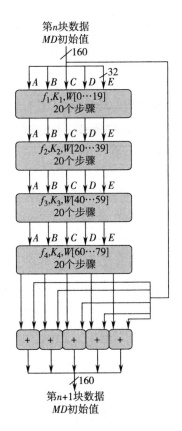

图 3-8 单个 512 比特分组的 SHA-1 处理过程

图 3-8 中的符号说明如下：

A，B，C，D，E：MD 缓存中的 5 个字；

f_i：逻辑函数；

W_i：由当前 512 比特输入分组导出的一个 32 比特字；

K_i：一个额外的常数，4 个步骤中使用 4 个不同的值；

$+$：模 2^{32} 加法。

其中常数 K 的定义如下：

$$K_1 = 0x5A827999 \quad K2 = 0x6ED9EBA1$$

$$K_3 = 0x8F1BBCDC \quad K4 = 0xCA62C1D6$$

W_i 前 16 个字的值直接取自当前分组中 16 个字的值。余下字的值定义如下：

$$W_i = S^1(W_{i-16} \oplus W_{i-14} \oplus W_{i-8} \oplus W_{i-3})$$

其中函数 $S^k(\cdot)$ 表示 32 比特参数循环左移 k 位。

每个逻辑函数 f_i 有 3 个 32 比特字输入并产生 1 个 32 比特字输出。每个函数执行一组按位的逻辑操作。该函数总结如表 3 – 12 所示：

表 3 – 12　　　　　　　　SHA – 1 的原始逻辑函数定义

步骤	函数名	函数值
$(0 \leqslant t \leqslant 19)$	$f_1 = f(t, B, C, D)$	$(B \wedge C) \vee (\bar{B} \wedge D)$
$(20 \leqslant t \leqslant 39)$	$f_2 = f(t, B, C, D)$	$B \oplus C \oplus D$
$(40 \leqslant t \leqslant 59)$	$f_3 = f(t, B, C, D)$	$(B \wedge C) \vee (B \wedge D) \vee (C \wedge D)$
$(60 \leqslant t \leqslant 79)$	$f_4 = f(t, B, C, D)$	$B \oplus C \oplus D$

表中逻辑操作（与，或，取反，异或）分别用符号（$\wedge$，$\vee$，$\overline{}$，$\oplus$）表示。

下面来详细了解处理一个 512 比特分组的四轮迭代操作中每一轮的逻辑。每一轮操作包含 20 个步骤，每一步骤中的操作形式如图 3 – 9 所示。

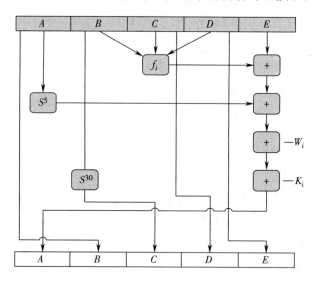

图 3 – 9　基本的 SHA – 1 操作（单步）

使用数学语言描述为：

$$A, B, C, D, E \leftarrow (E + f(t, B, C, D) + S^5(A) + W_t + K_i), A, S^{30}(B), C, D$$

其中：

i 代表迭代轮数，可取值为 1，2，3，4；

t 代表操作步骤数，取值范围为 0 ~ 79。

（5）输出：所有 L 个 512 比特的分组处理完成后，第 L 阶段产生的缓存 MD 中的输出便是 160 比特的消息报文摘要。

（二）SM3 哈希算法

SM3 密码杂凑算法[①]是中国国家密码管理局 2010 年公布的中国商用密码杂凑算法标准。SM3 算法适用于商用密码应用中的数字签名和验证，可满足多种密码应用的安全需求，是在 SHA – 256 基础上改进实现的一种算法。

在介绍 SM3 算法之前，首先引入下文中会用到的概念和符号表示。

杂凑值：杂凑算法作用于消息后输出的特定长度的比特串，本文本中的杂凑值长度为 256 比特；

字：长度为 32 的比特串；

ABCDEFGH：8 个字寄存器或它们的值的串联；

$B (i)$：第 i 个消息分组；

CF：压缩函数；

FF_j：布尔函数，随 j 的变化取不同的表达式；

GG_j：布尔函数，随 j 的变化取不同的表达式；

IV：初始值，用于确定压缩函数寄存器的初态；

P_0：压缩函数中的置换函数；

P_1：消息扩展中的置换函数；

T_j：常量，随 j 的变化取不同的值；

m：消息；

m'：填充后的消息；

mod：模运算；

---

① GB/T 32905—2016，信息安全技术 SM3 密码杂凑算法［S］.

∧：32 比特与运算；

∨：32 比特或运算；

⊕：32 比特异或运算；

¬：32 比特非运算；

＋：mod 2^{32} 算术加运算；

$<<< k$：循环左移 k 比特运算；

←：左向赋值运算符；

初始值：IV ＝ 7380166f 4914b2b9 172442d7 da8a0600 a96f30bc 163138aa e38dee4d b0fb0e4e；

常量：$T_j = \begin{cases} 79\text{cc}4519, 0 \leqslant j \leqslant 15 \\ 7\text{a}879\text{d}8\text{a}, 16 \leqslant j \leqslant 63 \end{cases}$

布尔函数：$FF_j = \begin{cases} X \oplus Y \oplus Z, 0 \leqslant j \leqslant 15 \\ (X \wedge Y) \vee (X \wedge Z) \vee (Y \wedge Z), 16 \leqslant j \leqslant 63 \end{cases}$

$GG_j = \begin{cases} X \oplus Y \oplus Z, 0 \leqslant j \leqslant 15 \\ (X \wedge Y) \vee (\neg X \wedge Z), 16 \leqslant j \leqslant 63 \end{cases}$

其中 X，Y，Z 为字；

置换函数：

$$P_0 = X \oplus (X <<< 9) \oplus (X <<< 17)$$

$$P_1 = X \oplus (X <<< 15) \oplus (X <<< 23)$$

式中 X 为字。

SM3 算法描述

1. 概述

对长度为 l（$l < 2^{64}$）比特的消息 m，SM3 杂凑算法经过填充和迭代压缩，生成杂凑值，杂凑值长度为 256 比特。

2. 填充

假设消息 m 的长度为 l 比特。首先将比特"1"添加到消息的末尾，再添加 k 个"0"，k 是满足 $l + 1 + k = 448 \bmod 512$ 的最小的非负整数。然后再添加一个 64 位比特串，该比特串是长度 l 的二进制表示。填充后的 m' 消息的比特长度为 512 的倍数。

例如：对消息 01100001 01100010 01100011，其长度 $l=24$，经填充得到比特串：

$$\underbrace{01100001\ 01100010\ 01100011\ 1\ \overbrace{00\cdots00}^{423比特}\ \underbrace{\overbrace{00\cdots01000}^{64比特}}_{l的二进制表示}}$$

3. 迭代压缩

（1）迭代过程

将经过填充后的消息 m' 按 512 比特进行分组：$m' = B^{(0)} B^{(1)} \cdots B^{(n-1)}$，其中 $n = (l+k+65)/512$。

对 m' 按以下方式进行迭代：

FOR　$i = 0$ TO $n-1$

$$V^{(i+1)} = CF(V^{(i)}, B^{(i)})$$

ENDFOR

其中 CF 是压缩函数，$V^{(0)}$ 为 256 比特初始值 IV，$B^{(i)}$ 为填充后的消息分组，迭代压缩的结果为 $V^{(n)}$。

（2）消息扩展

将消息分组 $B^{(i)}$ 按照以下方法扩展生成 132 个字 W_0，W_1，$\cdots$，W_{67}，W'_0，$\cdots$，W'_{63}，用于压缩函数 CF

a）将消息分组 $B^{(i)}$ 划分为 16 个字 W_0，W_1，$\cdots$，W_{15}

b）FOR　$j = 16$ TO 67

$W_j \leftarrow P_1(W_{j-16} \oplus W_{j-9} \oplus (W_{j-3} \lll 15) \oplus (W_{j-3} \lll 7) \oplus W_{j-6})$

ENDFOR

c）FOR　$j = 0$ TO 63

$$W'_0 = W_j \oplus W_{j+4}$$

ENDFOR

（3）压缩函数

令 A，B，C，D，E，F，G，H 为字寄存器，SS_1，SS_2，TT_1，TT_2 为中间

变量。压缩函数 $V^{(i+1)} = \mathrm{CF}(V^{(i)}, B^{(i)})$，$0 \leqslant i \leqslant n-1$。计算过程描述如下：

ABCDEFGH $\leftarrow V^{(i)}$

$FOR_j = 0 \text{ TO } 63$

$\quad SS_1 \leftarrow ((A \lll 12) + E + (T)_j \lll j) \lll 7$

$\quad SS_2 \leftarrow SS_1 \oplus (A \lll 12)$

$\quad TT_1 \leftarrow FF_j(A,B,C) + D + SS_2 + W'_j$

$\quad TT_2 \leftarrow GG_j(E,F,G) + H + SS_1 + W_j$

$\quad D \leftarrow C$

$\quad C \leftarrow B \lll 9$

$\quad B \leftarrow A$

$\quad A \leftarrow TT_1$

$\quad H \leftarrow G$

$\quad G \leftarrow F \lll 19$

$\quad F \leftarrow E$

$\quad E \leftarrow P_0(TT_2)$

ENDFOR

$$V^{(i+1)} \leftarrow \text{ABCDEFGH} \oplus V^{(i)}$$

其中，字的存储为大端（big-endian）格式。

（4）哈希值

$$\text{ABCDEFGH} \leftarrow V^{(n)}$$

输出 256 比特的杂凑值 $y = $ ABCDEFGH。

三、非对称密码算法

（一）公钥密码算法 RSA

RSA[①] 是 1978 年由美国麻省理工学院（MIT）的 Rivest、Shamir 和

① Jonsson J, Kaliski B. Public-Key Cryptography Standards (PKCS) #1：RSA Cryptography Specifications Version 2.1 [J]. Rfc Editor United States, 2003, 29 (5)：79-195.

Adleman 在题为《获得数字签名和公开钥密码系统的方法》[①] 的论文中提出的。它是一个基于数论的非对称（公钥）密码体制，其名称来自于三个发明者的姓名首字母。它的安全性是基于大整数素因子分解的困难性，而大整数素因子分解问题是数学上的著名难题，至今没有有效的方法予以解决，因此可以确保 RSA 算法的安全性。RSA 系统是公钥系统最具有典型意义的方法，大多数使用公钥密码进行加密和数字签名的产品和标准使用的都是 RSA 算法。

1. 算法描述

RSA 是一种采用公开密钥的算法。加密/解密算法是公开的，但是算法是不可逆的。

在给出 RSA 算法描述前，首先给出一些基本数学函数的定义：

定义 1 如果 a 可以除尽 b 和 c，则称 a 是 b 和 c 的一个公因子。如果 a 是 b 和 c 公因子中的最大者，则称 a 是 b 和 c 的最大公因子，记为：$a = \gcd(b, c)$。

定义 2 如果 a，b，n，k 是正整数，且 $a - b = kn$，则称 a 和 b 模 n 同余，记为：$a \equiv b \bmod n$。

RSA 算法一般形式的过程可描述为：

（1）选取两个互异的素数 p 和 q（保密）；

（2）计算 $n = pq$（公开），$\varphi(n) = (p-1)(q-1)$（保密）；

（3）随机选取整数 e，使得 e 满足 $\gcd(\varphi(n), e) = 1$（公开）；

（4）计算 d，满足 $ed \equiv 1 \bmod \varphi(n)$（保密）。

其中整数 e 为加密密钥，d 为解密密钥。

加密：明文为 $M < n$（因为所有明文和密文均在 $0 \sim n-1$ 之间）；

加密后得到的密文：$C = M^e \bmod n$；

---

① Rivest R, Shamir A, Adleman L M. A Method for Obtaining Digital Signatures and Public－key Cryptosystems [J]. Communications of the Acm, 1978, 26 (2): 96－99.

解密：密文为 C；

解密后得到的明文：$M = C^d \bmod n$。

如果加密的消息 M 过长，则先将它分成比 n 小的数据分组（采用二进制数，选取小于 n 的 2 的最大次幂），也就是说，p 和 q 为 100 位的素数，那么 n 将有 200 位，每位消息分组 M_i 应小于 200 位长（如果你需要加密固定的消息分组，那么可以在其左边填充一些 0 来满足该数比 n 小）。加密后的密文 C，将由相同长度的分组 C_i 组成。加密公式简化为：

$C_i = M_i^e \bmod n$。

解密消息时，取每一个加密后的分组 C_i 并计算：

$M_i = C_i^d \bmod n$。

由于：

$C_i^d = \left(M_i^e\right)^d \mod n = M_i^{ed} \mod n = M_i^{k(p-1)(q-1)+1} \mod n = M_i \times M_i^{k(p-1)(q-1)} \mod n = M_i \times 1 = M_i \mod n$，故能正确恢复明文。

2. 密钥产生

在收发双方进行消息传送和接收之前，都必须产生一对密钥。这包括两个方面的内容：

（1）确定两个素数 p 和 q；

（2）选择 e 或者 d 并且计算另外一个。

首先，考虑 p 和 q 的选择。因为任何潜在的攻击者都可能知道 $n = pq$ 的值，而为了防止攻击者通过穷举方式发现 p 和 q，这些素数必须从足够大的集合（比如 p 和 q 为大数）中进行选取。另外寻找大素数的方法必须相当有效。

现在还没有产生任意大素数的有用技术，因此解决这个问题需要其他方法。通常使用的方法是随机选取一个满足数量级条件的奇数，并检验这个数是否是素数。比如 Miller – Rabin 素性检测算法，在大部分素数检测算法中，检验一个给定的整数是否是素数的过程是完成涉及 n 和一个随机选取的整数 a 的计算过程。如果 n 没有通过这次检验，那么 n 就不是一个素数。如果 n 通过了这次检验，那么 n 可能是素数也可能不是。而如果 n 通过了多次检验，其中涉及许多随机选取的 a 值，那么 n 是素数的可能性就很大。

具体来说，选取一个素数的过程如下：

（1）随机选一个奇数（例如使用伪随机数发生器）；

（2）随机选取一个整数 $a<n$；

（3）完成随机素数性检验，比如利用 Miller – Rabin 素性检测算法。如果 n 没有通过检验，舍弃值 n 并转到步骤1；

（4）如果 n 通过了足够多次的检验，就接受 n，否则转到步骤2。

这是一个比较烦琐的过程。然而，这个过程并不是每次都要进行，只有当更换新的密钥时才需要进行。

根据数论的知识，整数 N 附近的素数之间的平均距离是 $\ln N$，也就是说要找到一个素数平均就要进行 $\ln N$ 次检验。实际上，由于偶数可以不用考虑，正确的次数应该是 $\ln N/2$。例如要找到一个 2^{200} 数量级大小的素数，那么大约要进行（$\ln\left(2^{200}\right)/2$）=70 次检验才能找到一个素数。

（二）ECDSA 椭圆曲线公钥密码算法

ECDSA（Elliptic Curve Digital Signature Algorithm）[1] 称为椭圆曲线数字签名算法，是数字签名算法（DSA）的椭圆曲线版本，其安全性基于椭圆曲线离散对数问题。

1. 椭圆曲线公钥密码体制 ECC

椭圆曲线密码（Elliptic Curve Cryptography，ECC）是 1985 年由 N. Koblitz[2] 和 V. Miller[3] 提出的。它的安全性建立在椭圆曲线离散对数问题

---

[1] Johnson D，Menezes A，Vanstone S. the Elliptic Curve Digital Signature Algorithm（ECDSA）［J］. International Journal of Information Security，2001，1（1）：36 – 63.

[2] Koblitz N. Elliptic Curve Cryptosystems［J］. Mathematics of Computation，1987，48（177）：203 – 209.

[3] Miller V S. Use of Elliptic Curves in Cryptography［J］. Lecture Notes in Computer Science，1985，218（1）：417 – 426.

（ECDLP）的困难性之上。

椭圆曲线并非椭圆，之所以称为椭圆曲线是因为它的曲线方程与计算椭圆周长的方程类似。一般来讲，椭圆曲线的曲线方程是以下形式的三次方程：

$$y^2 + axy + by = x^3 + cx^2 + dx + e$$

其中 a，b，c，d，e 是满足某些条件的实数。上述方程加上无穷远点构成平面上的椭圆曲线。所谓无穷远点是指：如果在椭圆曲线上有三个点存在于一条直线上，则它们的和为无穷远点。用符号 O 表示。

椭圆曲线运算法则：

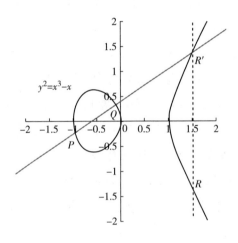

图 3 – 10 椭圆曲线

任意取椭圆曲线上的两点 P、Q（若 P、Q 两点重合，则做 P 点的切线）做直线交于椭圆曲线的另一点 R'，过 R' 做 y 轴的平行线交于 R。规定：$P + Q = R$。

此处的"＋"不是简单的实数相加，是抽象的。如：P 和 $-P$ 的和是无穷远点 O，即 $P + -P = O$；P 和 Q 不重合时，$P + Q = R$；当 P 和 Q 重合时，$P + P = 2P = R$；当点 P 的切线的斜率不存在时，则 $2P = O$，$3P = P$，

$4P = O$，…。

连续的椭圆曲线并不适用于加密，需要把椭圆曲线变成离散的点。

将椭圆曲线定义到有限域 F_p 上，就可以变成离散的椭圆曲线，定义方法如下：

$$y^2 = x^3 + ax + b(mod\ p)$$

其中 a，b 为小于 p 的非负整数，当 $4a^2 + 27b^{32}(mod\ p)$ 不为零时，满足方程的点和无穷远点 O 构成一条椭圆曲线。x，y 属于 0 到 $p-1$ 之间的整数。

有限域 F_p 上的椭圆曲线群

椭圆曲线 $E(F_p)$ 上的点按照下面的加法运算规则，构成一个交换群：

a）$O + O = O$；

b）$\forall P = (x,y) \in E(F_p) \setminus \{O\}, P + O = O + P = P$；

c）$\forall P = (x,y) \in E(F_p) \setminus \{O\}$，$P$ 的逆元素 $-P = (x,-y), P + (-P) = O$；

d）两个非互逆的不同点相加的规则：设 $P_1 = (x_1, y_1) \in E(F_p) \setminus \{O\}, P_2 = (x_2, y_2) \in E(F_p) \setminus \{O\}$，且 $x_1 \neq x_2$，有 $P_3 = (x_3, y_3) = P_1 + P_2$，则

$$\begin{cases} x_3 = \lambda^2 - x_1 - x_2 \\ y_3 = \lambda(x_1 - x_3) - y_1 \end{cases}$$

其中

$$\lambda = \frac{y_2 - y_1}{x_2 - x_1}$$

e）倍点规则

设 $P_1 = (x_1, y_1) \in E(F_p) \setminus \{O\}$，且 $y_1 \neq 0, P_3 = (x_3, y_3) = P_1 + P_1$，则

$$\begin{cases} x_3 = \lambda^2 - 2x_1 \\ y_3 = \lambda(x_1 - x_3) - y_1 \end{cases}$$

其中

$$\lambda = \frac{3\,x_1^2 + a}{2\,y_1}$$

多倍点运算：椭圆曲线上同一个点的多次加称为该点的多倍点运算，设 k 是一个正整数，P 是椭圆曲线上的点，称点 P 的 k 次加为点 P 的 k 倍点运算，记为 $Q = [k]P = P + P + \cdots + P$（一共有 k 个 P）。

阶：椭圆曲线的阶是指椭圆曲线的点的个数。

椭圆曲线点的阶：椭圆曲线上点 P 的阶是指满足 $kP = O$ 的最小的整数 k。

椭圆曲线密码算法中的一些术语和及符号表示如下：

A，B：使用公钥密码系统的两个用户。

F_q：包含 q 个元素的有限域。

a，b：F_q 中的元素，它们定义 F_q 上的一条椭圆曲线 E。

d_B：用户 B 的私钥。

$E(F_q)$：F_q 上椭圆曲线 E 的所有有理点（包括无穷远点 O）组成的集合。

G：椭圆曲线的一个基点，其阶为素数。

$Hash(\cdot)$：密码杂凑函数。

H_v：消息摘要长度为 v 比特的密码杂凑函数。

$KDF(\cdot)$：密钥派生函数。

M：待加密的消息。

M'：解密得到的消息。

n：基点 G 的阶。

O：椭圆曲线上的一个特殊点，称为无穷远点或零点，是椭圆曲线加法群的单位元。

P_B：用户 B 的公钥。

q：有限域 F_q 中元素的数目。

$x \parallel y : x$ 与 y 的拼接。

$[k]P$：椭圆曲线上点 P 的 k 倍点。即 $[k]P = \underbrace{P + P + \cdots + P}_{K\uparrow}$，$k$ 是正整数。

$[x, y]$：大于或等于 x 且小于或等于 y 的整数的集合。

$\lceil x \rceil$：顶函数，大于或等于 x 的最小整数。

$\lfloor x \rfloor$：底函数，小于或等于 x 的最大整数。

$\#E(F_q) : E(F_q)$ 上点的数目，称为椭圆曲线 $E(F_q)$ 的阶。

2. ECDSA 数字签名

（1）ECDSA 密钥对生成

ECDSA 生成密钥对的过程如下：

①椭圆曲线为 $y^2 = x^3 + ax + b \bmod n$；

②G 为椭圆曲线的基点，n 为素数且为 G 的阶；

③签名者 A 的私钥为 d_A：随机数 $d_A \in [1, n-1]$；

④签名者 A 的公钥为 P_A：$P_A = [d_A]G = (x_A, y_A)$。

首先选择参数，包括椭圆曲线方程的系数 a、b 和 p，椭圆曲线的 G 点坐标 (x_G, y_G)，椭圆曲线的阶 n。

其次生成随机数 d_A 作为签名者 A 的私钥，随机数的取值范围为 $[1, n-1]$。

最后由私钥和 G 点进行一次标量乘法，生成签名者 A 的公钥 P_A。

生成密钥对的步骤中，若要破解用户私钥，即由 P_A 求 d_A，在数学上是求解椭圆曲线离散对数的困难问题。

（2）签名算法

ECDSA 的签名过程如下：

①用随机数发生器产生随机数 $k \in [1, n-1]$；

②计算 $(x_1, y_1) = [k]G$；

③计算 $r = x_1 \bmod n$，若 $r = 0$，则返回①；

④计算 $e = H(M)$；

⑤计算 $s = k^{-1}(e + d_A r) \bmod n$，若 $s = 0$，则返回①；

⑥将 r、s 的数据类型转换为字节串，消息 M 的签名为 (r, s)。

其中第③步计算 r 的值时，若 r 等于 0，需要重新选取随机数 k 再计算新的 r 值，直到 r 不为 0，因为在第⑤步骤计算 s 时，若 $r = 0$，则签名中的 s 分量和用户私钥没有关联，这显然是不合理的。其中第②步进行的标量乘法是签名过程中最耗时的操作。

（3）验签算法

ECDSA 的验签过程如下：

为了检验收到的消息 M' 及其数字签名 (r', s')，作为验证者的用户 B 应实现以下运算步骤：

①检验 $r' \in [1, n - 1]$ 是否成立，若不成立则验证不通过；

②检验 $s' \in [1, n - 1]$ 是否成立，若不成立则验证不通过；

③计算 $e' = H(M')$；

④计算 $w = s^{-1} \bmod n$，$u_1 = e'w \bmod n$，$u_2 = rw \bmod n$；

⑤计算 $x = (x_1', y_1') = u_1 G + u_2 P_A$，令 $v = x_1' \bmod n$，验证 $v = r$ 是否成立，若成立则验证通过，否则验证不通过。

验签算法中最耗时的操作为第⑤步进行的两次标量乘法。

（三）SM2 椭圆曲线公钥密码算法

国密 SM2 算法（SM2 椭圆曲线公钥密码算法)[1] 是我国自主知识产权并由国家密码管理局发布的公钥密码算法，该算法基于椭圆曲线离散对数问题，是在椭圆曲线公钥密码体制 ECC 的基础上发现而来。该算法主要包

---

[1] GB/T 32918.1—2016，信息安全技术 SM2 椭圆曲线公钥密码算法 第 1 部分：总则 [S].

括数字签名算法①、密钥交换协议②和公钥加密算法③三部分。

1. SM2 数字签名

（1）密钥对生成

SM2 生成密钥对的过程如下：

①椭圆曲线为 $y^2 = x^3 + ax + b \bmod n$；

②G 为椭圆曲线的基点，n 为素数且为 G 的阶；

③签名者 A 的私钥为 d_A，随机数 $d_A \in [1, n-2]$；

④签名者 A 的公钥为 P_A，$P_A = [d_A]G = (x_A, y_A)$。

（2）签名算法

设待签名的消息为 M，为了获取消息 M 的数字签名 (r,s)，作为签名者的用户 A 应该实现以下运算步骤：

A1：置 $\overline{M} = Z_A \| M$；$Z_A = H(ENTL_A \| ID_A \| a \| b \| x_G \| y_G \| x_A \| y_A)$；

A2：计算 $e = H_v(\overline{M})$；

A3：用随机数发生器产生随机数 $k \in [1, n-1]$；

A4：计算椭圆曲线点 $(x_1, y_1) = [k]G$，将 x_1 的数据类型转换为整数；

A5：计算 $r = (e + x_1) \bmod n$，若 $r = 0$ 或 $r + k = n$ 则返回 A3；

A6：计算 $s = ((1 + d_A)^{-1} \cdot (k - r \cdot d_A)) \bmod n$，若 $s = 0$ 则返回 A3；

A7：将 r、s 的数据类型转换为字符串，消息 M 的签名为 (r,s)。

签名算法流程如图 3-11 所示：

① GB/T 32918.1—2016，信息安全技术 SM2 椭圆曲线公钥密码算法 第 2 部分：数字签名算法 [S].

② GB/T 32918.1—2016，信息安全技术 SM2 椭圆曲线公钥密码算法 第 3 部分：密钥交换协议 [S].

③ GB/T 32918.1—2016，信息安全技术 SM2 椭圆曲线公钥密码算法 第 4 部分：公钥加密算法 [S].

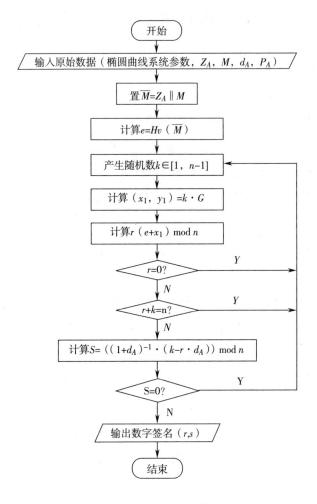

图 3 – 11　SM2 签名算法

（3）验签算法

为了验证收到的消息 M' 及其数字签名（r',s'），作为验证者的用户 B 应实现以下运算步骤：

B1：检验 $r' \in [1, n-1]$ 是否成立，若不成立则验证不通过；

B2：检验 $s' \in [1, n-1]$ 是否成立，若不成立则验证不通过；

B3：置 $\overline{M'} = Z_A \parallel M'$；

B4：计算 $e' = H_v(\overline{M'})$ ，将 e' 的数据类型转换为整数；

B5：将 r'、s' 的数据类型转换为整数，计算 $t = (r' + s') \bmod n$ ，若 $t = 0$ ，则验证不通过；

B6：计算椭圆曲线点 $(x'_1, y'_1) = [s']G + [t]P_A$ ；

B7：将 x'_1 的数据类型转换为整数，计算 $R = (e' + x'_1) \bmod n$ ，检验 $R = r'$ 是否成立，若成立则验证通过，否则验证不通过。

验签算法流程如图 3 - 12 所示：

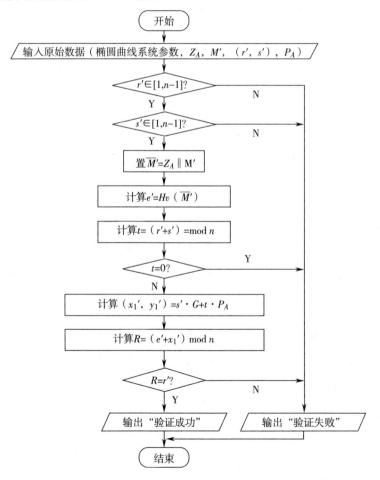

图 3 - 12　SM2 验签算法

2. SM2 密钥交换

（1）密钥交换协议

设用户 A 和用户 B 协商获得密钥数据的长度为 klen 比特，用户 A 为发起方，用户 B 为响应方。

用户 A 和用户 B 双方为了获得相同的密钥，应实现如下运算步骤：

记 $w = \lceil (\lceil \log_2(n) \rceil / 2) \rceil - 1$ 。

用户 A：

A1：用随机数发生器产生随机数 $r_A \in [1, n-1]$；

A2：计算椭圆曲线点 $R_A = [r_A]G = (x_1, y_1)$；

A3：将 R_A 发送给用户 B；

用户 B：

B1：用随机数发生器产生随机数 $r_B \in [1, n-1]$；

B2：计算椭圆曲线点 $R_B = [r_B]G = (x_2, y_2)$；

B3：从 R_B 中取出域元素 x_2，将 x_2 的数据类型转换为整数，计算 $\bar{x}_2 = 2^w + (x_2 \cdot (2^w - 1))$；

B4：计算 $t_B = (d_B + \bar{x}_2 \cdot r_B) \bmod n$；

B5：验证 R_A 是否满足椭圆曲线方程，若不满足则协商失败；否则从 R_A 中取出域元素 x_1，将 x_1 的数据类型转换为整数，计算 $\bar{x}_1 = 2^w + (x_1 \cdot (2^w - 1))$；

B6：计算椭圆曲线点 $V = [h \cdot t_B](P_A + [\bar{x}_1]R_A) = (x_V, y_V)$，若 V 是无穷远点，则 B 协商失败，否则将 x_V、y_V 的数据类型转换为比特串；

B7：计算 $K_B = KDF(x_V \parallel y_V \parallel Z_A \parallel Z_B, klen)$；

B8：（选项）将 R_A 的坐标 x_1、y_1 和 R_B 的坐标 x_2、y_2 的数据类型转换为比特串，计算 $S_B = Hash(0x02 \parallel y_V \parallel Hash(x_V \parallel Z_A \parallel Z_B \parallel x_1 \parallel y_1 \parallel x_2 \parallel y_2))$；

B9：将 R_B、（选项 S_B）发送给用户 A；

用户 A：

A4：从 R_A 中取出域元素 x_1，将 x_1 的数据类型转换为整数，计算 $\bar{x}_1 = 2^w + (x_1 \cdot (2^w - 1))$；

A5：计算 $t_A = (d_A + \bar{x}_1 \cdot r_A) \bmod n$；

A6：验证 R_B 是否满足椭圆曲线方程，若不满足则协商失败；否则从 R_B 中取出域元素 x_2，将 x_2 的数据类型转换为整数，计算 $\bar{x}_2 = 2^w + (x_2 \cdot (2^w - 1))$；

A7：计算椭圆曲线点 $U = [h \cdot t_A](P_B + [\bar{x}_2] R_B) = (x_U, y_U)$，若 U 是无穷远点，则 A 协商失败；否则将 x_U、y_U 的数据类型转换为比特串；

A8：计算 $K_A = KDF(x_U \parallel y_U \parallel Z_A \parallel Z_B, klen)$；

A9：（选项）将 R_A 的坐标 x_1、y_1 和 R_B 的坐标 x_2、y_2 的数据类型转换为比特串，计算 $S_1 = Hash(0x02 \parallel y_U \parallel Hash(x_U \parallel Z_A \parallel Z_B \parallel x_1 \parallel y_1 \parallel x_2 \parallel y_2))$，并检查 $S_1 = S_B$ 是否成立，若等式不成立则从 B 到 A 的密钥确认失败；

A10：（选项）计算 $S_A = Hash(0x03 \parallel y_U \parallel Hash(x_U \parallel Z_A \parallel Z_B \parallel x_1 \parallel y_1 \parallel x_2 \parallel y_2))$，并将 S_A 发送给用户 B。

用户 B：

B10：（选项）计算 $S_2 = Hash(0x03 \parallel y_V \parallel Hash(x_V \parallel Z_A \parallel Z_B \parallel x_1 \parallel y_1 \parallel x_2 \parallel y_2))$，并检验 $S_2 = S_A$ 是否成立，若等式不成立则从 A 到 B 的密钥确认失败。

（2）密钥交换协议流程如图 3 - 13 所示。

3. SM2 公钥加密

（1）加密算法

设需要发送的消息为比特串 M，klen 为 M 的比特长度。为了对明文 M 进行加密，作为加密者 A 应该实现以下运算步骤：

A1：用随机数发生器产生随机数 $k \in [1, n-1]$；

A2：计算椭圆曲线点 $C_1 = [k]G = (x_1, y_1)$，将 C_1 的数据类型转换为比特串；

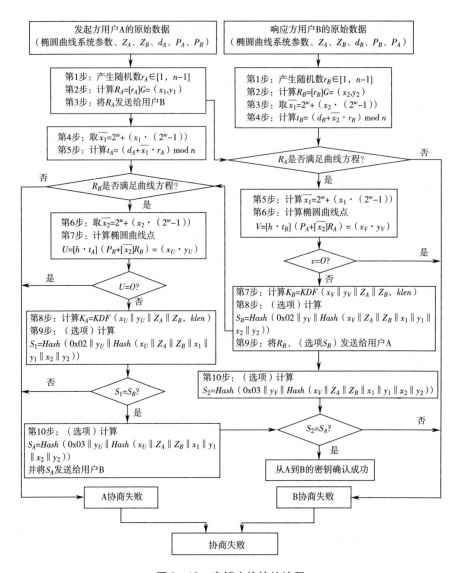

图3-13 密钥交换协议流程

A3：计算椭圆曲线点 $S = [h] P_B$，若 S 是无穷远点，则报错并退出；

A4：计算椭圆曲线点 $[k] P_B = (x_2, y_2)$，将坐标 x_2、y_2 的数据类型转换为比特串；

A5：计算 $t = KDF(x_2 \| y_2, klen)$，若 t 为全 0 比特串，则返回 A1；

A6：计算 $C_2 = M \oplus t$ ；

A7：计算 $C_3 = \text{Hash}(x_2 \parallel M \parallel y_2)$ ；

A8：输出密文 $C = C_1 \parallel C_3 \parallel C_2$ 。

（2）加密算法流程如图 3 - 14 所示：

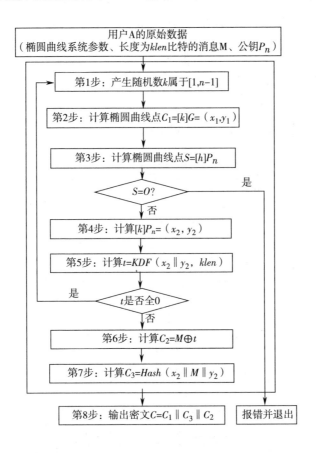

图 3 - 14　SM2 公钥加密算法流程

（3）解密算法

设 klen 为密文中 C_2 的比特长度。为了对密文 $C = C_1 \parallel C_3 \parallel C_2$ 进行解密，作为解密者的用户 B 应实现以下运算步骤：

B1：从 C 中取出比特串 C_1 ，将 C_1 的数据类型转换为椭圆曲线上的点，验证 C_1 是否满足椭圆曲线方程，若不满足则报错并退出；

B2：计算椭圆曲线点 $S = [h] C_1$，若 S 是无穷远点，则报错并退出；

B3：计算 $[d_B] C_1 = (x_2, y_2)$，将坐标 x_2、y_2 的数据类型转换为比特串；

B4：计算 $t = KDF(x_2 \parallel y_2, klen)$，若 t 为全 0 比特串，则报错并退出；

B5：从 C 中取出比特串 C_2，计算 $M' = C_2 \oplus t$；

B6：计算 $u = Hash(x_2 \parallel M' \parallel y_2)$，从 C 中取出比特串 C_3，若 $u \neq C_3$，则报错并退出；

B7：输出明文 M'。

（4）解密算法流程如图 3 – 15 所示：

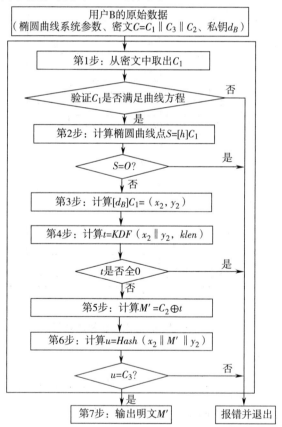

图 3 – 15　SM2 公钥解密算法流程

4. SM2 与 ECDSA 数字签名算法的对比分析

SM2 与 ECDSA 均是实用性的算法，二者在业界均有广泛应用。比如，比特币中使用了 ECDSA 数字签名算法，在我国的金融 IC 卡中使用了 SM2 数字签名算法。接下来对 SM2 和 ECDSA 算法在密钥生成、签名验签过程中的异同进行比较：

（1）密钥对生成比较

SM2 与 ECDSA 生成私钥的过程基本相同，主要区别在于私钥的取值范围有所不同，ECDSA 的取值范围为 $[1, n-1]$，而 SM2 的取值范围为 $[1, n-2]$。

（2）签名过程比较

由二者的签名算法流程比较可以看出，两者的基本思想是一致的：

①都是以 r, s 为签名；

②以标量乘法 kG 生成 r；

③以 d_A, r, k 生成 s。

但是二者也存在诸多不同：

第一，在对消息进行哈希运算计算 e 时，ECDSA 签名直接使用 $e = H(M)$ 进行签名；而 SM2 使用 $\overline{M} = Z_A \| M$，$e = H(\overline{M})$，其中 $Z_A = H(ENTL_A \| ID_A \| a \| b \| x_G \| y_G \| x_A \| y_A)$。可见 SM2 在消息摘要生成过程中使用了用户参数和系统参数，可以抵抗密钥替换攻击，提高了安全性。

第二，在计算 r 值时，ECDSA 的计算方法是 $(x_1, y_1) = [k]G$，$r = x_1 \bmod n$；而 SM2 的计算方法是 $(x_1, y_1) = [k]G$，$r = (e + x_1) \bmod n$。SM2 中计算 r 时再次用到了由消息生成的哈希值。

第三，计算签名 s 时，ECDSA 计算签名的方法是 $s = k^1(e + d_A r) \bmod n$，私钥 d_A 作用一次；而 SM2 的计算方法是 $s = ((1 + d_A)^{-1} \cdot (k - r \cdot d_A)) \bmod n$，私钥 d_A 作用了两次。

第四，SM2 增加了合理性检查，确保了签名的正确性，提高了安全性。例如在步骤 A5 中检查 $r + k = n$ 是否等于 n，如果 $r + k = n$，则

$k = -r \bmod n$，显然是不合适的。

第五，SM2 数字签名算法的实现效率与 ECDSA 相当，但 SM2 数字签名算法中求逆运算 $(1 + d_A)^{-1} \bmod n$ 是可以预计算的（生成签名私钥 d_A 时，应检查 $(1 + d_A) \bmod n$ 是否不为 0），ECDSA 中的求逆运算则不能，所以通过预计算可以使 SM2 数字签名算法实现效率略高于 ECDSA[①]。

（3）验签过程比较

两种签名算法在验签过程中都进行了两次标量乘法，所以验签算法的复杂度也是基本相同的。

四、数字盲签名技术

（一）盲签名技术

1. 盲签名概述

数字签名是一项重要的计算机安全技术，它的基本作用是保证传送的信息不被篡改和伪造，并确认签名者的身份[②]。盲签名是一种特殊的数字签名。1983 年，Chuam 首先提出了盲签名的概念[③]。之后，对盲签名的研究不断深入，强盲签名、部分盲签名的概念[④]陆续被提出[⑤]。

盲签名是指签名者并不知道所签文件或消息的具体内容，而文件或消息的拥有者又可以签名得到签名人关于真实文件或消息的签名。D. Chaum 曾给出了关于盲签名更直观的说明：所谓盲签名，就是先将要隐蔽的文件放入信封，再将一张复写纸也放入信封，签名的过程就是签名者将名字签在信封上，他的签名便透过复写纸签到了文件上。

① 汪朝晖，张振峰. SM2 椭圆曲线公钥密码算法综述 [J]. 信息安全研究，2016，2（11）：972 - 982.

② 史有辉，李伟生. 盲签名研究综述 [J]. 计算机工程与科学，2005（7）：83 - 85 + 94.

③ Chaum D L. Blind Signature Systems：EP，US4759063 [P]. 1988.

④ Horster P，Michels M，Petersen H. Cryptanalysis of the Blind Signatures Based on the Discrete Logarithm Problem [J]. Electronics Letters，1995，31（21）：1827.

⑤ Abe M，Fujisaki E. How to Date Blind Signatures [M]. Advances in Cryptology — ASIACRYPT '96. Springer Berlin Heidelberg，1996：244 - 251.

一般来说，一个好的盲签名应该具有以下性质[①]：

（1）不可伪造性：除了签名者本人以外，任何人都不能以他的名义生成有效的盲签名。

（2）不可抵赖性：签名者一旦签署某个消息，他无法否认自己对消息的签名。

（3）盲性：签名者虽然对某个消息进行了签名，但他不能得到消息的具体内容。

（4）不可跟踪性：一旦某个消息的签名公开后，签名者不能确定自己何时签署了这条消息。

2. RSA 盲签名方案

1983 年 Chaum 首先提出了盲签名的概念，并设计了基于 RSA 签名体制的盲签名方案。下面为了叙述方便，用 m 代表待签署的消息，Bob 代表签名者，Alice 代表签名的接收者。RSA 盲签名由以下几个部分组成[②]：

（1）初始化阶段

步骤 1：Bob 随机选取两个大素数 p，q，计算 $n = p \cdot q$，$\phi(n) = (p-1) \times (q-1)$。

步骤 2：Bob 随机选取一个大整数 e，使得 $(e, \phi(n)) = 1$。

步骤 3：Bob 用扩展欧几里得算法计算 d，使之满足：

$ed = 1 \bmod (\phi(n))$，即 $d = e^{-1} \bmod (\phi(n))$。$(e, n)$ 是 Bob 的公开密钥，d 为 Bob 的私钥，两个大素数 p，q 由 Bob 秘密保存。

（2）签名阶段

步骤 1：Alice 选择待签的消息 $m \in Z_n^*$，随机数 $r \in Z_n$，计算 $m' = mr^e \bmod n$，将 m' 发送给 Bob。

---

① 李萍，张建中. 一种基于 RSA 密码体制的盲签名方案 [J]. 信息安全与通信保密，2006（9）：121 – 122.

② 李萍，张建中. 一种基于 RSA 密码体制的盲签名方案 [J]. 信息安全与通信保密，2006（9）：121 – 122.

步骤 2：Bob 计算 $s' = (m')^d \bmod n$，将 s' 发送给 Alice。

（3）脱盲阶段

Alice 计算 $s = s' r^{-1} \bmod n$，s 就是消息 m 的签名。

（4）验证阶段

判断验证等式 $m = (s)^e \bmod n$ 是否成立，由此可确定签名是否有效。

3. 盲签名技术的应用

盲签名是当前广泛应用的数字签名技术的重要组成部分之一，有着重要的应用价值和长远的应用前景。现今，已经提出的应用主要集中在电子支付和电子现金两方面。同时，在金融合同的签署、公平电子投票协议等方面也有重要的应用①。

（二）环签名技术

环签名是由 Ron Rivest，Adi Shamir 和 Yael Tauman 设计的，并于 2001 年在 *ASIACRYPT* 上发表②。在密码学中，环签名是一种数字签名，可以由每个拥有密钥的一组用户的任何成员执行。因此，环签名的信息可以被认为是特定的人群中的某个人所签的。环签名的安全特性之一是确定具体是哪一个成员的密钥所生成的签名在计算上是不可行的。环签名与群签名相似，但不同之处在于环签名无法撤销个人签名的匿名性。

所有可能的签名者构成一个环，每一位可能的签名者称为环成员，实际产生签名的环成员称之为签名者（Singer），每一位其他的环成员称之为非签名者（Non‑Signer）。假设环成员分别具有公钥/私钥对 (P_1, S_1)，(P_2, S_2)，…，(P_n, S_n)，环中的一员 i 可以在输入 $(m, S_i, P_1, …, P_n)$ 的消息 m 上计算环签名 σ。任何人都可以通过 σ，m 和公钥 $P_1, …, P_n$ 检验环签名的有效性。如果一个环签名被正确地计算，它就会通过检查。此外，在不知道环成员私钥的情况下，任何人都很难在消息上伪造有效的环

---

① 史有辉，李伟生. 盲签名研究综述 [J]. 计算机工程与科学，2005，27（7）：83–85.

② Ron Rivest，Adi Shamir，and Yael Tauman，How to Leak a Secret [C] //ASIA CRYPT 2001. Lecture Notes in Computer Science，Vol. 2248：552–565，2001.

签名[1]。

1. 环签名的一般定义

我们在此给出环签名的一个基本定义[2]：

给定一个环 $U = \{U_1, U_2, \cdots, U_n\}$，环中每个成员的公钥—私钥对为 (pk_i, sk_i)，$i = 1, 2, \cdots, n$。不失一般性，假设 $U_k(1 \leq k \leq n)$ 是签名人，除密钥生成算法外，一个环签名体制还包含环签名产生算法 ring – sign 和环签名验证算法 ring – verify：

（1）ring – sign 环签名产生算法。其输入是待签名的消息 m、环中所有成员的公钥 pk_i，$i = 1, 2, \cdots, n$，真正签名人的私钥 sk_k；其输出就是 U_k 对消息 m 的环签名 σ，记作：$\sigma \leftarrow$ ring – sign $(m, pk_1, \cdots, pk_n, sk_k)$。

（2）ring – verify 环签名验证算法。其输入是待验证的消息签名对 (m, σ)、环中所有成员的公钥；其输出为 1 或 0，1 表示接受该签名为有效，0 表示签名无效，记作：1 或 0 $\leftarrow$ ring – verify $(m, \sigma, pk_1 \cdots pk_n)$。

2. 环签名的安全性需求

若一个环签名体制是安全的，是指它至少满足下面的性质[3]：

（1）正确性（Consistency）：环中任一成员执行环签名产生算法后输出的签名都能通过该体制中的签名验证算法。

（2）匿名性（Anonymity）：给定一个环签名，则任一验证者不会以大于 $\frac{1}{n}$ 的概率识别产生该签名的真正签名人，其中 n 为环中成员的个数。

（3）不可伪造性（Unforgeability）：任意不在环 $U = \{U_1, U_2, \cdots, U_n\}$ 中的用户不能有效地产生一个消息签名对 (m, σ) 使得 ring – verify $(m, \sigma, pk_1, \cdots, pk_n) = 1$。

① Debnath, Ashmita, Singaravelu, Pradheepkumar, Verma, Shekhar. Efficient spatial privacy preserving scheme for sensor network [J]. Central European Journal of Engineering. 3（1）：1 – 10.

② 刘彪. 环签名算法研究与应用 [D]. 西安：西安电子科技大学，2012：23 – 40.

③ 刘彪. 环签名算法研究与应用 [D]. 西安：西安电子科技大学，2012：23 – 40.

如果一个环签名体制满足上述 3 条性质，就称该体制是安全的。

（4）可链接性（Linkability）：如果环 $U = \{U_1, U_2, \cdots, U_n\}$ 中的某个签名人产生了两个消息签名对 (m_1, σ_1)、(m_2, σ_2)，则存在有效算法使得签名验证者可以确定这两个消息是由环中同一个签名人产生的（但他不知道这个具体签名人的身份）。

提供可链接性的环签名体制被称为可链接的环签名。具有可链接性的环签名体制除了包含签名产生算法和签名验证算法外，还有一个签名链接算法 link：其输出是环 $U = \{U_1, U_2, \cdots, U_n\}$ 的两个签名 σ_1、σ_2，输出为 1 或 0，1 表示签名 σ_1、σ_2 是由同一个环成员产生的，0 表示 σ_1、σ_2 不是由同一个环成员产生的，记作 1 或 $0 \leftarrow link(\sigma_1, \sigma_2, \cdots, \sigma_n)$。

3. 基于 RSA 的环签名方案

Ron Rivest 等在文章中描述了基于 RSA 的环签名方案。等式：

$$C_{k,v}(y_1, y_2, \cdots, y_n) = E_k(y_n \oplus E_k(y_{n-1} \oplus E_k(\cdots \oplus E_k(y_1 \oplus v)\cdots))) = v$$

，称为环方程式（其中 E_k 为对称加密函数）。

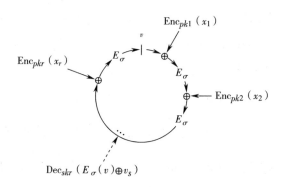

图 3-16 Rivest, Shamir, Tauman ring 签名方案

（1）签名生成

生成环签名涉及六个步骤。假设明文为 m，环签名的公钥为 P_1, $P_2, \cdots, P_n$：

步骤 1：使用散列函数计算密钥 $k = H(m)$，k 将被用作 E_k 的密钥；

步骤2：选择随机值 v ；

步骤3：为除 s 外的环中其他成员生成随机数 x_i（ x_s 由签名者的私钥计算出来），并使用陷门函数 $g(\ )$ 计算相应的 $y_i = g_i(x_i)$ ；

步骤4：求解环方程式得到 y_s ；

步骤5：使用签名者的私钥计算出 x_s ： $x_s = g_s^{-1}(y_s)$ ；

步骤6：生成的环签名为 $(2n+1)$ 元组 $(P_1, P_2, \cdots, P_n; v; x_1, x_2, \cdots, x_n)$ 。

（2）签名验证

签名验证涉及三个步骤：

步骤1：对所有的 x_i 使用陷门函数计算： $y_i = g_i(x_i)$ ；

步骤2：计算对称密钥 $k = H(m)$ ；

步骤3：验证环方程是否成立 $C_{k,v}(y_1, y_2, \cdots, y_n) = v$ 。

4. 环签名的应用

环签名在政治、军事、管理及经济等多个方面有着广泛的应用。比如在机密信息的泄露、领导人的选举、电子商务、重要新闻的发布、无线传感器网络中，环签名都可发挥重要作用。下面简要介绍其中的四种应用①：

（1）用于匿名泄露信息

公司为保护提意见的员工，在获得员工反馈信息的同时还不能暴露员工的真实身份。这事可使用门限环签名方案，即达到某个门限值的员工以联合方式产生环签名。

（2）用于电子投票系统或电子现金

将环签名方案用于电子现金或电子投票系统，不仅安全性高，而且效率也高。例如：对于追究用户多重花费或一个投票者多次投票的问题，可以应用关联环签名方案来解决。

（3）用于保护知识产权

指纹技术是保护数字产品，防止盗版的有效技术。根据 Schnorr 环签

---

① 刘彪. 环签名算法研究与应用［D］. 西安：西安电子科技大学，2012：23 - 40.

名方案构造的匿名指纹协议，可用来保护知识产权。

（4）用于 AD – Hoc 网络

AD – Hoc 网络的自组织、无中心等特点与环签名的构造有很多相似之处。因此对于 AD – Hoc 网络中的诸多问题，都可以应用环签名来解决。

第三节　零知识证明

"零知识证明"（Zero – Knowledge Proof），是由 Goldwasser 等人在 20世纪 80 年代初提出的。它指的是证明者能够在不向验证者提供任何有用的信息的情况下，使验证者相信某个论断是正确的。零知识证明实质上是一种涉及两方或多方的协议，即两方或多方完成一项任务所需采取的一系列步骤。证明者向验证者证明并使其相信自己知道或拥有某一消息，但证明过程不能向验证者泄漏任何关于被证明消息的信息。

一、零知识证明的一般过程

证明方和验证方拥有相同的某一个函数或一系列的数值。零知识证明的一般过程①如下：

1. 证明方向验证方发送满足一定条件的随机值，这个随机值称为"承诺"。

2. 验证方向证明方发送满足一定条件的随机值，这个随机值称为"挑战"。

3. 证明方执行一个秘密的计算，并将结果发送给验证方，这个结果称为"响应"。

4. 验证方对响应进行验证，如果验证失败，则表明证明方不具有他所

---

① 曹天杰，张永平，汪楚娇．安全协议 ［M］．北京：北京邮电大学出版社，2009.

谓的"知识"，退出此过程。否则，继续从 1 开始，重复执行此过程 t 次。

如果每一次验证方均验证成功，则验证方便相信证明方拥有某种知识。而且在此过程中，验证方没有得到关于这个知识的一点信息[①]。

二、零知识证明协议的性质

一般说来，一个零知识证明协议应该具备下面三个条件[②]：

1. 可行性：如果 P 对 V 的声称是真的，则 V 以一个大的概率接受 P 的声称。

2. 可靠性：如果 P 对 V 的声称是假的，则 V 以一个大的概率拒绝 P 的声称。

3. 零知识性：如果 P 对 V 的声称是真的，在 V 没有违反协议的前提下，则无论 V 采用任何方法，V 除了能够接受 P 的声称外，而无法获得任何其他有关 P 所声称内容的任何信息。

三、零知识证明协议的例子

1. 身份认证中的零知识证明——F - S 身份认证协议[③]

在密码学中，零知识证明最早是作为实体认证的一种方法进行应用的。Fiat 和 Shamir 在 1986 年首先给出了这种身份认证的零知识证明方法，也就是 F - S 认证协议。F - S 认证协议一般不单独应用于现在的认证系统中，但它是当今应用的零知识证明身份认证系统的基础，像 Feige - Fiat - Shamir 和 Guillou - Quisquater 中，都用到了 F - S 认证协议。

在 F - S 认证协议中，首先找一个证明者和验证者两方都信任的第三方，第三方选取两个大素数 p 和 q，然后计算 $n = pq$，其中 n 的值是公开

---

① 赵晓柯. 浅析零知识证明 [J]. 硅谷, 2010 (16)：36 - 37.

② Menezes A, Oorschot P V, Vanstone S, et al. Handbook of Applied Cryptography - References [M]. 2009.

③ 张引兵, 王慧. 零知识证明协议研究 [J]. 赤峰学院学报（自然版）, 2014 (7)：6 - 9.

的，而 p 和 q 的值是不公开的。P 选取一个私钥 s（$1 \leqslant s \leqslant n-1$），接着计算 $v = s^2 \bmod n$，将 v 作为公钥由可信的第三方保存。V 可以按照如下步骤对 P 进行认证：

协议：F–S 身份认证协议[1]

步骤 1：P 从 0 到 $n-1$ 中随机选取一个数 r，并计算 $x = r^2 \bmod n$；

步骤 2：P 将 x 发送给 V；

步骤 3：V 将 c 发送给 P，其中 c 为 0 或 1；

步骤 4：P 计算 $y = rs^c$，其中 r 是 P 在步骤 1 中选取的一个随机数，s 是 P 的私钥；

步骤 5：P 将 y 再发送给 V，从而证明其知道其所声称的私钥 s；

步骤 6：V 计算 $y^2 \bmod n$ 和 xv^c，如果 $y^2 \bmod n = xv^c$，则 P 或者知道 s 的值（P 是诚实的）或者 P 已经用其他的方法计算出了 y 的值（P 是不诚实的），因为 $y^2 = (rs^c)^2 = r^2 s^{2c} = r^2 (s^2)^c = xv^c$。

如上六步构成一轮，每一轮让 c 为 0 或 1，重复执行若干轮后，P 只有每一轮都通过验证，才能通过 V 的验证；如果在某一轮的执行过程中，P 没有通过验证，则整个认证过程终止，P 认证失败。

2. 图论中的零知识证明——图的同构的零知识证明协议[2]

图的同构问题：有两个图 $G_0(V_0, E_0)$ 和 $G_1(V_1, E_1)$，其中这两个图的顶点数和边数都相同，并且存在一个置换 π，当 $(u, v) \in E_0$ 时，$(\pi(u), \pi(v)) \in E_1$，则称图 G_0 和图 G_1 同构，记作 $G_1 = \pi G_0$。

协议：图的同构的零知识证明协议[3]。

公共输入：初始化数据：两个图 $G_0(V_0, E_0)$ 和 $G_1(V_1, E_1)$，并且

① Feige U, Fiat A, Shamir A. Zero – knowledge Proofs of Identity［C］//Proceedings of the Nineteenth Annual ACM Conference on Theory of Computing, 1987：210 – 217.

② 张引兵，王慧. 零知识证明协议研究［J］. 赤峰学院学报（自然版），2014（7）：6 – 9.

③ Oded Goldreich, Silvio Micali, Avi Wigderson. Proofs that Yield Nothing but Their Validity［J］. Journal of the ACM Volume 38, Issue 3, July 1991：690 – 728.

$G_0 = \phi(G_1)$ 使用独立的随机掷币协议执行如下四步 m 轮。

步骤 1：P 随机选择一个置换 π 生成图 G_0 的一个置换图 H，即：$H = \pi(G_0)$，并将 H 发送给 V；

步骤 2：V 随机选择 $\alpha \in \{0,1\}$，并将 α 发送给 P；

步骤 3：如果 $\alpha = 0$，P 将置换 π 发送给 V；否则，如果 $\alpha \neq 0$，P 将置换 $\pi \cdot \phi^{-1}$ 发送给 V；

步骤 4：V 验证 $H = \psi(G_\alpha)$（其中当 $\alpha = 0$ 时，$\psi = \pi$；当 $\alpha \neq 0$ 时，$\psi = \pi \cdot \phi^{-1}$）是否成立，若成立则继续，否则，拒绝 P 的声称。

若如上协议成功执行了 m 轮，则 V 接受 P 的证明。

在上述协议中，若 P 确实掌握了图 G_0 和图 G_1 的同构关系 $G_1 = \phi(G_0)$，则对所有的置换 π，ϕ 总有 $H = \pi(G_0) = \pi(\phi(G_1))$，又因为置换 π 是随机选择的，所以整个过程中没有泄露有关置换 ϕ 的任何信息。又因为 V 要求证明 H 与图 G_0 同构或与图 G_1 同构是随机的，所以 P 只有掌握了置换 ϕ 才能或者证明 (H,G_0) 同构或者证明 (H,G_1) 同构。

四、零知识证明的优点

零知识证明及其有关的协议主要有以下优点[①]：

1. 随着零知识证明的使用，安全性不会降级，因为该证明具有零知识性质。

2. 高效性。零知识证明过程计算量小，双方交换的信息量少。

3. 安全性依赖于未解决的数学难题，如离散对数、大整数因子分解、平方根等。

五、零知识证明的应用

"知识的零知识证明"是指一方希望通过一些秘密信息（如密码）向

---

① 赵晓柯. 浅析零知识证明 [J]. 硅谷, 2010 (16)：36 - 37.

第二方证明其身份，但不希望第二方了解有关此秘密的任何信息。在密码协议中使用零知识证明的一种做法是，维护隐私的同时执行诚实的行动。简单地讲，这个想法是要强迫用户使用零知识证明，根据协议来证明其行为是正确的[①]。由于零知识证明的可靠性，协议保证用户必须诚实地行动才能提供有效的证明；由于零知识证明的零知识性，协议确保了用户在提供证据的过程中不会被侵犯其隐私。

---

① Goldwasser, S., Micali, S., Rackoff, C. the Knowledge Complexity of Interactive Proof Systems [J]. SIAM Journal on Computing, 1989, 18 (1): 186 – 208.

第四章　数字货币技术基础：区块链技术

区块链是数字货币的关键技术之一，近年来对这一技术的关注和研究呈现了爆发式的增长态势。一些学者认为它是继大型机、个人电脑、互联网、移动互联网之后计算范式的第五次颠覆式创新以及下一代云计算的雏形。区块链有望像互联网一样彻底重塑人类社会活动形态，并实现从目前的信息互联网向价值互联网的转变。

本章首先总结回顾了区块链的技术起源、特点与类型，进而结合区块链技术创新的最新进展，全面剖析了共识机制、安全与隐私保护机制、可扩展性与效率、系统/协议的安全分析与评估等区块链核心关键技术，最后介绍了 Hyperledger Fabric 和 R3 Corda 两个典型的区块链实例。

第一节　区块链技术起源与特点

一、技术起源

区块链技术起源于 2008 年由化名为 Nakamoto 的学者在密码学邮件组发表的一篇论文《比特币：一种点对点电子现金系统》，目前尚未形成行业公认的区块链定义。狭义来讲，区块链是一种按照时间顺序将数据区块以链条的方式组合成特定数据结构，并以密码学方式保证的不可篡改和不可伪造的去中心化共享总账（Decentralized Shared Ledger），能够安全存储简单的、有先后关系的、能在系统内验证的数据。广义的区块链技术则是利用加密技术来验证与存储数据、利用分布式共识算法来新增和更新数据、利用运行在区块链上的代码，即智能合约，来保证业务逻辑的自动强制执行的一种全新的多中心化基础架构与分布式计算范式。

二、技术特点

以目前应用区块链最成功的比特币为例，一个完整的区块链系统由数据层、网络层、共识层、激励层、合约层和应用层组成（如图4—1所示）。其中，数据层封装了底层数据区块以及相关的数据加密和时间戳等技术；网络层则包括分布式组网机制、数据传播机制和数据验证机制等；共识层主要包

图4-1　区块链的技术架构模型

括保障节点数据一致性的各类共识算法和协议；激励层将经济因素集成到区块链技术体系中来，主要包括经济激励的发行机制和分配机制，以及相对的惩罚机制等；合约层主要封装各类脚本、算法和智能合约，是区块链可编程特性的基础；应用层则封装了区块链的各种应用场景和案例。

与传统技术对比，区块链具有以下四个方面的优势：

一是难以篡改，更加安全。在传统信息系统的安全方案中，安全依赖于层层设防的访问控制。和深埋地下的银行金库类似，高价值数据一直在专用机房、专有网络和全方位的安全软件组成的铁桶阵的严密防护之下，API/访问接口则是在铁桶阵上开出的一个个专用进出通道。任何人都必须通过身份认证，鉴权，才能由专用通道进入数据库，读取或者写入数据，并留下历史记录。

保护财产安全，通常有两种途径：藏起来，只有所有者才能拿到，比如黄金；对外宣布财产的所有权，并以法律做背书，比如房产。传统安全方案是第一种思路，区块链则是第二种。通过区块链技术，记录交易的数据库任何人都可以共享。但由于巧妙的设计并辅以密码学和共识算法，区块链的数据记录方式使得修改某一数据需要变更所有的后续数据记录，难度极大。实践证明，这样一个数据库可以确保市值达千亿美元的比特币在全球黑客的攻击下，运转稳定。

二是异构多活，可靠性强。从区块链系统的架构看，每个系统参与方都是一个异地多活节点，远超两地三中心这样的冗余度，是天生的多活系统：每一个全节点都会维护一个完整的数据副本，并且这些数据副本还在不同实体的控制之下，数据通过共识算法保持高度一致。

如果某个节点遇到网络问题、硬件故障、软件错误或者被黑客控制，均不会影响系统以及其他参与节点。问题节点在排除故障并完成数据同步之后，便可以随时再加入到系统中继续工作。正因为整个系统的正常运转不依赖于个别节点，所以每个节点可以有选择地下线，进行系统例行维护，同时还能保证整个系统的 7×24 小时不间断工作。

此外区块链中的节点通过点对点的通信协议进行交互，在保证通信协议一致的情况下不同节点可由不同开发者使用不同的编程语言、基于不同的架构、实现不同版本的全节点来处理交易。由此构成的软件异构环境确保了即便某个版本的软件出现问题，区块链的整体网络不会受到影响，这也是其高可用的基石所在。

三是具备智能合约，自动执行。智能合约具有透明可信、自动执行、强制履约的优点。尽管如此，自尼克·萨博 1993 年提出以来，智能合约始终停留在理念层面。重要原因在于，长久以来没有支持可信代码运行的环境，无法实现自动强制执行。而区块链第一次让智能合约的构想成为现实。

本质上讲，智能合约就是运行在区块链上的一段代码，和运行在服务器上的代码并无太大差别，唯一的区别是可信度更高。首先，可信是因为智能合约的代码是透明的，对于用户来讲，只要能够接入区块链中，用户就可以看到编译后的智能合约，可以对代码进行检查和审计。其次，可信还来源于智能合约的运行环境，一个程序的运行结果除了与程序代码有关，还和提供给程序处理的数据有关。因此，除了透明，还需要保证数据的一致性和不可篡改，而这正是区块链的优势所在。

因此，智能合约一旦被部署到区块链上，程序的代码和数据就是公开透明的，无法被篡改，并且一定会按照预先定义的逻辑去执行，产生预期中的结果。如果基于代码的智能合约能够被法律体系所认可，那么依托程序的自动化优势，通过组合串联不同的智能合约，达到不同的目的，能够使我们加速走向更为高效的商业社会。

四是网状直接协作机制，更加透明。对于大规模多边协作，在区块链应用之前，通常有两种解决方法。

其一，在多个主体之间向上寻找共同的"上级"机构，由共同的信任中心对整个组织进行协调。这种方法的局限在于：在某些场景中，很难找到一个所有市场参与方共同认可的信任中心；对于一个中心而言，协调事项必然有优先级，不一定能够及时、有效地满足所有协作需求。

其二，所有参与方通过让渡部分权利，共同组建一个第三方机构来完成协作。这种方法的局限在于：第三方机构往往都具有独立性，若制度不能满足其营利和管理需要，第三方机构往往能够成为各参与方的实际权力中心；在第三方机构成立之后，如何吸纳新的成员，如何随着情况发展变化调整各参与方的角色和权力，这些都依赖于大量的谈判和交易。

区块链提供了不同于传统的方法：以对等的方式把参与方连接起来，由参与方共同维护一个系统，通过共识机制和智能合约来表达协作规则，实现更有弹性的协作方式。因为参与方职责明确，不用向第三方机构让渡权力，无需维护第三方信任机构的成本，有利于各方更好地开展协作。作为信任机器，区块链有望成为低成本、高效率的一种全新的协作模式，形成更大范围、更低成本的新协同机制。

作为近年来兴起并快速发展的新技术，区块链目前仍在发展完善，存在的不足主要包括以下三个方面：

一是性能较低有待突破。从目前的情况看，区块链的性能问题主要体现为吞吐量和存储带宽的矛盾。

以比特币为例，在公有链中，每秒7笔的处理能力远不能满足整个社会的支付需求；同时，比特币随着时间的推移，累积的交易数据越来越大，对于普通电脑的存储来说，这是个不小的负担。如果只是简单提高区块大小来提高吞吐量，比特币很快就会变成只有少数几个大公司能够运行的系统，有违去中心化的设计初衷。在比特币、以太坊等公有链系统中，上述矛盾是系统设计时面临的最大挑战。

在联盟链中，因为参与记账的节点可选可控，最弱节点的能力上限不会太低，并且可以通过资源投入获得改善，再针对性地替换掉共识算法等组件最终获得性能的全方位提升。但作为智能合约基础支撑的联盟链仍有其他考验：智能合约运行时会互相调用并读写区块数据，因此交易的处理时序特别重要，节点在处理或者验证交易的时候无法并行，只能逐笔进行，这会制约节点的处理能力。

二是访问控制机制有待加强。现有公有链中，各参与方都能够获得完整数据备份，所有数据对于参与方来讲是透明的，无法使参与方仅获取特定信息。

比特币通过隔断交易地址和地址持有人真实身份的关联，达到匿名效果。所以虽然能够看到每一笔转账记录的发送方和接受方的地址，但无法对应到现实世界中的具体某个人。对于比特币而言，这样的解决方案也许够用。但如果区块链需要承载更多的业务，比如登记实名资产，又或者通过智能合约实现具体的借款合同，这些合同信息如何保存在区块链上，验证节点在不知晓具体合同信息的情况下如何执行合同等，目前业内尚未有成熟方案。而这些问题在传统信息系统中并不存在。

三是升级修复机制有待探索。与中心化系统的升级方式不同，在公有链中，因为节点数量庞大，参与者身份匿名，不可能关闭系统集中进行升级。在具体实践中，公有链社区摸索出了"硬分叉"和"软分叉"等升级机制，但遗留问题有待观察。此外，由于公有链不能"关停"，其错误修复也异常棘手，一旦出现问题，尤其是安全漏洞，将非常致命。

通过放松去中心化这个限制条件，很多问题能找到解决的方案。比如在联盟链这样的多中心系统中，通过关闭系统来升级区块链底层，或者紧急干预，回滚数据等，必要时都是可用的手段，这些手段有助于控制风险、纠正错误。而对于常规代码升级，通过分离代码和数据，结合多层智能合约结构，实现可控的智能合约更替。

互联网近年来的迅猛发展及其与物理世界的深度耦合与强力反馈，已经根本性地改变了现代社会的生产、生活与管理决策模式。可以预见的是，未来在中心化和去中心化这两个极点之间，将会存在一个新的领域，各种区块链系统拥有不同的非中心化程度，将满足不同场景的特定需求。

第二节 区块链类型

现在国际上对于区块链类型的划分并没有明确标准，通常按照三种方法进行划分。

一、按照节点准入规则

区块链系统根据应用场景和设计体系的不同，一般分为公有链、联盟链和私有链。三种区块链的区别主要在于节点的准入规则。其中：

公有链的各个节点可以自由加入或退出网络，并参与链上数据的读写，网络中不存在任何中心化的节点。

联盟链的各个节点通常有与之对应的实体机构组织，通过授权才能加入与退出网络。各机构组织组成利益相关的联盟，共同维护区块链的正常运转。

私有链的各个节点的写入权限由内部控制，而读取权限可视需求有选择性地对外开放。私有链仍然具备区块链多节点运行的通用结构，适用于特定机构的内部数据管理与审计。

上述三种类型的区块链特性如图 4-2 所示：

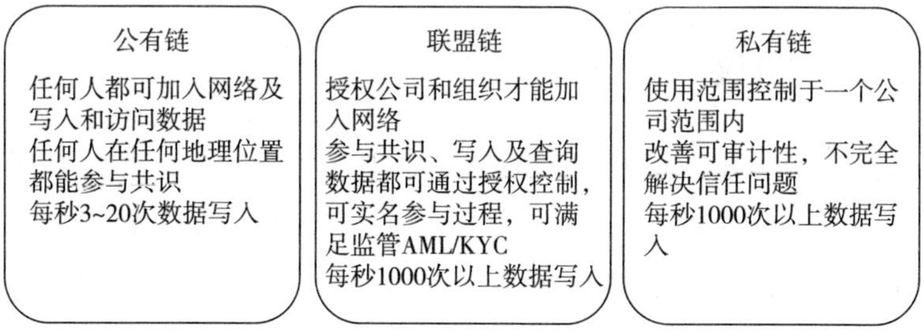

图 4-2 区块链特性

二、按照共享目标划分

按照共享目标，可划分为共享账本和共享状态机两派。比特币是典型的共享账本，这种区块链系统在各个节点之间共享一本总账，因此对接金融应用比较方便。另一大类区块链系统中，各个节点所共享的是可完成图灵完备计算的状态机，如以太坊、Fabric，它们都通过执行智能合约而改变共享状态机状态，进而完成各种复杂功能。

三、按照核心数据结构划分

按照核心数据结构，分为区块链、DAG（Directed Acyclic Graph，有向无环图）和分布式总账三种。区块链这一类在系统中实现了一条区块链作为核心数据结构，例如 Bitcoin、以太坊、Fabric 等；DAG 这一类系统中，提交的新交易需要指向多个旧交易，所有历史交易构成一个有向无环图作为系统的核心数据结构；而分布式总账这一类，只是借鉴了区块链的设计思想，并没有真用一条区块链作为核心数据结构，例如 R3 Corda。这三种结构在不同的应用场景和需求中各有长短，技术本身没有高下之分。

第三节　区块链核心关键技术

一、共识协议

共识协议用于在分布式系统中实现可用性与一致性，是区块链的关键技术，其核心指标包括共识协议的强壮性（容错、容恶意节点的能力）、高效性（收敛速度，也即系统达成一致性或"稳态"的速度）及安全性（协议抽象理论模型的安全界）。代表性协议包括 PBFT 为代表的 BFT 类共识、PoW/PoS 为代表的中本聪共识（Nakamoto Consensus）、新型混合共识等。

（一） BFT 类共识

BFT（Byzantine Fault – Tolerant）算法于 20 世纪 80 年代开始被研究，旨在解决所谓拜占庭将军问题。BFT 类算法中最著名的是 PBFT，该算法是基于消息传递的一致性算法，在弱同步网络下，算法经过三个阶段可以达成一致致性，复杂度为 O（n^2）。在无法达成一致时，这些阶段会重复进行，直到超时。PBFT 的优点是收敛速度快、节省资源、具有理论上的安全界（理论上允许不超过 1/3 的恶意节点存在，即总节点数为 3k + 1，其中正常节点超过 2k + 1 个时，算法可以正常工作）。

Andrew Miller 等[①]提出的 Honey Badger BFT 对 PBFT 做了改进，其过程由原子广播（Atomic Broadcast）和异步公共子集协议（Asynchronous Common Subset）两部分组成，它使用 N 个二进制共识协议实例并根据其结果来决定一个公共子集。Honey Badger BFT 可以在异步网络下进行共识，不依赖于任何关于网络环境的时间假设 。

BFT 类共识随着参与共识节点的增加，通信开销会急剧上升，达成共识的速度则快速下降，难以支撑上万节点规模的分布式系统。此外，节点参与共识首先要获得投票权，因此要为节点的加入和退出过程设计额外的机制，增加了协议复杂度和实现难度。

（二） 中本聪共识

比特币通过引入经济激励改造了共识投票的过程，将每次账本数据变化都安排一轮投票变为滚动的无限期投票：任何人都可以生成一个包含交易的区块（增加账本数据）并广播，其他人如果同意该区块纳入账本，则将该区块的哈希作为自己构造的区块数据的一部分，对该区块进行"确认"；对某个区块的"确认"也包含了对该区块前序所有区块的"确认"；

---

① Miller A, Xia Y, Croman K, et al. The Honey Badger of BFT Protocols [C] //Proceedings of the 2016 ACM SIGSAC Conference on Computer and Communications Security. ACM, 2016：31 –42.

以工作量大小决定投票权重，投票附加的工作量大/链长的区块胜出。这类共识机制的安全依赖于工作量证明（PoW, Proof of Work）等提供的经济激励。

目前主流密码货币多采用纯 PoW 机制（如比特币、莱特币、门罗币等）。在比特币中，PoW 的工作量表现为矿工需要不断计算哈希值，得到一个满足难度值的输出后，才能获得创建区块的权利。由于 SHA256 运算的输出分布是均匀的，因此总体上矿工付出的计算量与难度值成正比。矿工寻找满足条件的哈希寻找需要耗费大量能源，但验证哈希是否正确极其简单快速，这是在设计各种 PoW 算法时需要考虑的首要特性。

比特币之后的虚拟货币项目为了避免出现专用矿机，开始设计抗 ASIC 的算法，其中一类的思路是串联不同的哈希函数。例如 DASH 采用的 X11 算法，从 SHA - 3 标准的 24 个候选算法里选取了 11 个，进行串联使用。但串联仅增加 ASIC 芯片设计的难度，算法并不具备抗 ASIC 的能力，比如已经出现 Scrypt 和 X11 的专属 ASIC 芯片。

另一类思路则是设计一种内存依赖型算法，比如 Ethereum 的基于 Dagger - Hashimoto 的 Ethash，Zcash 基于广义生日悖论问题的 Equihash，æternity 基于二分图环路检测的 Cuckoo Cycle 等。这类算法在计算时需要占用大量内存，而内存是成熟产品不具备优化空间，因此专用 ASIC 芯片相比 GPU 或 CPU 的优势并不大。

为了克服 PoW 资源消耗大，运行成本高的问题，还出现了权益证明（Proof of Stake，PoS）类的共识协议。PoS 协议下，节点获得区块创建权的概率取决于该节点在系统中所占有的权益比例的大小。

PeerCoin 最早提出并实现了 PoS 共识协议。PeerCoin 没有完全抛弃 PoW，每个节点有自己的 PoW 难度值，币龄（Coinage）是该难度值的计算参数。币龄越高，则 PoW 难度越低，越容易计算出满足难度的哈希值。

PoS 一般需要用户时刻在线，这对应用带来了很大挑战。为了解决这个问题，衍生出了 DPoS（Delegated Proof of Stake）共识，其核心思想是先从全网节点中选出部分节点，保证这些节点的有效性，然后在该子节点集合内进行 PoS 共识。

BitShares 是第一个采用 DPoS 的区块链。在 BitShares 中，全网节点投票选出 101 名代表，来负责区块的生成。此外，这些代表还可以形成一个自治化组织，对区块链上的事务进行投票与表决。

也有一些项目比如 Decred、DASH 等同时使用 PoW + PoS 共识机制，可以让矿工和持币者都参与到系统共识中，增加 51% 攻击的难度，从而进一步提升系统共识的安全性与灵活性，并能较好地抵抗自私挖矿。

PoS 共识机制也引起了学术界的极大兴趣。康奈尔大学的 Elaine Shi 等[1]提出了基于 Sleepy Model 的 PoS 共识，并对其进行了形式化描述和安全性分析，证明了该共识系统在分布式环境下有良好的健壮性。爱丁堡大学的 Aggelos Kiayias 等[2]也设计了一种名为 Ouroboros 的 PoS 方案，该成果发表在密码学顶级国际会议 Crypto 2017 上。

（三）混合共识

Elaine Shi 等[3]提出了将中本聪共识和 BFT 类共识进行有机结合的混合共识方案，该方案通过 PoW 机制来选取 Committee（负责交易的验证确认及区块创建），Committee 通过 PBFT 来进行交易及区块的共识确认。

而 Silvio Micali 等[4]提出的基于可验证随机函数（VRF）的 Algorand 协议则从另一个角度出发，通过"加密抽签"的方法随机决定区块创建者后，然后用带权重的拜占庭协议达成全网共识，可视为一种多级动态验证

① Pass R, Shi E. the Sleepy Model of Consensus [C] //International Conference on the Theory and Application of Cryptology and Information Security. Springer, Cham, 2017: 380 – 409.

② Kiayias A, Russell A, David B, et al. Ouroboros: a Provably Secure Proof – of – stake Blockchain Protocol [C] //Annual International Cryptology Conference. Springer, Cham, 2017: 357 – 388.

③ Pass R, Shi E. Hybrid Consensus: Efficient Consensus in the Permissionless Model [C] //LIPIcs – Leibniz International Proceedings in Informatics. Schloss Dagstuhl – Leibniz – Zentrum fuer Informatik, 2017, 91.

④ Gilad Y, Hemo R, Micali S, et al. Algorand: Scaling Byzantine Agreements for Cryptocurrencies [C] //Proce edings of the 26th Symposium on Operating Systems Principles. ACM, 2017: 51 – 68.

组 BFT 共识和 PoS 的混合方案。Algorand 达成共识的情况会归约成 3 种，以大概率保证了只有唯一的输出，相比 Sleepy 和 Ouroboros 共识模型，确定性更好，不容易分叉。

二、安全与隐私保护机制

安全机制是分布式账本系统中最为核心与关键的组成部分，而密码原语与密码方案是安全机制的支撑技术。在公有链中，安全机制主要包括：隐私保护、共识协议安全性、智能合约安全性、数字账户安全（钱包私钥保护）、离链交易安全机制、密码算法的实现安全及升级机制等；在联盟链中，除了上述安全机制，还需包括身份认证与权限管理、可监管性与授权追踪等。

（一）隐私保护

在公有链中，需要对交易数据、地址、身份等敏感信息进行保护，同时又能让记账节点验证交易的合法性；对于联盟链，在构建隐私保护方案的同时，需考虑可监管性/授权追踪。可以通过采用高效的零知识证明、承诺、证据不可区分等密码学原语与方案来实现交易身份及内容隐私保护（例如：Zcash 中采用了 zk – SNARK 来实现隐私保护机制）；基于环签名、群签名等密码学方案的隐私保护机制、基于分级证书机制的隐私保护机制也是可选方案（例如：Monero 采用了环签名方案来实现隐私保护机制，Hyperledger Fabric 采用分级证书机制来实现隐私保护机制）；也可通过采用高效的同态加密方案或安全多方计算方案来实现交易内容的隐私保护（例如：Ripple 通过采用安全多方计算方案来实现交易通道的隐私保护）；还可采用混币机制实现简单的隐私保护。

1. 混币技术

混币技术是指将多笔不相关的输入进行混合后输出，使得外界无法关联交易的输入与输出，从而分辨不出数字货币的流向。这是最朴素的匿名技术。

CoinJoin 是一种无关协议的匿名混币技术，使用者需要委托第三方，来构造一笔混合多笔输入的交易。Dash 引入了主节点（MasterNode），将 CoinJoin 作为协议的一部分。主节点除了维持网络的安全性之外，还提供 CoinJoin 隐私服务。用户可以向主节点请求，进行单轮或多轮的混币服务。CoinJoin 中不存在安全风险，即用户的资金不会被第三方偷窃。但该技术不是完全匿名的，即提供服务的第三方可以知道混币交易的流向。Tumble-Bit 协议是另一种混币技术。该协议是一种链下通道的混币协议，也需要第三方参与，但第三方无法知道交易细节，仅仅是提供服务[①]。TumbleBit 分为 Puzzle Promise Protocol 和 RSA Puzzle Solver Protocol 两个子协议，需要发送方、接收方和第三方进行多次交互。

2. 环签名

Monero（门罗币）在保证交易的隐私性方面应用了一次性环签名（One time Ring Signature）技术，具有不可链接（Unlinkability）和不可追踪（Untraceability）两大特性[②]。

门罗币里，用户有两对主公私钥对，用于生成一系列的一次性密钥对。这些一次性密钥在交易时使用，且无法关联到主公私钥对。进行交易时，发送者需要使用一次性公私钥来计算唯一的 key image，然后选择一个公钥集合来进行环签名。校验者可以验证签名的合法性，但无法知道签名者的公钥。在网络里，节点需要维护一张表，来记录每次使用过的 key image，否则会出现双花问题。环签名可以有效提高匿名性的同时，无需任何第三方协作参与。但相比椭圆曲线签名，环签名的签名长度明显增大，生成签名和验证签名的复杂度也大大增加，这会给网络带来多余的负担。

---

① Heilman E, Alshenibr L, Baldimtsi F, et al. Tumblebit：An Untrusted Bitcoin – compatible Anonymous Payment Hub [R]. Cryptology ePrint Archive. Report 2016/575, Tech. Rep., 2016.

② Noether S. Ring Signature Confidential Transactions for Monero [J]. IACR Cryptology ePrint Archive, 2015. 1098.

3. 零知识证明

Zcash 采用了名为 zk–SNARK 的零知识证明技术，来保证交易的发送者、接受者和交易金额的机密性①。在 Zcash 里，发送者通过向全网广播承诺（Commitment）和废弃值（Nullifier）来进行转账交易。zk–SNARK 用于向网络证明承诺和废弃值的合法性，同时又不揭露发送者的身份。

zk–SNARK 具有两个特点：简洁性（Succinct），即验证者只需要少量计算就可以完成验证；非交互性（Noninteractive），即证明者和验证者只需要交换少量的信息即可。zk–SNARK 可以证明所有的多项式验证问题。它提供了一个系统化的方法，可以把任何验证程序转化成一个名为 Quadratic Span Program（QSP）的多项式验证问题。因此，任意复杂的验证问题都可以由 zk–SNARK 来证明。zk–SNARK 的缺点在于计算验证数据时，需要一定的计算量。此外，zk–SNARK 还有一个初始参数设置阶段，来生成一个"绝对机密"的随机信息。使用这些初始化的随机信息可以欺骗验证者，因此需要保证该过程的绝对机密与安全。

（二）数字账户安全

钱包私钥直接关系到账户安全，需要对钱包私钥进行妥善保护。可采用无密钥的密码算法（标准算法的白盒化方案或设计新型的白盒密码算法）和代码混淆技术，实现敌手无法提取核心密码算法和密钥信息；或采用基于口令、身份、生物特征等认证因子的加密算法对密钥进行加密存储；基于 TEE（可信执行环境）、辅助硬件的技术方案也是保障数字账户安全的可选方案之一。

（三）密码算法的实现安全及升级机制

需确保分布式账本系统中密码算法的实现安全，并构建密码算法更新/升级时的安全机制。密码算法的实现安全包括软件实现的安全性及硬

① Zhong M. A Faster Single–term Divisible Electronic Cash: ZCash [J]. Electronic Commerce Research and Applications. 2002, 1 (3–4): 331–338.

件实现的安全性，避免密码误用，有效抵抗旁路攻击。

（四）身份认证与权限管理

在联盟链中，需要对不同节点分配不同的权限，并满足一定的可监管性，为此，需要构建安全高效的身份认证与权限管理机制。可采用基于生物特征识别技术的认证机制，或是高效的、生物特征与密码技术有机结合的认证方案；也可采用高效实用的、基于身份/属性的密码方案，实现对节点/用户的细粒度访问控制/权限管理。

（五）后量子密码

量子计算机的出现将对基于传统公钥密码的分布式账本系统形成非常大的安全威胁，需要及时未雨绸缪，而后量子密码能有效抵抗量子计算。

主流的后量子密码方案包括：基于 Hash 函数的后量子密码，其安全性依赖于抗碰撞的 Hash 函数；基于多变量二次方程的后量子密码，其安全性依赖于有限域上的多变量二次多项式映射；基于编码理论的后量子密码，其安全性依赖于纠错码理论；基于格理论的后量子密码，其安全性基于格上的困难问题。

目前，将后量子密码签名方案应用于分布式账本系统的主要难点在于方案的公钥及签名长度过大，将极大地影响分布式账本系统的性能效率（如交易吞吐量 TPS），并且基于 LWE 的签名方案中采用的 DGS（离散高斯采样）模块易受旁路攻击，需设计安全高效的防护方案；此外，目前尚无实际可行的、抗量子计算的隐私保护机制（如：抗量子计算的环签名方案，抗量子计算的零知识证明方案等）。

三、可扩展性与效率

可扩展性旨在分布式账本协议的基础上，对整体进行性能效率的提升、扩容或功能性上的扩充。在性能效率的提升方面，常用的方法包括：缩短区块的产生间隔、增加区块大小、采用双层链结构、引入闪电网络、改变区块＋链的基本结构、在不影响安全性的前提下修剪区块中的数据等；在系统扩容或功能上的扩充方面，可采用原子交易、侧链协议（例如：Rootstock）、链中继协议（例如：BTC Relay）等。

（一）性能效率提升

1. 闪电网络

闪电网络是比特币的链下扩容方案，旨在扩大比特币的交易规模和交易速度。闪电网络的基础是交易双方建立双向微支付通道。HTLC（Hashed Timelock Contract）定义了该双向微支付通道的基本工作方式。双方在转账时，转账人将一笔钱冻结，并提供一个哈希值。在一定的时间内，若有人可以给出哈希原像，就可以使用这笔钱。在这个基础上，两两各自建立链下微支付通道，最终可以扩大成一个链下支付网络。一旦链下网络达到一定的规模，用户找到一个通道数较多的节点后，便可连接到其他用户，从而完成链下交易。由于不需要上链，闪电网络中的交易是即时完成的，只有最终的清算才需要上链。

目前比特币和莱特币均已支持闪电网络。然而，在闪电网络方案中，链下网络的建立及路由协议还存在较大的不足之处，伊利诺伊大学香槟分校 Andrew Miller 等[1]提出了一种新型的闪电网络协议，进一步优化提升了闪电网络在链下网络建立及路由方面的性能效率。

2. 采用 DAG 数据结构

比特币将交易批量打包成块，块间以哈希指针串联成链，这样的区块＋哈希链式的数据结构为后续大多数区块链项目所借鉴。

当比特币面临处理能力有限，存储负担重，确认时间长等扩展性瓶颈时，业界提出的方案除了在区块＋链的基础结构上引入分层分片的架构调整外，也有一部分的目光瞄准了区块链这一基础数据结构，尝试引入有向无环图（DAG）并匹配相应的共识机制解决交易安全问题。

---

[1] Miller A, Bentov I, Kumaresan R, et al. Sprites：Payment Channels that Go Faster than lightning [R]. arXiv preprint arXiv：1702.05812, 2017.

DAG 方向上的典型项目包括 IOTA 和 ByteBall。

在 IOTA 中，每个交易在被创建之前，交易创建者需验证系统中的两笔交易（且将这两笔交易的 Hash 值包含在新产生的交易中），并计算一个比较简单的 PoW 问题（根据问题的解答可确定该交易的权重）。其共识机制是基于交易累计权重（即交易权重加上直接和间接验证该交易的所有交易权重之和），当某个交易的累积权重超过某个阈值，便可认为该交易获得了确认。

在 ByteBall 中，每个交易在创建之时，需引用系统中的两笔或多笔交易（验证并将这些交易的 Hash 值包含在新产生的交易中，被引用的交易称为父节点），其共识机制通过确定交易节点的主链（MC）、确定系统的当前主链（Current MC）、确定系统的稳定点（稳定点之前的交易获得了确认）三个步骤来完成，共识协议中基于少量可信节点和稳定点推进策略。

基于 DAG 技术的共识机制虽然可以较大程度地提升系统性能，但是该技术尚未经过较为充分的理论与实践论证，且其共识机制尚存在安全问题（例如：在 IOTA 中，系统的安全性较大程度依赖于交易频率；在 Byteball 中，其"共识机制"中的稳定点推进策略尚存在算法漏洞，且 Byteball 系统过于依赖少量的 Witness 节点，等等）。

3. 采用双层链结构

Bitcoin – NG 采用了双层链结构，其主要思想是：矿工解决哈希难题并由此创建的区块称为 keyBlock，创建 keyBlock 的矿工在下一个 keyBlock 出现之前每隔一小段时间可以发布一个 microBlock[1]。系统的安全性和健壮性建立在 keyBlock 的 PoW 机制上，而系统的交易吞吐量则通过 microBlock 的频繁发布得以显著提高。

---

[1] Eyal I, Gencer A E, Sirer E G, et al. Bitcoin – NG: A Scalable Blockchain Protocol [C] //NSDI. 2016: 45 – 59.

然而，在 Bitcoin – NG 中存在两个安全隐患：一是不能有效阻止自私挖矿，二是当某个矿工创建 keyBlock 之后，他可以在短时间内发布大量的 microBlock，从而引发系统大量分叉并最终对共识机制的收敛性造成很大影响，同时也大大加重了系统的通信负荷。

4. MimbleWimble

MimbleWimble 技术删除交易中所有已花费的输出，可以有效压缩区块数据的大小[①]。MimbleWimble 使用单向聚合签名（OWAS）对金额进行隐藏，其隐藏公式为 $C = r \times G + v \times H$，其中 C 是 Pedersen commitment，G 和 H 是与椭圆曲线加密函数（ECDSA）生成的无关的固定值，v 是金额，而 r 是一个秘密的随机盲密匙（Random Blinding Key）。此后，需要通过 range proof 证明输出在正常的取值范围内。用户不需要遍历整个区块链，只需要验证整个区块链的输入之和与未花费的输出之和是否相等，依次证明整条区块链是正确的。因此，用户可以删除所有已花费的输出，来有效压缩区块数据的大小。除此之外，Mimble Wimble 还提供一定的隐私和扩展性，但该方案无法支持复杂的比特币脚本。

（二）系统扩容或功能扩充

由于不同区块链的结构设计基本是不同的，因此它们无法互通。当不同区块链上的数字货币需要进行交换时，就需要一种公平的协议保证此过程的进行。原子交易正是这样一种协议，它不需要对原链协议进行修改或扩充。只要两条链都支持 HTLC（Hashed Timelock Contract），那么就可以使用原子交易进行数字货币的公平交换。原子交易中，两条链上各有两笔交易，总共四笔交易来保证交换的进行。双方各自使用一个 HTLC 合约，将数字货币输出到一个分支输出中。当一方揭露分支输出中所设置的哈希值原像后，另一方就可以马上使用另一笔输出。如果哈希值原像迟迟没有

---

① Jedusor Tom Elvis. Mimble Wimble ［EB/OL］. https：//download. wpsoftware. net/bitcoin/wizard-ry/mimble wimble. txt. 2016.

被揭露，则到达时间后，双方都可以从该输出取回数字货币。原子交易里没有对手风险，交易要么成功，要么失败，没有任何一方会损失或获益。

四、区块链系统/协议的安全分析与评估

在区块链系统（协议）的安全性分析与评估中，一方面，需要对已有的共识协议建立抽象理论模型，并基于该模型研究共识协议的安全性；另一方面，需要研究在不同攻击方法（或场景下）区块链系统的安全性，例如：分别在高同步性、高异步性网络条件下，基于合理的困难问题假设、攻击者的计算能力、攻击类型及方法等建立相应的统计分析模型，给出共识协议能有效抵抗相应攻击的安全界；需分析在激励机制失效下系统的安全性；需对系统中密码方案软硬件实现进行安全性分析等。

（一）自私挖矿

传统观点认为比特币是有激励相容机制的，即没有人可以通过损害集体利益去实现自己利益的最大化。但自私挖矿（Selfish Mining）的提出证明了这种观点是不完全正确的。在矿工是追求最大化利益的理性者的条件下，只要矿池能控制全网超过 1/3 的算力，发起自私挖矿攻击，获取更大的收益，并对网络安全造成威胁。我们将矿工分成自私矿池中的自私矿工和城市矿工。自私挖矿策略大致如下：

1. 自私矿工不公开挖到的块，产生秘密分支。这时候诚实矿工还会基于较短的公开分支挖矿。

2. 自私矿工选择性地公开秘密分支上的区块，从而导致诚实矿工抛弃掉较短的公开分支，基于秘密分支计算最新的块，通过这样来浪费诚实矿工花费在公开分支的算力，使得自私矿池获得高于全网算力比例的收益。

当自私矿工所在的矿池占总网算力的 1/3 时，其获得的收益会大于相对算力。于是理性矿工会源源不断地加入自私矿池，最终导致矿池算力超过总网络的 50%。

自私挖矿的分析是基于理性者条件的假设下，但现实中人往往不是完

全理性的，且存在多方博弈，因此实现自私挖矿攻击还是存在一定的难度。

（二）分区攻击

在 P2P 网络里，只要控制一定数量的节点，就可以进行 Eclipse Attack，从而发起 51% 攻击，控制整个网络。这是一种分区攻击。假设网络中只有 3 个节点在挖矿，其中两个分别拥有 30% 的全网算力，剩余一人有 40% 全网算力。如果攻击者可以控制拥有 40% 算力的节点，则他可以隔离其他两个节点，使得他们无法达成共识。最终的结果是，攻击者所生成的链会经共识成为最终的区块链。因此在分区攻击下，攻击者不需要拥有超过一半的算力，就可以发起 51% 攻击。发起这种攻击的前提条件是，被隔离节点链接到的所有节点都受攻击者控制。在网络规模不大的时候，这比较容易实现。

（三）大数据分析

区块数据在全网都是公开的，因此可以很容易地对它们进行分析。Kumar Amrit 等[1]通过对 Monero 历史区块数据的分析，得到了如下结果：

1. 65% 以上的 input 会产生级联影响，影响到 22% 的交易被追踪到；

2. 来自同一交易的 output 在下次交易时通常会聚合在一起；

3. 匿名集中最近发生的 output 很可能就是真实被花费的 output。

因此，尽管 Monero 具有良好的匿名特性，但通过数据分析，还是有超过半数的交易被追踪并分析出来。这说明了系统的参数选择和用户的使用习惯也会导致隐私暴露。

（四）共识协议的抽象理论模型的安全性分析

Aggelos Kiayias 等构建了比特币的 PoW 协议的抽象理论模型，并借鉴

---

① Kumar A, Fischer C, Tople S, et al. A Traceability Analysis of Monero's Blockchain [C] //European Symposium on Research in Computer Security. Springer, Cham, 2017: 153 – 173.

密码学中可证明安全的思想证明了该抽象理论模型的安全性[1]；Elaine Shi 等[2]提出了基于 Sleep Model 的 PoS 共识模型，并对其进行了形式化描述和安全性分析，证明了该共识系统在分布式环境下有良好的健壮性。

第四节　区块链实例介绍

一、R3 Corda

（一）概述

Corda 是区块链公司 R3 CEV 专为传统金融机构开发的分布式账本平台，经 70 多位联盟成员协商决定后，于 2016 年 11 月 30 日实施开源。该项目主要是开发银行领域的解决方案来改善当前金融服务行业。

Corda 是一个基于半信任环境的，服务于现实世界金融活动的分布式账本平台，同时满足信息适度可见和高性能两个核心特性，采用联盟链或私有链的形式，用于记录、管理及自动化执行金融合约。

不同于传统区块链平台具有的全局交易验证及共识、单位时间产出数据块等特征，Corda 平台具有以下特点：

1. 交易无需全网广播，而仅在交易的关联方及验证节点之间传递。这样可以减少节点接收的数据量，并且有效保证交易相关方的隐私和机密。

2. 共识机制仅存在于负责验证交易的节点之间，而不是所有的参与节点，从而加快了达成共识的速度，提高了交易性能。

3. 没有"区块"的概念，而是让后续交易直接指向前序交易，以达

---

① Kiayias A, Russell A, David B, et al. Ouroboros: a Provably Secure Proof – of – stake Blockchain Protocol [C] //Annual International Cryptology Conference. Springer, Cham, 2017: 357 – 388.

② Pass R, Shi E. The Sleepy Model of Consensus [C] //International Conference on the Theory and Application of Cryptology and Information Security. Springer, Cham, 2017: 380 – 409.

到数据不可篡改、可追溯的特性。

（二）架构

在技术层面上，Corda 的定位是一个"去中心化数据库"（Decentralized Database）。去中心化数据库与分布式数据库有着重要的区别：分布式数据库仍然是一个中心化的系统，其设计目标是提高数据库的性能和可用性，重点关注的是解决系统内部各个节点之间数据同步的问题。去中心化数据库，则是相互独立的参与方各自的私有数据库，在一定前提条件下同步某一参与方的数据，如果参与方之间互不信任，则无法使用非拜占庭容错的分布式系统一致性算法。

Corda 的通信协议基于 AMQP/1.0，采用 TLS 作为加密协议。Corda 平台中的节点大致归纳为五种角色：

一个负责全网身份服务的系统节点，实现类似于传统网络架构中的 CA（Certificate Authority）功能。该节点负责颁发证书，设置权限，任何想要加入 Corda 网络的节点都需要从身份服务节点处获得相应身份。

一个负责网络映射的节点，提供类似于传统网络架构的 DNS 服务，负责将节点的证书及所提供的服务与其 IP 地址相关联，便于其他节点进行查询。

普通用户节点及公证服务节点（Notary）。普通用户可以自由发起交易。交易产生后，被发送给指定的公证服务节点来验证其唯一性和有效性。如果交易合法，该公证服务节点便对这笔交易签名，并发回交易关联方。交易关联方及公证服务节点各自将该笔交易链接到之前的交易，形成"交易链"，达到交易关联方之间数据的局部统一。公证服务节点之间通过共识算法来保证全网数据的准确唯一性。Corda 计划兼容多种共识算法，由不同的应用场景决定使用何种共识算法，目前提供了基于 PBFT/RAFT 共识算法的公证服务的实现。

还有一个角色是价值中介服务节点，也称为先知（Oracle），是一种负责和区块链网络外部取得可靠数据的节点，使之可以成为交易的一个输入项。Corda 网络可以通过价值中介服务节点获取现实世界的实时数据，从而提供多样化的交易场景。

智能合约也是 Corda 平台的重要特色。在 JVM 的环境下，可以用 Java 语言或者 Kotlin 语言实现智能合约的编写和调试。Corda 也封装了一些智能合约的函数和功能，包括对本地交易的验证函数等，开发者可以调用这些函数和功能，或继承已有的智能合约进行开发。

（三）几个重要概念

1. 状态（State）与未花费输出 UTXO（Unspent Transaction Output）

状态是 Corda 网络中最基本的概念，即"系统中的事实"，例如："张三拥有 1000 元人民币"，这就是一个状态。Corda 系统的状态设计是基于交易的，也就是说只有一个有效交易的输出才是系统认可的有效状态，这实际上就是 UTXO 模型。UTXO 模型维护若干基于私钥的持有者的声明实例，这些声明实例聚合在一起构成了持有者的余额资产，在执行支付时，持有者选取一组未花声明实例，消费掉这些未花声明实例，并把密码学权利转移给被支付方。

Corda 采用 UTXO 模型而不是传统账户模型的主要原因有：一是支付者可以做到并行支付，整个系统的并行度大大提高（交易主体只需存在足够的未花数据项）；二是即使在交易进行中，通过不可变账本也可以很容易地对数据的静态快照及交易内容进行推导和分析；三是交易排序变得不重要：由于依赖散列函数来识别先前状态，因此不可能对交易进行错误排序；也不需要如其他分布式系统一样，专门维护全局的序列号或其他类似标识；四是冲突解决仅归结为双花问题，对共识算法要求极小，降低到对一组布尔运算条件是否满足的判断；五是智能合约仅仅是布尔函数并不直接改变状态，因此函数重复调用不会产生副作用导致状态混乱（如曾发生的以太坊 The DAO 攻击事件）的情况。

2. 交易（Transaction）

交易就是状态转换的过程，简单地说是 ｛输入状态、交易指令（Command）、输出状态｝ 组成的元组，其中输入、输出都可以是一个状态列表。

此外，交易还包括其他一些要素，如：附件、时间戳、各种签名以及为采用硬件加密的目的而使用的文字摘要。Corda 的设计目标是对现实世界中各种交易类型进行支撑，因此要具有描述交易实际执行动作的能力，例如：转账、存入/提现、开票/兑付，诸如此类。Corda 交易指令设计的关键要点是，指令必须包括有权作出这个指令的全部参与方的公钥用于后续的签名验证，并且允许交易的合约代码对此进行检查。

3. 联合公钥（Composite Keys）

为了适应多方复杂交易的机制，Corda 引入了联合公钥（Composite Keys）的概念。联合公钥是一个树状结构，叶节点表示来自一个参与方的一个公钥，而上层节点代表联合权重，用于表示必须有满足权重值条件的参与方签名才能认为该节点有效。例如：一个上层节点的权重为 3，则意味着其下面节点必须有 3 个有效签名，这个节点才算有效。反过来说，一个权重为 3 的节点下面有 5 个参与方的公钥，也只需要 3 个签名有效，这个节点就有效。通过层层判断，到根节点形成一个组合条件，最终判断全部签名的总体有效性。

4. 智能合约（Smart Contract）

智能合约是由人工输入和控制共同协作的可自动执行计算机代码，其权利和义务也通过法律条文明确表述具有法律效力。智能合约把业务逻辑和业务数据关联到相关的法律条文上以保证平台上的金融合约能强力根植于法律上，这样当金融合约各方存在争议和不确定时，就能有一条清晰的路径能找到相关的法律依据。

在 JVM 的环境下，智能合约就是一个类，可以用 Java 语言或者 Kotlin 语言实现智能合约的编写和调试。Corda 也封装了一些智能合约的函数和功能，包括对本地交易的验证函数等，开发者可以调用这些函数和功能，或继承已有的智能合约进行开发。

5. 先知（Oracle）

Oracle 是一个受信任的公共服务，用来将现实世界中的事实（例如股票价格、外汇牌价、银行利率等）注入 Corda 网络中，使之可以成为交易的一个输入项。具体实现方面，Corda 将 Oracle 的行为模式设计成为对每一个交易进行事实的注入，而不是对整个系统进行注入。这样的设计有两方面的合理性，一方面是作为去中心化的数据库，恐怕也没有一个地方来登记所谓全局的信息了；另一方面从经济的角度讲，如果信息是全局的，一旦某个参与方获得了，就可以和其他人共享，Oracle 只有在发布信息的那个时刻才能获得报酬，若经济利益方面没有保障，将使得没有人愿意去承担这样的角色。

6. 交易流程

Corda 系统的交易流（Flow）是指复杂交易的具体实现协议，Corda 最基本的交易能力是 ｛输入、指令、输出｝。现实世界中所出现的涉及多方的、多环节的、有条件的交易等复杂处理流程，只需要通过简单交易的组合、包装来完成。

由于 Corda 的交易通讯都是点对点的，而非全网广播的，因此交易流程实现起来相对简单、直接：我们只要描述节点之间的连接、数据传输的方向，以及从一个节点向下一个节点流转的条件等，就可以设计出交易流程了。把这个流程通过代码实现，并且交由 Corda 系统去运行，就成了一个个在系统中的 Flow，支撑着 Corda 系统的日常运转交易处理。Corda 有大量的内置 Flow，基本覆盖了日常交易流程中所用到的功能和典型交易的过程。由于支持子流程调用，因此新开发一个 Flow 需要的实际代码量应该也很少。

7. Notary 与共识机制

Notary 是公证人的意思，作为一个独立的、交易双方（多方）都信任的角色来最终确认一笔交易的有效性，即用公证人签名的方式确保状态资产的唯一花费。Notary 是 Corda 网络交易验证和确认的核心机制，这个机制的采用本质上想要解决两方面问题：一是避免因为分布式共识机制而导致交易信息在全网广播，这主要是为了支撑交易信息"适度可见"的能力；另一个目的是将共识机制与交易流程分开，变成一种标准服务，从而可以采用不同形态的共识实现方式，而非绑定到某种特定算法上。

Notary 的具体实现机制比较简单，交易参与方将交易发送给 Notary，发送过程采用 Flow 的机制实现。Notary 接收到交易后，根据自己以往记录的所有交易的输入，查询这个交易的输入是否曾经出现在另一个交易的输入项当中。如果确认这个交易的输入项都没发生过"双花"，则可以签署交易，此时交易就达到了最终生效（Finality）的完成状态。如果 Notary 判断交易无效（其实就是发生了"双花"），就会返回异常，交易终止。

8. 隐私保护

关于数据隐私保护，Corda 在账本层面各个节点之间的数据传输并非全网广播，只有交易的关联方才能收到相应的信息。Corda 通过设置公证人角色的节点来记录账本，但即便是公证人也无需保存全账本。只有当公证人所拥有的数据无法处理交易时，公证人才会从别的节点获取所需要的数据的哈希值来计算最终交易的哈希根。Corda 也采用了名为"交易部分屏蔽"（Transaction Tear - Offs）的加密保护方案，将交易的签名结构做成一棵梅克尔树（Merkle Tree），从而可以实现将一个保留了必要签名的分支发送给验证节点，使它仍然能按照签名结构完成对整个交易的签名。Corda 对记录交易历史的梅克尔树结构进行剪枝，只留下原始数据的哈希运算结果，而现阶段的技术是无法通过哈希运算结果逆向推出原始数据的，从而保护了数据隐私。此外，Corda 也在考虑采用公钥随机化、IP 混淆技术（如 TOR）、安全硬件、零知识证明等隐私保护技术。

二、Hyperledger

（一）概述

超级账本（Hyperledger）[1] 是 Linux 基金会于 2015 年发起的推进区块

---

[1] 区块链技术指南［EB/OL］. https：//yeasy. gitbooks. io/blockchain_guide/.

链技术和标准的开源项目。截至 2016 年 12 月，已有超过 100 家成员单位，目标是让成员共同合作，共建开放平台，满足不同行业的各种用户需求，并简化业务流程。超级账本有助于推进跨行业区块链技术。它是一个全球性的合作，囊括了许多金融、银行、物联网、供应链、制造业和技术的领导者。该项目由 Linux 基金会领导。

Hyperledger Fabric 是由 IBM 和 DAH 主导开发的一个区块链框架，是超级账本的项目成员之一。它的功能与以太坊类似，也是一个分布式的智能合约平台。但与以太坊和比特币不同的是，它从一开始就是一个框架，而不是一个公有链，也没有内置的代币（Token）。

作为一个区块链框架，Fabric 采用了松耦合的设计，将共识机制、身份验证等组件模块化，使之在应用过程中可以根据应用场景来选择相应的模块。除此之外，Fabric 还采用了容器技术，将智能合约代码（Chaincode）放在 Docker 中运行，从而使得智能合约可以用几乎任意的高级语言来编写。

（二）架构

Fabric 的核心架构由 3 个部分组成：成员服务（Membership）、区块链（Blockchain）和链码（Chaincode）（如图 4 - 3 所示）。

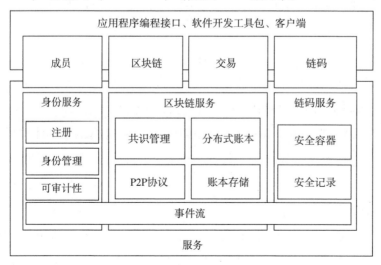

图 4 - 3　Hyperledger 架构

1. 成员服务

这项服务用来管理节点和用户的身份、隐私、机密性和可审核性。在一个无许可管理的区块链网络里，参与者不要求授权，所有的节点被视作一样，都可发起交易，把这些交易存到区块（Blocks）中。而 Membership Service 是要借助公钥基础设施（PKI）、去中心化和一致性技术，将一个无许可管理的区块链网络变成一个有许可管理的区块链网络。

2. 区块链服务

区块链服务使用建立在 HTTP/2 上的 P2P 协议来管理分布式账本。并通过哈希算法来维护区块和全局状态（World State）的副本一致性。Fabric 采用了更为灵活的可插拔共识协议模块，可根据具体需求选用共识算法，如：PBFT，Raft，PoW 和 PoS 等。

3. 链码服务

链码服务提供一种安全且轻量级的沙盒运行模式，在节点上执行链码逻辑。Fabric 使用安全的容器环境来运行链码。容器的基础镜像都是经过签名验证的安全镜像，其中包含操作系统层、开发链码的语言、运行时环境和 SDK 层，目前支持 Go、Java 和 Nodejs 开发语言。

在最新的 Fabric 1.0 版本的设计中，几个新的设计理念引入到系统架构中：

（1）将 Fabric CA 独立出来，作为 Fabric 系统中单独的组件提供，强化了成员管理的作用，也为适配不同应用架构和密码算法带来便利。

（2）提出了通道（Channel）的概念，所谓的通道实际上是包含节点、区块、全局状态和 Ordering 通道的逻辑结构，不同的参与团体构成了不同的通道，它将参与者与链码、数据进行隔离，加入到不同通道的 Peer 节点能够维护各个通道对应的账本和状态，满足了不同业务场景下基于角色进行访问控制的基本要求。

（3）分拆 Peer 节点的功能，将区块链和全局状态的数据维护和共识服务进行分离，共识服务从 Peer 节点中完全分离出来，独立为 Orderer 节点提供共识服务。

（三）交易流程

Fabric 中的交易执行流程如图 4 –4 所示①：

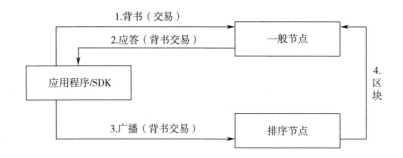

图 4 –4　Hyperledger 交易流程

具体的执行过程如下：

（1）客户端应用程序通过 SDK 发送请求到 Peer 节点，Peer 节点分别通过 Chaincode 执行交易，但是并不将执行结果提交到本地的账本中（可以认为是模拟执行，交易处于挂起状态）。

（2）参与背书的 Peer 节点将执行结果返回给应用程序（其中包括自身对背书结果的签名）。

（3）应用程序收集背书结果并将结果提交给 Ordering 服务节点。Ordering 服务节点执行共识过程并生成 Block，通过消息通道发布给 Peer 节点。

（4）Peer 节点各自验证交易并提交到本地的 Ledger 中。

---

① Hyperledger Fabric 1.0 架 构 概 览 ［EB/OL］. http：//blog. csdn. net/fidelhl/article/details/54893353.

第五章　数字货币技术基础：移动支付技术

移动支付是允许用户使用其移动终端（通常是手机）对所消费的商品或服务进行账务支付的一种服务方式。移动支付将终端设备、互联网、应用提供商以及金融机构相融合，为用户提供货币支付、缴费等金融业务[①]。移动支付天然具有的便利性，将成为未来的主流支付方式。央行发行法定数字货币也应结合这一趋势，探索数字货币流通与移动支付的融合模式。本章研究了我国目前移动支付的技术路线，进而剖析相关的安全防护技术，并提出央行数字货币采用移动支付的安全关注要点，从而为法定数字货币发行流通提供参考。

第一节　移动支付概述

移动支付属于电子支付方式的一种，因而具有电子支付的特征，但因其与移动通信技术、无线射频技术、互联网技术相互融合，又具有自己的特征：

移动性：随身携带的移动性，消除了距离和地域的限制。结合了先进的移动通信技术的移动性，随时随地获取所需要的服务、应用、信息和娱乐。

及时性：不受时间的限制，信息获取更为及时，用户可随时对账户进行查询、转账或进行购物消费。

定制化：基于先进的移动通信技术和简易的手机操作界面，用户可定

---

① 移动支付 [EB/OL]. https: //baike. baidu. com/item/.

制自己的消费方式和个性化服务，账户交易更加简单方便。

集成性：以手机为载体，通过与终端读写器近距离识别进行的信息交互，运营商可以将移动通信卡、公交卡、地铁卡、银行卡等各类信息整合到以手机为平台的载体中进行集成管理，并搭建与之配套的网络体系，从而为用户提供十分方便的支付以及身份认证渠道。

移动支付有多种分类方式：根据支付场景的不同，可以分为远程支付、近场支付；根据支付方式的不同，可以分为联机支付、脱机支付；根据商业模式的不同，可以分为以银行为主体、以运营商为主体、以第三方支付机构为主体的移动支付方式等。

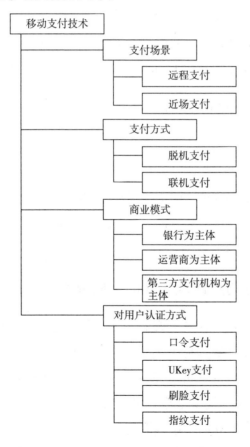

图 5 - 1　移动支付分类

一、按照支付场景分类

移动支付主要分为远程支付和近场支付，所谓近场支付，就是用户利用移动终端在交易现场与商家的收款终端进行的支付活动，如购物、乘车等。远程支付是指用户利用移动终端通过发送支付指令给远程交易服务器完成的支付活动，如手机银行、电话银行等。

二、按照支付方式分类

移动支付主要分为联机支付和脱机支付，这是根据交易过程中收款终端的工作方式进行的分类。所谓联机支付，是指交易过程中收款终端与后台的交易服务器始终保持在线联机交互状态。脱机支付是指交易过程中收款终端与后台的交易服务器无网络连接。

三、按照商业模式分类

移动支付主要分为以银行为主体、以运营商为主体、以第三方支付机构为主体的三种方式，如广泛使用的网络银行、银行卡支付是以银行为主体的支付方式；中国移动、中国联通和中国电信都推出了自己的移动支付品牌，如和包、沃支付、翼支付；而支付宝、微信支付则是以（第三方支付机构）为主体的典型支付方式。

四、按照对用户认证方式的不同分类

移动支付在用户认证支付方面主要分为口令支付、UKey、刷脸支付、指纹支付。口令支付是指将个人账户与预先设置的密码口令绑定在一起，支付时按步骤输入口令就可以完成相应的交易。UKey 是一种安全支付工具，UKey 提供了比传统口令验证更加安全，且更易于使用的网络用户身份认证机制，持有 UKey 的用户将其插入 USB 接口，经过系统认证登录后再进行交易，交易时通过 UKey 口令对用户身份进行确认，如果为合法用户，则进行支付。"刷脸"支付系统是一款基于脸部识别系统的支付平台，该系统不需要钱包、信用卡或手机，支付时只需要面对交易终端上的摄像头，系统会自动将消费者面部信息与个人账户相关联，整个交易过程十分便捷。指纹支付是采用目前已成熟的指纹系统进行消费认证，即顾客通过指纹识别即可完成消费支付。

第二节　移动支付的主要技术路线

一、移动支付的主要技术路线的分类

在远程支付方面，目前所采取的主流方式为手机 APP 作为支付工具，通过远程连接后台交易服务器实现在线联机支付。目前国内的商业银行和第三方支付机构均提供了多平台下的 APP 移动支付工具，例如手机银行、微信支付、支付宝等。

在近场支付方面，所采取的技术方案历来是移动支付富有争议的话题，这些方案可分为三类：标准 NFC 技术方案、基于单独支付硬件的技术方案和条码支付方案三类，见图 5－2。

（一）标准 NFC 技术方案

近场通信①（Near Field Communication，NFC），又称近距离无线通信，是一种短距离的高频无线通信技术，允许电子设备之间进行非接触式点对点数据传输（在 10 厘米内）交换数据。这个技术由非接触式射频识别（RFID）演变而来，由飞利浦半导体（现恩智浦半导体）、诺基亚和索尼共同研制开发，其基础是 RFID 及互联技术。NFC 工作在 13.56MHz 频率，运行距离小于 20 厘米，传输速度有 106 Kbit/秒、212 Kbit/秒或者 424

---

① NFC［EB/OL］. https：//nfc－forum. org/.

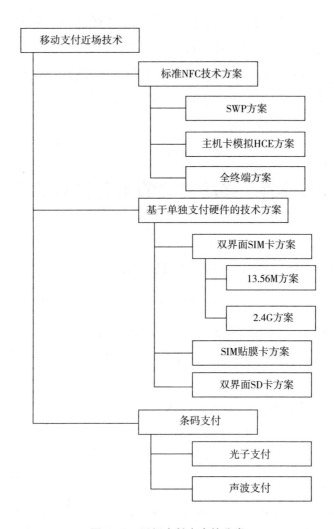

图 5-2 近场支付方案的分类

Kbit/秒三种。目前近场通信已通过成为 ISO/IEC IS 18092 国际标准、EM-CA-340 标准与 ETSI TS 102 190 标准①。

配置 NFC 功能的手机可提供三种不同的工作模式：

一是卡模拟模式（Card Emulation Mode）。将 NFC 宿主设备（如手机）

---

① NFC [EB/OL]. https：//nfc-forum. org/.

模拟成一张支持 RFID 技术的 IC 卡，因此可以替代现在大量的 IC 卡应用。卡模拟模式在移动支付领域得到了广泛应用。

二是点对点模式（P2P Mode）。两个 NFC 宿主设备（如手机）通过点对点模式进行直联以实现点对点数据传输。

三是读卡器模式（Reader/Writer Mode）。NFC 宿主设备（如手机）作为非接触读卡器使用，从电子标签上读取相关信息。

进一步地，卡模拟模式还可分为全终端方案、SWP 方案和主机卡模拟方案。

全终端方案：在手机上集成 NFC 通信芯片和安全芯片（Secure Element，SE），手机即可以完成刷卡支付操作。

SWP 方案：将手机中的 SIM 卡作为安全芯片 SE，增加 SIM 卡同 NFC 通信芯片的单线协议（Single Wire Protocol，SWP）接口，通过手机和 SIM 卡的协作完成刷卡支付操作。

HCE 方案：主机卡模拟方式，不需要提供 SE，而是在手机中运行一个应用或云端的服务器来完成 SE 的功能，相应地，NFC 芯片接收到的数据由操作系统或发送至手机中的应用，或通过移动网络发送至云端的服务器来完成交互。HCE（Host – based Card Emulation）方案无需 SE 芯片，部署简单，因此得到了众多商业银行和中国银联的青睐。

NFC 方案是未来移动支付技术的发展方向，用户使用支持 NFC 技术的手机即可轻松刷卡支付，具有最佳用户体验。但需要更多手机终端厂商推出支持 NFC 技术的手机终端，进一步降低业务推广成本。

（二）基于单独支付硬件的技术方案

不依赖于 NFC 通信芯片，硬件设备本身就作为安全芯片同时也具有 NFC 通信能力，单独工作即可完成支付操作。其中一种技术方案是基于现有的 SIM 卡来提供近场支付手段，即对原有 SIM 卡进行技术改造，使其具备近场支付功能。如双界面 SIM 卡方案、SIM 贴膜卡方案；另一种技术方案是基于手机 SD 卡来提供近场支付手段，即双界面 SD 卡方案。它通过对原有 SD 卡进行技术改造，使其具备近场支付功能。

1. 双界面 SIM 卡方案

一般来说，嵌有一个集成电路芯片的卡片被称为 IC 卡，其中芯片内带有 CPU 和操作系统（COS）的卡片为智能卡（Smart Card）。双界面卡是属于智能卡的一种，被称之为双界面卡的原因是它有两个操作界面，对芯片的访问，既可以通过接触方式的触点，也可以通过相隔一定距离（一般在 10 厘米内）以射频方式来访问芯片。卡片上只有一个芯片，两个接口，通过接触界面和非接触界面都可以执行相同的操作。两个界面分别遵循两个不同的标准，接触界面符合 ISO/IEC 7816 标准；非接触界面符合 ISO/IEC 14443 标准。在双界面 SIM 卡中，接触界面可实现电信功能（GSM/CDMA）；非接触界面实现其非电信应用（如银行卡、电子钱包应用）。双界面 SIM 卡的射频通信可采用外置天线的方式实现，如握奇公司的 SIM-Pass 产品，也可采用内置集成天线的方式实现。目前的双界面 SIM 卡方案存在两种工作频率，一种是 13.56MHz，另一种是 2.4GHz。13.56M 频率具有更好的兼容性、安全性，受理环境好，能够更好地完成与现有金融交易系统的融合，缺点是通信稳定性差，易受干扰。为了提高抗干扰性，一些厂商也提供了 2.4G 频点的通信方案，但此方案必须对现有的 POS 终端进行改造。

2. SIM 贴膜卡方案

贴膜卡，即 SIM 贴膜卡，是以 SIM 卡贴片的形态与 SIM 卡结合使用，其不改变 SIM 卡原有功能，而为通讯行业以外的运营机构提供低成本接入无线移动终端（手机）媒介，进行诸如移动支付、理财、手机 OA、多业务安全登录、敏感信息安全传输等应用。这些附加功能都是在贴片卡上完成的。

3. 双界面 SD 卡方案

SD 卡（Secure Digital Memory Card）是一种基于半导体快闪记忆器的新一代记忆设备。SD 卡由日本松下、东芝及美国 SanDisk 公司于 1999 年 8

月共同开发研制。双界面 SD 卡是在传统的 SD 卡内部嵌入安全模块 SE 之后形成的新型金融智能 SD 卡。FLASHROM 具备通用存储功能，SE 为安全信息的载体。同时封装的 SD 卡具备内置天线，可完成 13.56MHz 的射频通信。嵌入手机中的双界面 SD 卡即可作为金融 IC 卡完成非接触支付功能。

基于单独支付硬件的技术方案由于其不依赖于 NFC 手机，因此在目前 NFC 手机未全面普及的情况下具有一定的市场应用，可作为 NFC 方案全面商用化前期的过渡型方案。

（三）条码支付方案

条码支付是互联网企业为线下实体商户提供的一种快捷、安全的现场支付解决方案。无须安装 POS 机，通过扫码方式完成支付。条码支付又可分为两种，一是商家直接通过已有收银系统或手机，扫描用户手机上的条形码或二维码即可向用户发起收银；二是用户扫描商家的条形码或二维码完成支付。随着信息技术的发展，出现了新的条码支付方案，典型代表为光子支付和声波支付。

光子支付：手机闪光灯一亮，就可以支付。光子支付解决方案基于智能光子技术，以光为支付介质，利用手机闪光灯，实现支付数据从手机到 POS 机的传输。用户端无需任何投入，只需安装应用软件即可使用。通过光子支付，用户可以体验到更便捷、安全和新颖的移动支付。

声波支付：则是利用声波的传输，完成两个设备的近场识别。其具体过程是，在第三方支付产品的手机客户端里，内置有"声波支付"功能，用户打开此功能后，用手机麦克风对准收款方（如售货机）的麦克风，手机会播放一段"咻咻咻"的声音。售货机听到这段声波之后就会自动处理，用户在自己手机上输入密码，售货机就会吐出商品。

条码支付提供了较好的便捷性，但也带来了一定的安全问题。

从本质上来讲，标准 NFC 技术方案是基于智能卡和手机的支付方案；基于单独支付硬件的技术方案都是基于传统智能卡的支付方案；而条码支付方案则同远场支付方案在工作模式上更为接近。在此，我们在技术层面上给出移动支付方案的分类，以便于后续的系统安全性分析，总体分类如图 5–3 所示：

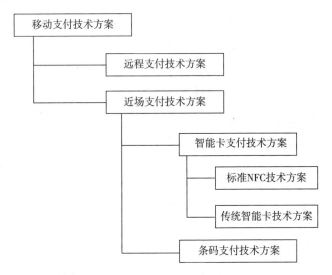

图 5–3 移动支付方案的技术分类

二、移动支付典型技术方案分析

近年来，随着第三方支付应用的普及，人们使用移动设备完成的交易数目逐年增长。并且随着 NFC 手机的出现以及智能 POS 终端的推广，各大手机厂商、移动运营商以及银行等纷纷加码 NFC 支付，使得移动支付安全、高效地发展。NFC 作为目前近场移动支付的主流标准一直处于快速发展的状态。鉴于此，本节对近场支付的几大典型支付方案：NFC–SWP、NFC–HCE、条码支付进行分析。

（一）NFC–SWP 技术方案分析

单线协议（Single Wire Protocol，SWP）是基于 NFC 技术的一种移动支付解决方案。它主要是连接手机 SIM 卡或者 SD 卡到 NFC 控制器之间的通信。SWP 方案有三种实现方式，分别是 NFC–SIM 方案、NFC–SD 方案以及全终端方案。

SWP 方案的 NFC 功能实现由两部分组成：NFC 模拟前端（NFC Con-troller 与天线）和安全芯片 SE。根据应用需求的不同，安全芯片可以是SIM、SD 或其他芯片。NFC‐SIM 方案的安全单元是 SIM 卡，NFC‐SD 的安全单元是 Micro SD 卡。安全芯片 SE 借助 NFC 模拟前端即可实现 SE 与读卡器间的数据通信。

SWP 方案和双界面卡方案、贴膜卡方案相比，其优势在于 SWP 相关规范属于国际规范，且产业链比较成熟，并且支持 NFC 技术的三种工作模式——卡模拟模式、读卡器模式以及点对点模式。目前 SWP 方案已有成熟技术要求和测试方法，其 ETSI 标准体系如图 5-4 所示。

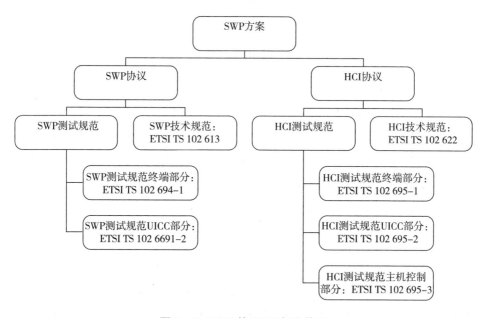

图 5-4　SWP 的 ETSI 标准体系

SWP 是由 Gemalto（金雅拓）公司提出的基于 C6 引脚的单线连接方案。图 5-5 是 SWP 方案连接示意图。

在 SWP 方案中，接口界面包括三根线：VCC（C1）、GND（C5）、SWP（C6），其中 SWP 一根信号线上基于电压和负载调制原理实现全双工通信，这样可以实现 SIM 卡在 ISO7816 界面定义下同时支持 7816 和 SWP

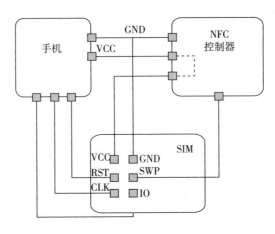

图 5 – 5　SWP 连接示意图

两个接口，并预留了扩展第三个高速（USB）接口的引脚。支持 SWP 的
SIM 卡必须同时支持 ISO 和 SWP 两个通信协议，并且这两部分需要独立管
理的，ISO 界面的 RST 信号不能对 SWP 部分产生影响。

　　图 5 – 6 是智能卡 SE 上的 SWP 协议栈的总体流程图。SWP 接口系统
为完成与 NFC 芯片的数据传输，底层使用 SWP 协议，上层使用 HCI 协议。
SWP 协议和 HCI 协议一起组成了 SWP 接口系统的协议栈。SWP 协议分为
MAC 层和 LLC 层，其中 MAC 层负责封帧和解帧，LLC 层实现帧的错误管
理和数据交互的控制。HCI 层规定了 UICC 与非接触通信模块（CLF）间
主控接口的技术要求。

　　SWP 接口依靠硬件中断驱动，SWP 接口没有被激活前，一直处于等
待中断的状态。通过 SWP 接口通信时，一旦检测到存在射频场，NFC 芯
片便被激活。NFC 芯片发送激活信号给 SIM 卡，以做好通信准备。此时，
软件设置通信参数，然后等待接收后续数据的中断，进行 SWP 接口的初
始激活过程。如果 SWP 接口初始激活成功，软件开始协商 SHDLC 协议的
滑动窗口大小并等待 SHDLC 链路的建立。当 SHDLC 链路建立成功后，
SWP 接口开始接收信息帧，并解析数据包；通过 HCP 的路由层把数据包
递交给应用层，应用层根据消息的类型进行相应的处理。

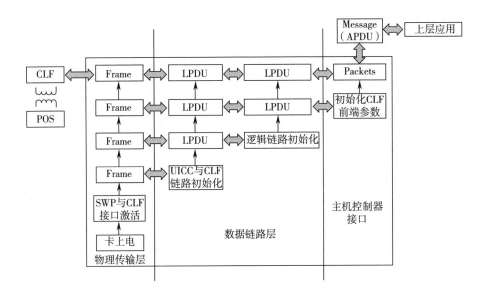

图 5 – 6　SWP 协议栈

目前，SWP 方案已经在业界得到了广泛应用。国内银联首推 SWP – SD 方案，国内三大运营商中国联通、中国电信、中国移动以 SWP – SIM 方案作为目标方案。

（二）NFC – HCE 技术方案分析

1. HCE 技术概述

主机卡模拟技术 HCE（Host Card Emulation），最初由美国初创公司 SimplyTapp 提出并开发。HCE 模式下，传统的 NFC 实体安全模块 SE 被远程托管的云端 SE（Cloud Secure Element 或 SE on the Cloud）所取代，移动设备即使没有 SE 模块也可以实现安全的 NFC 应用。2013 年 11 月，Google 发布的 Android 4.4 系统将 HCE 技术植入其中。同时，Google 将 Google 钱包与 HCE 技术相结合，应用在 Nexus 5 智能手机上。2014 年 2 月 19 日，VISA 宣布将基于 HCE 技术提供 VISA 账户的安全托管云服务，更新旗下非接支付标准 paywave 以兼容 HCE，并推出相应的软件开发包 SDK 供第三方开发基于云的支付和移动银行应用，未来还将整合 QR 码和应用内支付等功能。同日，万事达宣布将推出支持 HCE 的技术规范。

　　传统基于 SE 的卡模拟方案中，使用存储在 SE 中的应用程序模拟非接触卡片，NFC 控制器将所有指令数据发送至 SE 中的应用进行处理。基于主机的卡模拟（HCE）方案中，NFC 控制器将所有指令数据发送到直接运行应用程序的主机 CPU 中，通过主机程序进行处理，对请求作出响应。

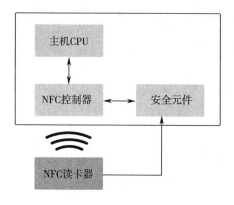

图 5 – 7　基于 SE 的工作方式

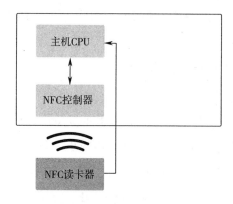

图 5 – 8　基于 HCE 的工作方式

　　2. HCE 移动支付技术分析

　　由于 HCE 方案中主机 CPU 并非物理安全载体，因此，基于 HCE 技术的支付方案需要进行额外的安全处理，以保障用户权益及系统的安全性。云端支付方案建议使用 EMV Tokenization 令牌化技术，采用支付令牌 Token

作为云端支付卡的卡号，用于代替关联银行卡的卡号。TSP（Tokenization Service Provider）系统可对外提供支付标记申请、更新等服务。在使用上，HCE 云端支付仅支持联机交易。云端支付架构在原有的跨行转接体系的基础上增加了移动应用、移动应用平台和云端支付平台。移动应用是指安装在移动设备上进行完成卡模拟的移动支付应用软件；移动应用平台是移动应用的后台管理服务器，主要负责移动应用与云端支付平台之间的数据转接和安全通道的建立；云端支付平台主要对移动应用端的交易凭证进行更新和管理，同时对云端支付账户进行管理操作。基于 HCE 技术的云端支付架构如图 5 – 9 所示。

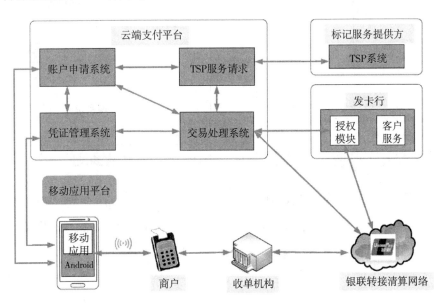

图 5 – 9　HCE 云端支付架构

首先，终端用户完成云端支付卡的注册和生成过程。云端支付卡申请过程中，用户根据提示录入相关信息，移动应用进行部分信息的客户端合法性校验。录入的信息包括了用户身份信息、绑定的卡片信息等。移动应用将用户信息和设备信息上传给云端支付平台。云端支付平台验证设备信息的正确性并将用户信息发送给发卡行进行用户校验，校验通过后云端支付平台完成云端支付卡的创建和存储。

其次，云端支付平台完成交易凭证的生成和下发过程。在用户身份校验正确后，云端支付平台会以 TR 身份向 TSP 申请 Token。同时，云端支付平台生成限制密钥信息，并将云端支付卡信息、限制密钥和风险参数通过安全信道发送给移动应用，移动应用存储下载信息并请求云端支付平台确认下载结果。经云端支付平台确认后，云端支付卡激活。激活成功后即可拍卡交易。图 5 - 10 描述了交易凭证在云端支付平台的生成、分散过程。

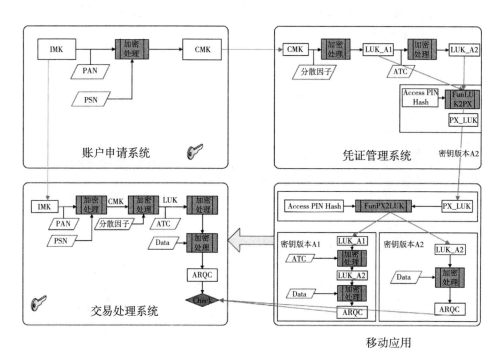

图 5 - 10 交易凭证生成过程

在交易凭证的生成过程中，云端支付平台的账户申请系统主要负责受理用户的云端支付卡账户的申请，并为云端支付卡创建卡片主密钥（CMK）。创建过程如图 5 - 10 所示，账户申请系统应根据发卡行提供的交易主密钥（IMK）对 PAN 及 PAN 序列号（PSN）进行分散计算得到卡片主密钥（CMK），并将 CMK 提供给云端支付平台的凭证管理系统；凭证管理系统使用卡片主密钥 CMK 对分散因子进行加密分散得到限制密钥（限制密钥 LUK 用于在 HCE 交易过程生成应用密文和交易验证）。HCE 云支付支持密钥版本 A1 和密钥版本 A2 两个版本的限制密钥生成机制。密钥版本 A1 可创建支持一密多次使用的限制密钥（LUK_A1），当使用次数或者使用时间超过阈值时，需要对限制密钥进行更新。密钥版本 A2 可以根据 ATC 值为移动应用创建一次性使用的限制密钥（LKK_A2）。而后，云端支付平台将限制密钥加密下发给终端移动应用，下发流程如图 5－11 所示。

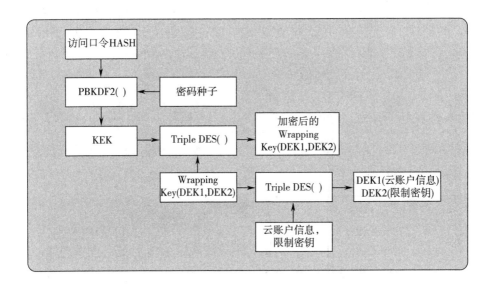

图 5－11　云端支付平台限制密钥下发

云端支付平台将交易凭证下载到移动应用后，在凭证有效期内，移动应用即可通过主机卡模拟方式来完成符合 PBOC 3.0 金融 IC 卡标准的借贷记应用。与传统基于物理 SE 的支付方案相比较，HCE 云端支付的移动应用无法对交易凭证和敏感信息提供物理性保护，因此，HCE 云端支付方案中对过程安全和存储安全进行了增强设计。

（三）条码支付技术分析

1. 条码支付技术分析

条码支付是互联网企业为线下实体商户提供的一种快捷、安全的现场支付解决方案。无须安装 POS 机，通过扫码方式完成支付。条码支付又可分为两种，一是商家直接通过已有收银系统或手机，扫描用户手机上的条形码或二维码即可向用户发起收银；二是用户扫描商家的条形码或二维码完成支付，这种方法在 2014 年被央行叫停。以支付宝为例，支付宝称第一种方式为条码支付，称第二种方式为扫码支付。

支付宝的条码支付分为免密支付和验密支付，其完整交易流程分别如下：条码支付（免密）流程见图 5 – 12；条码支付（验密）流程见图 5 – 13。

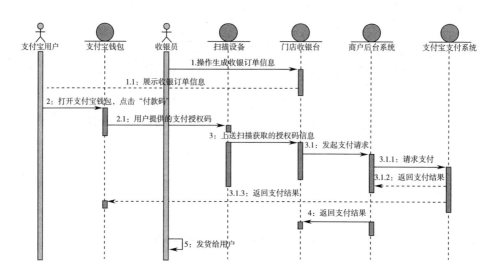

图 5 – 12　支付宝免密条码支付流程

支付宝条码支付中，交易请求采取 POST 方式提交，交易内容通过键值对（Key – Value）的形式作为参数传入。交易终端将所有 POST 参数进行字典排序、组成字符串，使用应用开发者私钥进行 RSA 签名后经 HTTPS

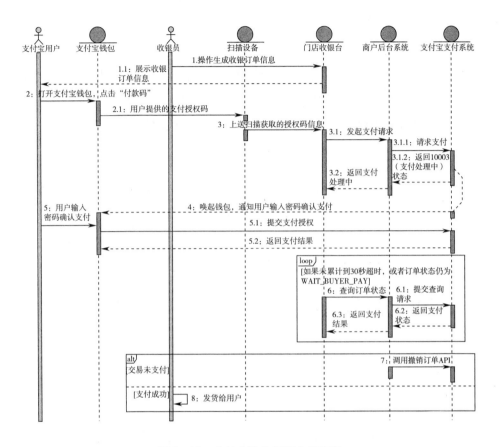

图 5 – 13　支付宝验密条码支付流程

发送到支付网关。

　　收到交易请求后，支付宝后台交易系统会发送支付结果回传信息。回传信息使用支付宝私钥进行 RSA 签名，商户应用收到消息后可使用支付宝 RSA 公钥进行验签。同时，支付宝会将交易结果发送到用户支付宝客户端。

2. 支付便捷性分析

　　条码支付在支付便捷性方面的优势在于：支付更加便捷，只需要完成银行卡与支付宝账户的第一次绑定之后，便可以小额免密支付，付款速度比刷卡支付方式有很大程度提升。尤其是在超市、便利店等场所，加快了付款速度，减少了排队等候时间；可以通过软件直接记录自己的消费情况，即时生成账单，便于自身财务规划；可以免予携带银行卡或现金。

条码支付在支付便捷性方面的劣势在于：支付需要用户和商户都联网才能完成，当用户在不具备上网条件的情况下就不能付款；扫码支付要借助手机这一工具，如果手机没电了就不能支付了；支付限额使得扫码支付更多地应用于小额支付，大额支付还需要借助实体银行卡等工具。

第三节　移动支付安全

一、移动支付面临的主要安全问题

移动支付安全系统的设计和实施难度较高，主要体现在以下四个方面[①]：

一是移动支付场景和技术方案多样化。不同的场景和方案面临的安全需求和安全问题各不相同，导致移动支付的安全体系构建十分复杂，安全测评的难度也十分大。

二是移动支付应用的安全性。由于智能手机的操作系统及其 APP 存在各种漏洞、病毒和木马问题，移动支付应用的安全性受到严峻挑战。

三是移动支付多方身份的可认证性。移动支付交易根据不同的场景往往涉及个人、商户、第三方支付、银行等多个参与方，因此，必须有效解决交易各方的身份认证问题。而交易过程中的身份认证问题又可分为用户的身份认证和设备的身份认证。

四是移动支付信息的机密性、完整性和不可否认性。商家和用户在公用网络上传送的敏感信息易被他人窃取、滥用和非法篡改，造成损失，所以必须实现信息传输的机密性和完整性，并确保交易的不可否认性。

---

① 移动支付安全技术对数字货币的借鉴 [J]. 中国金融，2016（17）：41-42.

二、现有移动支付的安全防护技术

（一）远程支付技术方案的安全防护技术

远程支付中，终端 APP 多通过 TLS/SSL 协议完成用户和远程服务器间的网络安全连接，通过数字证书实现双端身份认证，并使用协商的对称会话密钥，对后续传输的交易信息进行加密和完整性保护。

此类方案的核心安全问题在于私钥的存储问题。目前大多数的方案中，私钥是以文件的形式保存在手机本地的，然而面对操作系统漏洞、木马等威胁，此类方式存在很大的安全隐患。为了解决这一问题，目前也出现了基于手机 Key、安全元件 SE 以及可信执行环境 TEE 的解决方案。未来，为移动终端提供更为便捷和安全可信的软硬件计算环境（或设备）将成为重要的发展方向。

（二）基于单独支付硬件技术方案的安全防护技术

单独支付硬件（如 IC 卡）提供了一种基于芯片技术的支付安全解决方案，它借助于 IC 卡所提供的安全计算和安全存储能力，可构建高安全性的支付体系。在此类方案中，移动支付完全由支付硬件独立完成，其安全性不依赖于手机环境，等同于金融 IC 卡。

在身份认证方面，用户身份认证多通过口令 + 签名的方式来完成。设备身份认证又可分为发卡行认证和卡片认证两种。IC 卡对发卡行的认证采用基于对称密码算法的挑战响应协议来实现；终端对卡片的认证则通过 IC 卡使用卡内私钥对卡片数据和终端挑战值进行数字签名来实现。这一方法被称为动态数据认证。动态数据认证方法可有效地防止银行卡的复制伪造。

在信息机密性方面，终端和服务器通过派生出相同的过程密钥，对交互数据进行加密保护，如金融 IC 卡发卡行脚本的加密方法。

在实现信息完整性方面，主要有两种方法：一是数字签名技术，如金融 IC 卡中的静态数据认证方法即通过数字签名来保证卡片数据的完整性；

二是消息认证码技术，如交易交互数据的保护多采用基于对称密码算法的消息认证码技术。

在交易不可否认性方面，数字签名技术可以提供有效保证。如金融IC卡的复合动态数据认证，使用卡片私钥完成对重要交易数据的签名认证。

（三）标准 NFC 技术方案的安全防护技术

银联云闪付、Apple Pay 和 Samsung Pay 都是典型的标准 NFC 技术方案（基于智能卡和手机的支付方案）。因此，手机中的安全元件（Secure Element，SE）与交易终端的交互安全问题同传统智能卡方案基本一致。不同点在于它充分利用了智能手机的功能和交易特点来有效地提高用户支付的安全性和便捷性，这主要体现在四个方面：

一是支付标记化（Payment Tokenization）技术。它通过支付标记（token）代替银行卡卡号进行交易，同时确保该 token 的应用被限定在特定的商户、渠道或设备，从而避免卡号信息泄露所带来的风险。

二是多因素身份认证。Apple Pay 等充分利用了手机端的指纹识别功能，将生物特征识别引入了持卡人身份认证过程，并且基于可信执行环境（Trusted Execution Environment，TEE）技术，提供了生物特征信息手机端的安全存储和比对，以确保用户隐私。

三是 TEE 技术。TEE 提供了良好的安全隔离机制。它独立运行于通用操作系统之外，并向其提供安全服务。ARM 芯片中的 Trust Zone 和苹果手机中的 Secure Enclave 都是 TEE 技术的典型代表。

四是基于纯软件的本地安全存储技术，在主机卡模拟（Host – based Card Emulation，HCE）方案中得到了应用。首先，HCE 引入了限制密钥的概念，密钥使用次数和周期受限并定期更新，从而降低密钥存储的风险；其次，通过基于口令的密钥派生方法和白盒密码技术对敏感数据进行加密存储，以保障数据的机密性。

（四）条码支付方案的安全防护技术

条码支付方案从安全技术的角度看，尚存在较大的风险和隐患。

在身份认证方面，目前的条码支付多依赖于用户登录 APP 的用户名/口令。由于条码读取方和条码生成器之间为单向信息传输，因此不存在设备间的双向身份认证，难以避免设备伪造问题。

在信息机密性方面，条码支付存在交易介质可视化问题。在交易过程中二维码被公开呈现，这增加了敏感信息被非法截取及转发的风险。

在信息完整性方面，条码支付凭借二维码及商户提供的信息创建线上订单，并非传统方案中在线下建立订单后使用密码学机制进行完整性保护后上送，存在伪造线下交易场景、订单被篡改的风险。

在交易不可否认性方面，条码支付无用户对交易信息的签名，无法保证交易的不可否认性。

基于条码本身的技术局限性，目前条码支付的安全方案更多的是结合一些系统级的安全策略来降低风险，比如，每一个条码仅允许一次支付并且必须在一定的时间内有效，仅在一定的额度范围内允许无口令支付，和终端硬件进行一定的支付绑定等。

三、移动支付安全技术展望

移动支付天然具有的便利性，将使其成为未来的主流支付方式。央行发行数字货币也需要结合这一趋势，探索数字货币流通与移动支付的融合模式。然而，我们也必须意识到，目前移动互联网的安全问题层出不穷，客观上也对移动支付的安全产生了严重影响。因此，在未来法定数字货币的移动支付安全方面，必须建立涵盖底层硬件安全、终端应用安全、通信安全、场景安全和平台安全的保障体系，全方位、多层次、立体化地构筑金融安全防护网。具体讲，应包括以下四个方面：

第一，支付安全的问题应从交易过程的多环节、多视角考虑。单一环节的安全增强不能解决总体问题。同时，支付安全不仅是技术问题，也是安全管理、用户心理和使用习惯问题。

第二，终端作为移动支付的重要载体，其安全性应高度关注。基于智能卡的支付必然具有更高的安全性，同时也需引入 TEE、生物识别等新的安全机制来提高交易终端的安全性。

第三，随着密码算法和密码货币技术的不断发展，我们应引入新的密码机制和协议设计方法，积极推进国产密码算法的应用，实现金融系统关键技术的安全可控。

第四，支付技术和应用场景的深度融合，必然会带来支付生活全景大数据的显著增长。应充分认识到支付大数据所带来的风险和机遇，一方面通过采用如支付标记化技术来更好地保护用户隐私，另一方面也应充分利用后台大数据分析来实现更好的风险管控。

第六章　数字货币技术基础：其他技术

　　央行数字货币可在后台云端利用可信云技术，前台利用芯片技术，传输过程采用信道安全技术，从而实现数字货币交易过程中的端到端的安全。因此，对可信云计算和可信执行环境（TEE）技术的研究就显得尤为重要。本章第一节和第二节分别深入剖析了可信云计算和可信执行环境（TEE）技术。

　　此外，随着量子通信技术和量子信息处理技术的日渐成熟，业界已经能看到量子货币实现的一丝曙光。鉴于此，本章第三节首先介绍了量子货币的背景与概念，进而分析量子货币相对经典货币的主要优势。之后从双花问题入手，详细介绍了引入量子货币的原因以及量子货币对双花问题的解决方案，最后总结出目前学术界对量子货币这个新兴方向的一些核心问题。

第一节　可信云计算

一、可信云计算的概念

　　云计算是继分布式计算、网格计算、对等计算之后的一种新型计算模式。它以按需服务为理念，通过分布式资源的深度整合和高效利用，构建应对多种服务要求的计算环境，使用户通过网络访问即可获得服务资源，实现系统管理维护与服务使用的解耦，成为计算机技术发展的热点。

然而，随着云计算用户和服务内容的爆炸式增长，安全风险日益突出，可信成为了云计算不可或缺的关键要素。主要体现为以下方面：

一是资源共享需要相应的可信机制安排。资源的共享实现了服务成本下降和可扩展性提高，但同时也给安全带来了巨大挑战。一方面，共享系统为安全风险的快速蔓延提供了条件；另一方面，多租户共享的特征给恶意租户攻击其他租户或自私租户恶意抢占资源提供了便利。如常见的安全威胁包括：恶意租户使用侧信道（Side Channel）方法探测运行在同一主机上其他租户的隐私数据；通过抢占大量资源致使其他租户的服务不可用等①。

二是多租户特点需要可信角色关系的保证。一方面，云端管理租户的定制应用，降低了租户对数据处理过程的可控性，为防止提供商利用其特权窃取租户的隐私信息，系统应具有相应机制保证租户和提供商间的可信关系。另一方面，租户间的数据共享和传输依赖于租户设置的访问控制协议，为防止数据的恶意篡改和泄露，需要提供必要的手段保证租户间的可信关系。此外，提供商对第三方软件的安全性难以实现完全认证，为防止恶意代码对系统的影响，建立相应机制保证第三方软件的可信性也是必不可少。

三是用户需要个性化、多层次的可信服务。根据定制的服务模式、服务内容，租户对云计算系统具有相应的安全性需求，因此借鉴 SOA（Service Oriented Architecture）理念，把安全作为一种服务，支持用户定制化的安全即服务的云计算安全架构得到了广泛的关注。为满足个性化和层次化的需求，云计算系统应综合考虑服务特性、复杂度、可扩展性、经济性等因素，设置具有较高灵活度且明确的安全保障机制的定制模块，为租户的选择提供便利。为此，各层面的保障机制应分别满足下列要求：软件即服

---

① 林闯，苏文博，孟坤等．云计算安全：架构、机制与模型评价［J］．计算机学报，2013，36（9）：1765－1784.

务（Software as a Service，SaaS）需要提供对企业更加透明的数据存储和安全方案；平台即服务（Platform as a Service，PaaS）应具有完善的访问控制机制防止平台被黑客利用；基础设施即服务（Infrastructure as a Service，IaaS）应实现数据存储、资源利用的合理性和安全性；硬件即服务（Hardware as a Service，HaaS）则应关注硬件的性能和数据的泄露。

因此，将可信计算技术融入云计算环境，以可信赖方式提供云服务的可信云计算模式，成为了云计算研究领域的一大热点。Santos 等人[1]提出一种可信云计算平台 TCCP。基于此平台，IaaS 服务商可以向其用户提供一个密闭的箱式执行环境，保证客户虚拟机运行的机密性。另外，它允许用户在启动虚拟机前检验 Iaas 服务商的服务是否安全。Bugiel 等人[2]认为，可信计算技术提供了可信的软件和硬件以及证明自身行为可信的机制，可以被用来解决外包数据的机密性和完整性问题。他们设计了一种可信软件令牌，将其与一个安全功能验证模块相互绑定，以求在不泄露任何信息的前提条件下，对外包的敏感（加密）数据执行各种功能操作。

基于已有研究，并根据 Bernstein 对可信系统的定义[3]以及 Avizienis 总结的可信性指标[4]，可将可信云计算定义为"在出现人为和系统错误、恶意攻击以及设计和实现缺陷的情况下，仍可以按预期完成任务的云计算模式"，它应具备六大属性：一是可用性（Availability），即正常提供服务的能力；二是可靠性（Reliability），即提供正确服务的连续性；三是可生存性（Survivability），即抵御非正常操作的能力，比如在遭受攻击、故障或意外事故时，仍能提供关键服务的能力；四是可维护性（Maintainability），

---

① Santos N, Gummadi K P, Rodrigues R. Towards Trusted Cloud Computing [J]. HotCloud, 2009, 9 (9): 3.

② Bugiel S, Nurnberger S, Sadeghi A, et al. TwinClouds: an Architecture for Secure Cloud Computing [C] //Workshop on Cryptography and Security in Clouds（WCSC 2011）. 2011, 1217889.

③ Bernstein L. Trustworthy Software Systems [J]. ACM SIGSOFT Software Engineering Notes, 2005, 30 (1): 4 - 5.

④ Avizienis A, Laprie J C, Randell B, et al. Basic Concepts and Taxonomy of Dependable and Secure Computing [J]. IEEE Transactions on Dependable and Secure Computing, 2004, 1 (1): 11 - 33.

即更新和维护的难易程度和影响范围；五是可扩展性（Scalability），即强调应对负载变化自我调节和适应的能力；六是安全性（Security），强调抵御恶意攻击的能力。其中，安全性是最为关键的属性，因此，本节着重讨论可信云计算的安全机制和安全架构。

二、可信云计算的安全机制

根据云计算应用的全生命周期，可信云计算的安全机制包含安全测试机制、认证与访问控制机制、安全隔离机制、安全监控机制、安全恢复机制等5个方面[①]。

（一）测试机制

测试与验证是及时发现安全隐患与缺陷的有效手段之一，常应用于服务上线前或运行中。传统软件的安全测试已被证明是极具挑战性的问题，云计算环境的复杂性更加剧了测试的难度。目前适用于云计算的安全测试机制有三种：基于 Web 的测试机制、增量测试机制和自动化测试机制。

1. 基于 Web 的测试机制

借鉴传统软件的 Web 测试方法，目前已形成了多种针对云计算应用的测试方法。上线前，基于模型的 Web 测试方法可采用工作流的方式构建测试与分析模型，实现代码的安全性测试，典型的技术包括基于 Petri 网的形式化建模和分析技术、模型检查技术、基于模型的 Web 测试技术等[②]；基于测试用例的方法往往采用渗透测试来验证代码的安全性，典型代表包括

---

① 本部分内容参考了林闯等的研究．见林闯，苏文博，孟坤等．云计算安全：架构、机制与模型评价［J］．计算机学报，2013，36（9）：1765－1784.

② Kallepalli C，Tian J. Measuring and Modeling Usage and Reliability for Statistical Web Testing［J］. IEEE Transactions on Software Engineering, 2001, 27（11）：1023－1036.

多层次可信的软件错误定位方法①、面向可信性的测试策略和集成方法②。运行中，主要通过实时的数据收集采用统计或基于模型的方法进行测试，典型代表是基于测试和验证数据进行可信性评估和预测的方法③。

2. 增量测试机制

增量测试方法常被应用于复杂软件系统的测试与分析，通过设计合理的测试流程降低测试的复杂度。常采用的增量测试方法包括基于功能模块的增量测试和基于测试范围的增量测试。

对于前者，在确定需要测试的功能模块后，在测试期间可以保证云计算服务是不间断的，并以在线的方式进行不断的验证和测试，记录用户访问和数据更新情况，作为测试用例实时地进行安全分析和测试，通过分析得到的潜在漏洞采用放大测试和修补测试的方法，进一步确认其存在性和修补措施④。

对于后者，主要通过从有限范围内测试逐步扩展到全局测试的思路实现，该机制的典型代表为增量发布方法，即新版本首先在小范围的用户中使用，只有当小范围用户使用成功后才逐步扩大新版本的使用范围⑤。

3. 自动化测试机制

针对云计算服务来源多样、定制灵活等特点，Whittaker（2008）探讨

① Halfond W G J, Anand S, Orso A. Precise Interface Identification to Improve Testing and Analysis of Web Applications [C] //Proceedings of the Eighteenth International Symposium on Software Testing and Analysis. ACM, 2009: 285 – 296.

② Michael J B, Drusinsky D, Otani T W, et al. Verification and Validation for Trustworthy Software Systems [J]. IEEE Software, 2011, 28 (6): 86 – 92.

③ Davila – Nicanor L, Mejia – Alvarez P. Reliability Improvement of Web – based Software Applications [C] //Quality Software, QSIC 2004. Proceedings Fourth International Conference on. IEEE, 2004: 180 – 188.

④ Tsai W T, Zhong P, Balasooriya J, et al. an Approach for Service Composition and Testing for Cloud Computing [C] //Autonomous Decentralized Systems (ISADS), 2011 10th International Symposium on. IEEE, 2011: 631 – 636.

⑤ Gu L, Cheung S C. Constructing and Testing Privacy – aware Services in a Cloud Computing Environment: Challenges and Opportunities [C] //Proceedings of the First Asia – Pacific Symposium on Internetware. ACM, 2009: 2.

了微软与谷歌中开发人员和测试人员的比例，并根据业务的不同分析了人员分工比例，指出由于业务类型和测试重点的不同，各种业务可以采用不同程度的自动化或工具辅助的测试[1]。King（2010）提出了将自动化自测试方法向云计算环境中迁移的思路，对云计算环境中的代码测试方法进行了分析，为实现云计算的在线测试提供了理论基础[2]，Zech（2011）提出了模型驱动的云计算安全测试方法，通过建立基于 UML 概念的系统模型，可以实现自动风险分析以及错误用例削减[3]。

（二）认证与授权机制

有效的认证与授权机制是避免服务劫持、防止服务滥用等安全威胁的基本手段之一，也是云计算开放环境中最为重要的安全防护手段之一。该类机制从使用主体的角度给出一种安全保障方法，可分为以服务为中心的认证授权和以租户为中心的认证授权。

1. 服务为中心的认证授权

把使用服务的权限分为不同的角色，通过设置相应的认证完成对请求身份的验证和授权是该机制的基本思想。基本流程是：云计算提供商接收到服务请求时，询问租户是否为有效的身份信息，如果有效则提供完整的认证与授权管理；否则，需要建立身份信息和认证授权信息。整个过程中，云计算提供商可以独立完成认证，也可以委托或利用第三方机构的系统完成认证。具体认证授权过程中，每个租户通常由多个用户组成，尤其在 SaaS 应用中，认证授权需要应用到用户级别。租户管理员根据用户业务功能确定其角色。用户在访问租户选择的功能模块时，需要根据角色获得对应的权限。针对这些特性，Li 等（2010）提出了一种基于 RBAC

---

① Whittaker J. Google vs. Microsoft, and the Dev: Test Ratio Debate [R]. 2008.

② King T M, Ganti A S. Migrating Autonomic Self – testing to the Cloud [C] //Software Testing, Verification, and Validation Workshops (ICSTW), 2010 Third International Conference on. IEEE, 2010: 438 – 443.

③ Zech P. Risk – based Security Testing in Cloud Computing Environments [C] //Software Testing, Verification and Validation (ICST), 2011 IEEE Fourth International Conference on. IEEE, 2011: 411 – 414.

（Role – Based Access Controls）模型的多租户访问控制解决方案，以解决多租户之间角色冲突、租户访问控制异构等问题[①]。

2. 租户为中心的认证授权

云计算环境中，租户可能定制来自不同管理域的服务，仅采用基于服务的认证和授权，势必导致其认证过程的繁琐，影响租户的使用体验，而基于租户的认证旨在简化该过程，通过联合认证的方法在保证安全性的同时提高租户的使用体验。此外，具有跨级跨域等特点的云计算服务，需要把用户的身份信息交由可信的第三方维护管理，若所有签约服务都采用租户唯一绑定的身份和授权信息实现服务的提供，可以最大限度地消除租户拥有多个账号和密码可能造成的安全隐患。

目前，OpenId 和 SAML 等身份认证协议已经可以实现上述功能，并且得到了广泛应用。Oauth 作为 OpenId 的补充实现了更为灵活的跨域访问控制，用户只需要提供一个令牌而不是用户名和密码，就可以授权服务在特定时间内访问其他服务的部分信息，进一步简化了认证流程。

（三）隔离机制

隔离一方面保证租户的信息运行于封闭且安全的范围内，方便提供商的管理；另一方面避免了租户间的相互影响，减少了租户误操作或受到恶意攻击对整个系统带来的安全风险。安全隔离机制可分为网络隔离机制和存储隔离机制。

1. 网络隔离机制

网络隔离可以从物理和逻辑两个层面实现。物理隔离需要网络设备的支持，比如基于 OpenSwitch 和 CiscoNexus1000v 的物理交换机的虚拟化功能，除了可以实现通信隔离之外，还能实现访问控制管理等安全保障。逻辑层的隔离则可通过不同的网络协议层实现，例如 Jiang 等（2004）从网

---

① Li D, Liu C, Wei Q, et al. RBAC – based Access Control for SaaS Systems ［C］//Information Engineering and Computer Science (ICIECS), 2nd International Conference on. IEEE, 2010: 1 – 4.

络应用层提出了一种实现隔离的方案 Violin①。更多针对云计算环境的网络隔离机制，可以参考 Bari 等（2013）的网络虚拟化技术综述②。

2. 存储隔离机制

在存储逻辑上，Oracle 提出数据库隔离需要考虑安全、操作、容错以及资源等多方面因素。比如，是每个租户应该拥有一个数据库，还是所有租户共用一个数据库，甚至是每个租户仅拥有数据库表中的若干行。虽然这些方式都可以支持多租户特性，但是其安全性以及效率各不相同。理论上每个租户都有独立的数据库和定制化存储模式是最好的安全方式，但是云计算还需要考虑资源的利用率，Nist 从 SaaS 服务的角度定性地分析了两种存储模式隔离与效率之间的平衡关系。另外，微软定量地研究了数据从完全隔离到共享这一连续过程中的安全和效率情况，并在考虑了一些技术和商业因素的基础上，提出了可扩展的安全数据存储模式③。

（四）监控机制

监控是租户及时知晓服务状态以及提供商了解系统运行状态的必要手段，可以为系统安全运行提供数据支撑。常见的云计算监控机制包括软件内部监控和虚拟化环境监控两种。

1. 软件内部监控机制

云计算的动态环境下，软件的安全问题需要从事后维护向事前设计、主动监控转移，形成动态的安全控制方法。然而，云计算分布式、去中心化等的特性对软件监测技术带来了挑战，研究者致力于开发切合这些特性的高效软件监控技术，例如美国佐治亚理工大学提出软件断层（Software Tomography）技术，将复杂的分布式软件监控任务分解，划分给同一监控

① Jiang X, Xu D. Violin: Virtual Internetworking on Overlay Infrastructure [C] //International Symposium on Parallel and Distributed Processing and Applications. Springer, Berlin, Heidelberg, 2004: 937 – 946.
② Bari M F, Boutaba R, Esteves R, et al. DataCenter Network Virtualization: A Survey [J]. IEEE Communications Surveys & Tutorials, 2013, 15 (2): 909 – 928.
③ Badger L, Grance T, Patt – Corner R, et al. Draft Cloud Computing Synopsis and Recommendations [J]. NIST Special Publication, 2011, 800: 146.

目标的多个实例，从而有效减少单一监控目标由于监控所带来的性能损失①；美国俄亥俄州立大学 Issos 系统提供了对并行（多处理器）和分布式（集群）系统的运行时监控支持，用户能够为监控操作定义时间约束，并能够更改运行时监控的属性值②，而 Google 的 Dapper③ 和 Berkeley 的 Pinpoint④ 在软件和通信协议中注入探针，通过跟踪运行时软件调用路径的方法，进行系统性能瓶颈的分析，这样的方法同样适用于安全问题的监控。

2. 虚拟化环境监控机制

云计算 IaaS 服务中，租户的使用权限更高，提供商难以对租户的行为进行管理，因此需要针对虚拟化的监控与分析机制，方法包括静态分析监控方法和动态分析监控方法。

静态分析监控方法可以将安全监控工具置于独立的受保护空间中，从而保证监控的良好运行，但是不能对操作系统的行为，即事件操作进行监控。动态分析监控方法可分为修改操作系统内核和无需修改系统内核的两类方法。修改操作系统内核方法对事件行为的监控，可通过在操作系统中植入钩子实现，当触发钩子时，钩子中断系统并进行相关操作，但是，这种分析监控技术最大的问题是需要修改系统内核，带来了许多不便。动态分析监控方法无需修改系统内核，通过跟踪系统进程间的信息流，进行入侵检测和病毒清除⑤，或利用跟踪可疑来源数据（如网络数据）导致的控

---

① Bowring J, Orso A, Harrold M J. Monitoring Deployed Software Using Software Tomography [C] // ACM SIGSOFT Software Engineering Notes. ACM, 2002, 28 (1): 2 – 9.

② Ogle D M, Schwan K, Snodgrass R. Application – dependent Dynamic Monitoring of Distributed and Parallel Systems [J]. IEEE Transactions on Parallel and Distributed Systems, 1993, 4 (7): 762 – 778.

③ Sigelman B H, Barroso L A, Burrows M, et al. Dapper, aLarge – scale Distributed Systems Tracing Infrastructure [R]. Technical Report, Google, Inc, 2010.

④ Chen M Y, Kiciman E, Fratkin E, et al. Pinpoint: Problem Determination in Large, Dynamic Internet Services [C] //Dependable Systems and Networks, DSN 2002. Proceedings. International Conference on. IEEE, 2002: 595 – 604.

⑤ Hsu F, Chen H, Ristenpart T, et al. Back to the Future: a Framework for Automatic Malware Removal and System Repair [C] //Computer Security Applications Conference, ACSAC'06. 22nd Annual. IEEE, 2006: 257 – 268.

制流变化进行检测①。

（五）恢复机制

恢复（或修复）机制是保证服务可靠性和可用性的重要手段，是典型的事后反应机制。云计算环境的安全恢复机制需要针对进程级、软件级、平台级和基础架构级不同的服务层次，应用相应的恢复技术，通过确定不同级别程序和租户行为的依赖关系，实现更加高效的系统恢复。根据技术涉及的范围可以分为整体恢复机制和局部恢复机制。

1. 整体恢复机制

系统恢复是恶意软件防御中的一个重要研究方向。许多恢复方法关注的重点在于恢复持久性数据和删除恶意软件。Goel 等（2005）设计的 Taser 系统可以在发生攻击或者本地故障之后选择性地恢复合法的文件，通过自动解析规则克服了无法准确确定污染操作及其影响的问题。② Prabhakaran 等（2005）提出了文件块级的语义分析方法和语义跟踪重放方法，不仅可以帮助用户更好地理解文件系统行为，也可以实现文件系统的恢复③。

2. 局部恢复机制

对于局部恢复技术，Qin 等（2005）提出了一项创新的安全技术 RX，可以从确定性和非确定性的 bug 中快速恢复程序，并且可以提供 bug 的诊断信息④；Srinivasan 等（2004）提出的 Flashback 是一项轻量级细粒度的回滚和重放技术，通过记录进程内存状态以及进程与系统的交互关系实现回滚和重放⑤。

---

① Provos N. Improving Host Security with System Call Policies ［C］//USENIX Security Symposium. 2003：257 –272.

② Goel A, Po K, Farhadi K, et al. the Taser Intrusion Recovery System ［C］//ACM SIGOPS Operating Systems Review. ACM, 2005, 39（5）：163 –176.

③ Prabhakaran V, Arpaci – Dusseau A C, Arpaci – Dusseau R H. Analysis and Evolution of Journaling File Systems ［C］//USENIX Annual Technical Conference, General Track. 2005, 194：196 –215.

④ Qin F, Tucek J, Sundaresan J, et al. Rx：Treating Bugs as Allergies—a Safe Method to Survive Software Failures ［C］//Acm Sigops Operating Systems Review. ACM, 2005, 39（5）：235 –248.

⑤ Srinivasan S M, Kandula S, Andrews C R, et al. Flashback：A lightweight Extension for Rollback and Deterministic Replay for Software Debugging ［C］//USENIX Annual Technical Conference, General Track. 2004：29 –44.

三、可信云计算的安全架构

为了应对云计算技术所面临的安全风险，可将可信云计算技术引入云架构安全体系中，构建可信云架构来解决云计算中的安全问题。

可信云架构是由云计算环境中各计算节点的所有可信元件集成的分布式云可信系统，该系统由管理中心统一管控，可以作为云安全体系的核心，为云安全提供可信支撑和主动可信监控功能。基于可信云架构构建云安全体系，需要首先在云环境的计算节点上以可信根、可信硬件、可信基础支撑软件（以下简称可信基础软件）和节点安全机制组合构建可信计算基，再将各节点的可信根、可信硬件、可信基础软件通过可信连接组合成一个可信云架构，最后依托可信云架构将各节点可信计算基集成为一个云安全体系[①]。

（一）计算节点可信架构

对云环境的物理机节点而言，可信根一般使用镶嵌在系统主板上，有物理保护功能的安全芯片，芯片内部实现密码算法引擎、安全存储功能、随机数发生器和可信处理逻辑，对外提供标准的接口。信任链的传递则是以密码技术为基础，以信任根为可信源头，可信主板为平台，可信基础软件为核心，实现信任链从信任根到整个网络环境的扩展。而对云环境的虚拟机节点而言，物理可信根并不存在，可信根只能是在物理可信根的支持下，以虚拟方式实现的虚拟可信根，虚拟可信根需要通过宿主系统上的可信链传递来保证其可信性。虚拟机内部的可信链传递过程则与物理机相同。云环境可信扩展过程与物理机节点类似。

云环境节点的可信链构建完成后，可以以可信基础软件为核心，通过主动监控机制与节点系统上的各种安全机制耦合，组成节点系统的可信计算

[①] 云计算可信架构研究项目组．云计算可信架构研究报告［R］．中国工程院咨询研究项目，2012.

基。主动监控机制可以监测应用运行环境中的安全事件，并调度节点系统安全机制采取应对措施。图6-1说明了云环境节点的可信计算框架组成。

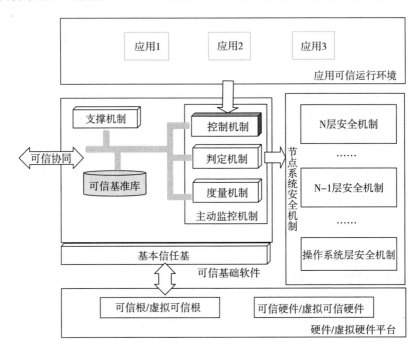

图6-1 节点可信计算框架组成

1. 可信根

可信根是物理保护的可信芯片，内部有密码算法引擎、可信裁决逻辑、可信存储寄存器及随机数发生器等部件，可以向节点提供可信度量、可信存储、可信报告等可信功能，是节点信任链的起点。在虚拟化环境中，为了确保虚拟节点的可信性，需要在物理可信根的基础上进行虚拟化，为每一个虚拟节点派生虚拟可信根。虚拟可信根是虚拟化节点信任链的起点，其自身的可信性由宿主机的可信链传递来实现，其内部功能则通过物理的可信根和可信硬件提供的可信计算资源来实现。虚拟可信根向虚拟化节点提供可信度量、可信存储、可信报告等可信功能。

2. 可信硬件

可信硬件是支持可信计算功能的硬件组合。计算节点在启动时，应使用可信根度量这些基础可信硬件，并在这些可信硬件未通过度量时，禁止节点的启动。如可信根可以在主板加电前度量主板的 Bios 和基础设备配置，并在度量未通过时，控制主板上的开关，禁止主板正常工作。同样，在云计算环境中，为了支持节点虚拟化，需要在这些可信硬件基础上虚拟化出虚拟的可信硬件，虚拟可信硬件由物理平台的高可信级别安全机制保护可信功能的正确实施。

3. 节点安全机制

节点安全机制是节点中实现安全功能的部件集合。这些安全机制可以根据其相互间的依赖关系划分出层次，最底层的安全机制仅依赖硬件和基本信任基提供的安全功能而运行，上层的安全机制则需依赖下层安全机制提供对安全机制自身的保障和底层安全服务。当某一层的安全机制不能保证其可信性时，该层之上的安全机制均受到影响，而该层之下的安全机制仍可继续运行。

一般而言，最底层的安全机制为操作系统中的隔离机制，如 Linux 操作系统中的内核层与应用层的隔离机制，以及各应用进程的隔离机制等。再上一层则为操作系统环境中的访问控制机制，这两层安全机制是系统中其他安全机制的基础。由此往上还可有安全中间件和系统安全服务等安全机制层次，根据安全机制间相互的调用和服务关系，这些层次内部还可以进行进一步的层次划分。

在以可信基础软件为核心的云节点可信计算基结构中，安全机制部分主要是预设的一系列安全响应流程和安全实施机制。安全响应流程可以响应可信基础软件所提供的操作命令和当前系统可信状态信息，并根据这些信息确定具体的安全策略。安全实施机制则根据安全策略执行安全功能。可信基础软件可以统一管理和调度安全响应流程，以便于不同安全机制的联动及其与其他节点安全机制的集成。

4. 可信基础软件

节点可信基础软件管理和调度节点可信计算基中的安全子流程，并且对可信计算基实施安全保障。节点可信基础软件由基本信任基、可信支撑机制、可信基准库和主动监控机制组成。

节点的基本信任基是节点启动时首先执行的可信度量软件，如可信引导程序，其功能是保障系统可信计算基初态的可信性。它们在节点启动时首先执行，从 Bios 中接过系统的控制权，验证系统初态的可信性，并在验证通过后，将控制权转交给信息系统。

可信支撑机制向应用系统传递可信硬件和可信基础软件的可信支持功能，如可信度量、可信存储和可信报告的服务接口等，并将可信管理信息传送给可信基础软件内部以及可信基准库中，供可信基础软件使用。

可信基准库存放节点各对象的可信基准值和预定控制策略，可信支撑机制和主动监控机制中的度量机制可以用可信基准值与度量对象的可信信息比对，并据此判定度量对象的可信状态。主动监控机制中的判定机制则可以依据可信状态和预定控制策略，实施安全控制措施。

主动监控机制实现对应用环境中行为监测—根据监测数据度量应用环境可信状态—根据可信状态确定安全应对措施，并调度安全机制执行应对措施的过程。主动监控机制根据其功能可以拆分成控制机制、度量机制和决策机制。控制机制主动截获应用系统发出的系统调用，它既可以在截获点提取监测信息提交可信度量机制，也可以依据判定机制的决策，在截获点实施控制措施。度量机制依据可信基础库度量可信基础软件、安全机制和监测行为，确定其可信状态。可信判定机制依据度量结果和预设策略确定当前的安全应对措施，并调用不同的安全机制实施这些措施。

（二）基于可信节点构建形成可信云架构

可信云架构是云环境安全管理中心、宿主机、虚拟机和云边界设备等不同节点上可信根、可信硬件和可信基础软件通过可信连接组成的一个分布式可信系统，支撑云环境的安全，并向云用户提供可信服务。一般而言，可信云架构需要与一个可信第三方相连，由可信第三方提供云服务商和云用户共同认可的可信服务，并由可信第三方执行对云环境的可信监管。可信云架构的组成如图6-2所示。

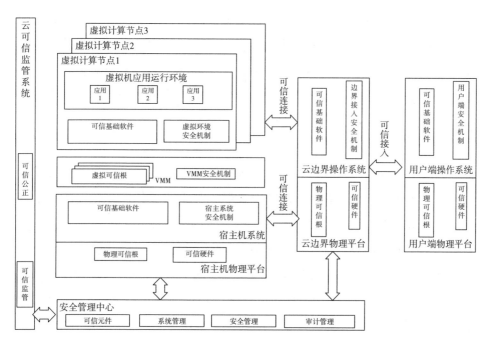

图6-2　可信云架构组成

可信云架构中，各节点的安全机制和可信功能不同，因此可信基础软件所执行的可信功能也有所区别。这些可信功能互相配合，为云环境提供整体的可信支撑功能。下面分别介绍不同节点上可信基础软件的功能。

1. 安全管理中心

安全管理中心上运行着云安全管理应用，包括系统管理、安全管理和审计管理等机制。安全管理中心上的可信基础软件是可信云架构的管理中心，它可以监控安全管理行为，并与各宿主机节点上的可信基础软件相连接，在安全管理导致云环境可信状态变化时，向各节点的可信基础软件下发命令，更新各自节点可信基准库中的可信基准值和预定义策略，并接收各节点度量机制生成的节点可信状态，根据可信状态和预设策略调度执行不同节点上的各种安全控制机制，从体系上实现安全。

2. 云边界设备

云环境的边界设备运行边界接入安全机制。可信基础软件与边界安全接入机制耦合，保障边界安全接入机制的可信性。同时，可信基础软件可以向边界安全接入机制提供可信鉴别、可信验证等服务，监测边界接入过程的安全事件，并在发现安全事件或接到安全管理中心命令时，调度边界安全机制执行安全策略，在边界上保护云的安全。

3. 宿主机

宿主机上运行着宿主机系统和虚拟机管理器，安全机制除了本地安全机制外，还包括虚拟机管理器的安全机制。宿主机可信基础软件的可信支撑机制需保障宿主机安全机制和虚拟机管理器安全机制的安全，同时还要为虚拟机提供虚拟可信根服务。而宿主机安全机制的主动监控机制则相当于云环境的一个可信服务器，它接收云安全管理中心的可信管理策略，将云安全管理中心发来的策略本地化，依据可信策略向虚拟环境提供可信服务。

宿主机可信基础软件向虚拟化节点提供的关键支持为虚拟可信根服务：宿主机可信基础软件为虚拟化节点启动虚拟可信根，建立起虚拟化节点和虚拟可信根之间的绑定关系，并向虚拟化节点提供虚拟可信根的访问接口。另外，宿主机可信基础软件将自身的安全机制和虚拟机管理器的安全机制关联起来建立可信链，为虚拟化节点提供虚拟的硬件安全机制支持并保障虚拟硬件安全机制的可信运行。

4. 虚拟机

虚拟机上的可信基础软件为自身的可信安全机制提供支持，同时对虚拟机上的云应用运行环境进行主动监控。虚拟机、宿主机和安全管理中心的可信基础软件，实际构成了一个终端—代理服务器—管理中心的三元集中管理的分布式可信云架构。

虚拟机可信基础软件的主动监控机制在通过度量机制发现应用环境的敏感行为后，根据敏感行为的可信属性，可以选择在本地执行安全措施解决问题，也可以通知宿主机，由宿主机通过虚拟机管理器的安全机制解决问题，还可以通知安全管理中心，由安全管理中心调度所有相关节点的安全机制来解决问题。

5. 可信第三方

可信第三方是云服务商和云用户都认可的第三方，如政府的云计算监管部门、测评认证中心等。可信第三方向云架构提供可信公正服务和可信监管功能。可信第三方可以为可信云架构提供云服务商和用户都认可的证书服务、可信基准值服务、可信验证和可信仲裁等可信服务。也可依赖可信云架构提供的可信度量、可信存储、可信报告等功能支撑，实现对云环境的安全监管。

6. 用户可信终端

云用户终端上也可以安装可信基础软件和构造可信计算基。安装可信基础软件并构造了可信计算基的用户终端即为用户可信终端。用户可信终端的可信基础软件可以保障和调度终端的安全机制，还可以通过可信基础软件与可信云架构建立可信连接，向云环境证明用户可信终端的可信性，并实现用户可信终端和可信云架构之间的安全信息交换。云用户可以限定管理员和高安全级别用户角色使用可信终端，可信云架构通过限制非可信终端的权限，可以防范来自云环境之外的恶意攻击，减少云环境的安全威胁。

第二节　TEE 技术

一、TEE 概述

开放移动终端组织（Open Mobile Terminal Platform，OMTP）首先提出了可信执行环境（Trusted Execution Environment，TEE）概念。2010 年 7

月，全球平台组织（Global Platform，GP）率先提出 TEE 标准。TEE 是运行于一般操作系统之外的独立运行环境。TEE 向一般操作系统提供安全服务并且与 Rich OS（富操作系统）隔离。Rich OS 及其上的应用程序无法访问它的硬件和软件安全资源。图 6-3 显示了 TEE 的架构①：

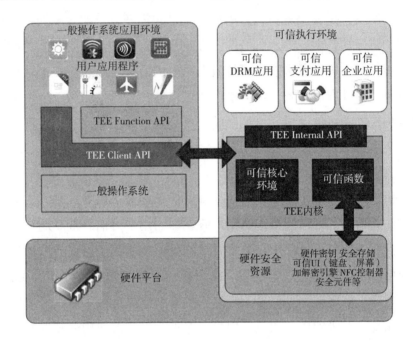

图 6-3　TEE 架构

如图 6-3 所示，TEE 向被称作可信应用程序（Trusted Application，TA）的安全软件提供安全可执行环境。它同时加强了对这些可信应用程序中数据和资源的机密性、完整性和访问权限的保护。为了保证 TEE 的可信根，TEE 在安全引导过程中进行认证并且与 Rich OS 分离。在 TEE 内部，每一个可信应用都是独立的。可信应用程序未经授权不能访问另一个可信应用程序的安全资源。可信应用程序可以由不同的应用提供商提供。TEE

_____

① The Trusted Execution Environment White Paper ［EB/OL］. GlobalPlatform, 2011 - 2 ［2015 - 2］. www. globalplatform. org.

中，通过 TEE internal API 控制可信应用对安全资源和服务的访问。这些资源和服务包括密钥注入和管理、加密、安全存储、安全时钟、可信 UI 和可信键盘等。TEE 将执行一个度量程序，其中包括功能性测试和安全性评估。

　　TEE 提供了介于典型操作系统和典型安全元件（Security Element，SE）之间的安全层。如果我们认为 Rich OS 是一个易于被攻击的环境，SE 是一个能够抵抗攻击但是应用受限的环境，那么 TEE 就扮演着介于两者之间的角色。图 6－4 表示了一般操作系统、TEE 和 SE 在费用和保护等级方面的关系①。

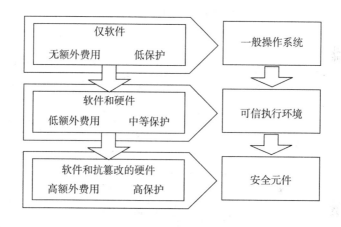

图 6－4　一般操作系统、TEE 和 SE 的关系

　　在一般情况下，TEE 提供了一个比 Rich OS 更高安全等级的运行环境，但它的安全等级比 SE 所提供的要低。TEE 提供的安全性足以满足大多数的应用。此外，TEE 提供比 SE 更强大的处理能力和更大的可访问的内存空间。由于 TEE 比 SE 支持更多的用户接口和外围连接，它允许在其上开发有一定用户体验的安全程序。此外，因为 TEE 与 Rich OS 是隔离的，它能够抵御在 Rich OS 中发生的软件攻击（如 Root，越狱，恶意软件等）。

---

①　The Trusted Execution Environment White Paper［EB/OL］. GlobalPlatform, 2011－2［2015－2］. www. globalplatform. org.

二、TEE 系统架构

（一）TEE 硬件架构

芯片级别的 TEE 硬件连接着如处理器、RAM 和 Flash 等组件[①]。REE 和 TEE 都会使用一些专有硬件，如处理器、RAM、ROM 和加解密引擎。处理器之外的实体被称作资源。一些能够被 REE 访问的资源也能够被 TEE 访问，反之，REE 不能访问未经 TEE 授权的 TEE 资源。可信资源仅能由其他可信资源访问，从而保证了与一般操作系统隔离形成封闭系统。图6－5提供了一个封装在片上系统（System on Chip，SoC）上的资源组合的架构实例。

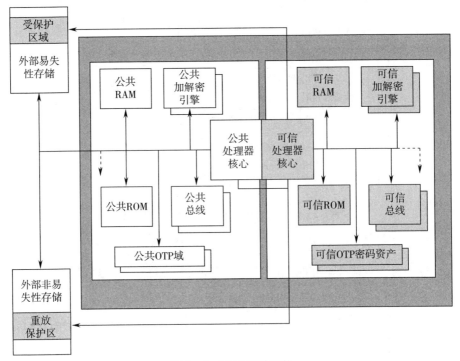

图6－5　TEE 硬件架构

---

　　①　TEE System Architecture Version 1.0 ［S］. GlobalPlatform, 2011－12 ［2015－2］. http://www.globalplatform.org/specificationsdevice.asp.

（二）TEE 软件架构

TEE 系统软件架构如图 6-6 所示①。TEE 软件架构的目标是为可信应用程序提供隔离和可信服务，并且这些服务可以间接地被客户端应用程序使用。

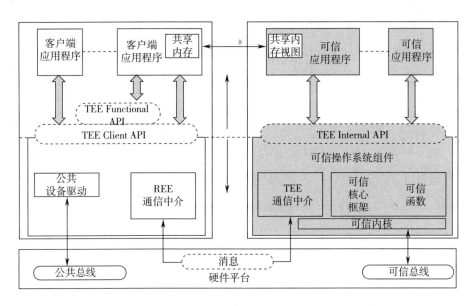

图 6-6　TEE 软件架构

TEE 软件架构包括四部分：REE 调用接口、可信操作系统组件、可信应用程序和共享内存。

REE 调用接口包括两类 API 接口：TEE Function API 、TEE Client API 和一类通信中介。TEE Function API 向 Client Application 提供一套操作系统友好 API。允许程序员以类似于编写操作系统应用的方式调用 TEE 服务，如进行密码运算和存储。TEE Client API 是一个低级的通信接口。它被设计用于使运行于 Rich OS 中的应用程序访问和交换运行于

---

① TEE System Architecture Version 1. 0 ［S］. GlobalPlatform，2011－12 ［2015－2］. http：// www. globalplatform. org/specificationsdevice. asp.

TEE 中的可信应用程序中的数据。REE 通信中介提供了 CA 和 TA 之间的消息支持。

在 TEE 内部有两类不同的软件结构：可信操作系统组件和可信应用程序。可信操作系统组件由可信核心框架、可信函数和 TEE 通信中介组成。可信核心框架向可信应用程序提供了操作系统功能，可信函数向开发者提供功能性调用。TEE 通信中介与 REE 通信中介一同工作，为 CA 和 TA 之间的信息交互提供安全保障。可信应用程序是调用可信操作系统组件的 API 的内部应用程序。当一个客户端应用程序与一个可信应用程序开启一个会话进行交互时，客户端应用程序与可信应用程序的一个实例进行连接。每个可信应用程序的实例都与其他所有的可信应用程序的实例在物理内存空间上隔离。共享内存能够被 TEE 和 REE 共同访问，它提供了允许 CA 和 TA 之间大量数据有效快速交互的能力。

三、使用 TrustZone 技术的 TEE 实现

得益于 ARM 优秀的设计和商业模式，ARM 架构非常适用于智能移动终端市场。因此，目前智能移动终端所使用的 CPU 内核以 ARM 架构居多。使用 ARM TrustZone 技术构建 TEE 是绝大多数智能移动终端的实现方式。

（一）TrustZone 的隔离技术

TrustZone 技术的关键是隔离[①]。它将每一个物理处理器核心划分为两个虚拟核心，一个是非安全核心（Non – secure），另一个是安全核心（Secure）。同时提供了名为 Monitor 模式的机制来进行安全上下文切换。TrustZone 技术隔离所有 SoC 硬件和软件资源，使它们分别位于两个区域（用于安全子系统的安全区域以及用于存储其他所有内容的普通区域）中。支持

---

① ARM Security Technology [EB/OL]. ARM，[2015 – 2]. http：//infocenter. arm. com/help/topic/com. arm. doc. prd29 – genc –009492c/PRD29 – GENC –009492C_trustzone_security_whitepaper. pdf.

TrustZone 总线构造中的硬件逻辑可确保普通区域组件无法访问安全区域资源，从而在这两个区域之间构建强大边界。将敏感资源放入安全区域的设计，以及在安全的处理器内核中可靠运行软件可确保资产能够抵御众多潜在攻击，包括通常难以防护的攻击如使用键盘或触摸屏输入密码等。图 6－7表示了 TrustZone 技术的硬件和软件架构。

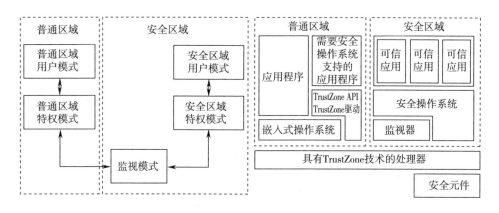

图 6－7 TrustZone 技术的硬件和软件架构

（二）TrustZone 技术中的安全启动

安全可信系统周期中一个重要的阶段是系统启动过程。有许多攻击尝试在设备断电后破解软件。如果系统从未经检验真实性的存储上引导镜像，这个系统就是不可信的。

TrustZone 技术为可信域内的所有软件和普通区域可能的软件生成一条可信链。这条可信链的可信根是难以被篡改的。使 TrustZone 技术的处理器在安全区域中启动。图 6－8 表示了使用 TrustZone 技术的处理器的启动过程①。

① ARM Security Technology ［EB/OL］. ARM, ［2015－2］. http：//infocenter. arm. com/help/topic/com. arm. doc. prd29－genc－009492c/PRD29－GENC－009492C_trustzone_security_whitepaper. pdf.

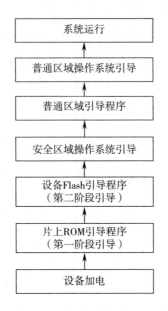

注：任何安全区域的引导程序都需要应用安全引导协议以防止某些攻击。

图 6 - 8　TrustZone 技术的安全启动

第三节　量子货币

一、量子货币的背景与概念

自从 1969 年美国哥伦比亚大学研究生 Stephen Wiesner 首次提出量子货币的概念以来，有关量子技术在信息领域应用的研究得到了迅速发展。近年来，随着量子信息和量子计算相关技术日益成熟以及经典计算机的性能提升遇到瓶颈，量子计算在计算处理与信息安全等领域也越来越受到重视。2015 年 12 月，Google 宣布量子计算取得了突破性进展，发现了可以比传统计算方式快 1 亿倍速度的量子算法；2016 年 5 月，IBM 首次将量子计算机接入云端向大众公开，并相信几年内能开发量子计算的实验芯片；

2017 年 3 月，IBM 宣布在年内推出第一份商业"通用"量子计算服务。我国自 2016 年 8 月发射的自主研发的世界首颗量子科学实验卫星"墨子号"以来，已经成功进行了传输距离达到上千公里的量子保密通信和量子密钥分发实验。这标志着我国在量子保密通信领域已经处于世界领先地位。随着量子通信技术和量子信息处理技术的日渐成熟，业界已经能看到量子货币实现的一丝曙光。

量子货币本质上是一种基于密码学的数字货币，其优于经典数字货币的核心是利用了量子叠加态和量子计算实现的量子防伪技术。这项技术综合运用了物理学、计算机科学和密码学等多个学科领域前沿知识，最终可以在不引入记账机制的前提下解决经典数字货币最头痛的双花问题。理想的量子货币可以同时实现易于识别、难以伪造、无法复制、方便使用等数字货币特性，相当于同时结合了传统货币（纸币）和经典数字货币的优点，并避免了它们各自在本质上难以克服的缺点。这也是发展量子货币的意义所在。

二、量子货币的优势

量子货币的优势主要在两个方面：一是难以被伪造并且无法被复制；二是与数字货币相媲美的使用方便性。

货币发展史是防伪技术的发展史，也是生产机构和伪造分子不断斗争的历史。货币形式不管是贝壳、金属、纸、塑料还是到电子，防止伪造都是货币生产的重要目标。尤其是到了信用货币时期，货币本身价值属性逐渐弱化，货币防伪显得尤为重要。可以说，不能防止伪造就谈不上货币。然而，历史上从来没有一种货币可以完全解决被伪造的问题，货币的伪造史和货币的历史几乎一样长：例如在美国独立战争时期，约 1/3 美元是英国政府制造的；第二次世界大战时期，则有 1/3 英镑来自德国伪造；直到现在，人民币、美元和欧元等各国纸币伪造案例仍时有发生。

传统货币的伪造屡禁不止的一个根本原因是经典物理学允许伪造。按照经典物理的基本原理，物理状态都可以被精确测量，然后只要能按照测量结果以足够欺骗检验手段的精度重新组织物质就可以达到伪造货币的目的。传统的货币生产机构研发的各种防伪技术（例如金属货币的花纹、锯齿，纸钞的防伪特征水印、安全线、纤维、光变油墨、胶凹印特征等）本质上只是在抬高伪造货币的门槛，而不能从根本上禁绝。虽然在一般情况下只要伪造的成本足够高就可以令伪造货币变得无利可图，从而在很大程度上避免伪造，但是随着技术的不断发展和高精尖技术向民用领域的扩散，伪造的门槛总是在不断降低。另外如果伪造者投入足够物力、财力和智力等资源，则任何传统货币上的防伪技术都有可能被破解和伪造。

经典的数字货币在形式上就是一串二进制的信息，这串信息可以利用密码学技术来达到防止伪造的目的。比如说数字货币的发行机构可以对发行的每个数字货币进行签名，这样每个人都可以很方便地验证货币的真伪。但是数字货币实际上需要解决的问题比伪造更为麻烦，因为在计算机里代表数字货币的信息很容易被复制，这也就相当于可以用非常低的成本直接复制数字货币，为此数字货币必须避免被复制后多次花费。

现有的比较实用的方案是采用一个账本的形式来记录已经发生的交易，以此避免同一笔数字货币被多次花费。这个账本既可以是银行或者支付宝那样的中心化账本，也可以如比特币一样采用区块链技术做成分布式账本。但是无论采用哪种方案，经典数字货币都很难避免这种账本机制本身在容量限制、安全性、隐私性等方面的缺点。

量子货币在本质上也是一串信息，这点与经典数字货币类似，但是不同之处在于，量子货币除了经典的二进制编码信息外，还包含以量子比特的形式存储的量子信息。采用量子比特的好处在于每个量子比特都能以叠加态的形式保存远比经典比特丰富的信息，并且这些信息无法被精确测量出来。对量子比特的测量都必然导致量子态坍缩到其中某一个叠加态上，从而永久地损失掉所有关于其他未坍缩到的状态的信息。这样就可以在本质上防止量子货币的信息被测量和复制，因为量子物理学保证了对量子比特的测量无法获得完整的信息。

　　另一方面，量子货币在防伪造和使用方便性等其他方面有着可以媲美经典数字货币的性能。数字货币相对于传统货币的最大优点就是在于传输方便，仅需要通过网络传输一些信息而不像传统货币那样必须传递实物。这一点量子货币有着相似的性能，即只需要传递量子态所包含的信息即可。传递量子态信息既可以通过发送包含这些信息的粒子（比如光子）实现，也可以通过量子通信在经典信道实现——即通信双方事先分享一个纠缠的量子态，然后仅通过经典信道传输经典的二进制信息就可以实现传递复杂的量子态的任务。因此，基于量子货币的交易可以在交易方之间直接进行（至多只需要一个可信的第三方事先分发纠缠的量子态），不需要通过一个第三方的账本验证。在货币的防伪造性方面，量子货币可以采用和经典数字货币相似的密码学技术，从而避免被攻击者伪造。

三、量子比特与量子叠加态

　　在经典计算机中，比特"0"和"1"都是用经典物理量编码表示的，例如可以用电压、磁场方向等，而经典物理量测量结果是唯一确定的，即一个经典比特不可能同时处于两个状态（比如同时处于"高电压"和"低电压"状态）。而量子比特是基于微观粒子的量子态存储的，其不同于经典物理状态的最重要的特点在于可以同时处于若干个微观量子态的叠加态。例如用 $|0\rangle$ 表示一个电子的基态或自旋向下，$|1\rangle$ 表示激发态或自旋向上，则一个微观量子态可以表示成 $|\Psi\rangle = a|0\rangle + b|1\rangle$，其中 a，b 都是复数，且它们的模长平方和为 1。图 6-9 显示了经典数据位与量子数据位对比图，经典数据位的表示要么是 0，要么是 1，而量子数据位是 $|0\rangle$ 和 $|1\rangle$ 的叠加态，既可以是 0 也可以是 1。微观量子态本身含有的信息非常丰富，但是我们只能通过测量的方式获得其信息，而测量的行为又会反过来影响量子态，造成被测量的量子态坍缩，最终每个量子比特测量后仅能得到一个关于坍缩到的量子态的信息。因此，造假者在不知道叠加的量子态

完整的信息的情况下不可能准确测量出量子货币的状态，也不可能复制或者伪造量子货币，这是量子不可克隆（复制）基本原理。如图 6－9 所示，经典数据位要么是 0，要么是 1，而量子数据位是 $|0\rangle$ 和 $|1\rangle$ 的叠加态，既可以是 0 也可以是 1。

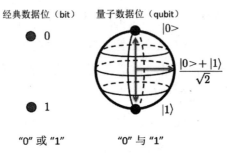

图 6－9　经典数据位与量子数据位对比图

四、量子货币与双花问题

经典的 0，1 字符无法避免的一个问题是很容易被复制。如果甲方要付一笔数字货币给乙方，乙方如何保证甲方没有同时把这笔电子货币支付给丙方作其他用途呢？比较容易的解决方法是他们都通过一个网上银行进行操作，网上银行来保证这笔钱确实属于甲方，并没有在别的场合花掉。但是这种有公共第三方参与的方式，无论第三方是一个中央集权的机构还是一个类似比特币这样的区块链系统，这种数字货币的交易方式本质上都采用了一个记账系统。那么，有没有可能设计一种类似现金的数字货币交易系统呢？我们希望在这种交易系统里面，甲方和乙方的交易不需要告知第三方或者让第三方进行验证，只需要甲乙双方就可以。在这种交易系统里面，最重要的是如何解决伪造和双花两个问题。经典的数字货币可以借助密码学的强大能力解决伪造问题，但是并不能解决双花问题。因为甲方和乙方的交易并不能真正意义上的销毁甲方的数字货币，如果甲方和乙方的交易没有任何其他人知道的话，甲方完全可以在和乙方交易之前偷偷备份一份所有经典的状态，然后假装和乙方的交易没有发生，再去和丙方进行交易。这样就做到了多次花费的目的。

量子物理为我们提供了一个崭新的思路，它可以做到当甲方的货币传送给乙方之后，甲方的货币就彻底销毁掉了，这样就不存在双花的问题。它基于的是量子物理中一个著名的结果：量子不可克隆定理。

（一）量子不可克隆定理

量子不可克隆定理是量子物理中的重要定理，它由 Dieks，Wootters 和 Zurek 在 1982 年提出。量子不可克隆定理提供了与经典信息的对比，并断言量子力学不允许未知量子状态被精确复制，并给我们的近似复制给出了严格的限制。值得注意的是，量子不可克隆定理并不是禁止复制所有状态，它只是断言非正交状态不能复制。下面我们给出了用酉演化不能克隆未知量子态的证明，事实上更进一步地研究表明非酉克隆装置仍然不能克隆非正交状态。

为了证明量子不可克隆定理，我们首先假设存在一个系统可以复制任意的量子比特。设有一台具有 A 和 B 两个插槽的量子机器。槽 A 最开始处于未知纯态 $|\psi\rangle$，下面将 $|\psi\rangle$ 复制到卡槽 B 中。假设槽 B 最初处于某个纯态 $|\phi\rangle$，因此复制开始之前系统处于

$$|\psi\rangle \otimes |\phi\rangle$$

设酉变换 U 实现量子克隆的过程，即

$$|\psi\rangle \otimes |\phi\rangle \xrightarrow{U} U(|\psi\rangle \otimes |\phi\rangle) = |\psi\rangle \otimes |\psi\rangle$$

假设该复制过程对特殊的纯态 $|\psi\rangle$ 和 $|\varphi\rangle$ 有效，则有

$$U(|\psi\rangle \otimes |\phi\rangle) = |\psi\rangle \otimes |\psi\rangle$$

$$U(|\varphi\rangle \otimes |\phi\rangle) = |\varphi\rangle \otimes |\varphi\rangle$$

两个式子作内积

$$\langle \psi | \varphi \rangle = (\langle \psi | \varphi \rangle)^2$$

因此 $|\psi\rangle$ 和 $|\varphi\rangle$ 要么相等，要么相互正交。因此此装置只能克隆相互

正交的态。也就是说通用的克隆装置是不存在的。

（二）"持有量子态但并不知道量子态"如何防止双花

直观上很容易理解不可克隆定理可以帮助我们解决双花问题，但事实上并没有这么简单。不可克隆定理假定要被克隆的量子态是未知的，如果甲方知道自己手里的量子态是什么的话，他其实是可以"克隆"很多份的。实际上，这时候甲方干的事情并不是克隆一个量子态，而是按照他掌握的信息重新制造一个相同的量子态。所以，想要量子货币彻底解决多次花费的问题，我们就需要有一套系统使得：（1）甲方持有一些量子态，这些量子态代表着甲方持有的货币；（2）甲方并不知道每一个量子态是什么。

何谓"持有量子态但并不知道量子态"？这个概念在经典 0，1 字符的数字电路中是不存在的。在经典世界中，如果甲方持有一个 0，1 串，他就必然可以测出这个 0，1 串是什么，因为经典的测量不会改变状态。但在量子世界中并不是这样的。如果某人通过量子通信发给甲方一个量子态 $a|0\rangle + b|1\rangle$，那么甲方是否能知道 a，b 的值呢？对于一般情况，答案是不能的。当然，实际中这个问题可能和这个量子态是如何编码制备的以及如何存储的有关系。如果甲方知道这个量子态最初是如何制备、中间经过哪些变换等，甲方有可能可以推断出 a，b。但这差不多相当于甲方对印钞系统了如指掌，因此一般意义下，甲方是不能获取这些信息。而且，量子物理给了一个更强的结果：甲方虽然可以通过测量知道关于 a，b 的部分信息，但是一旦测量，则量子态将会坍缩变成另一个量子态（原来的叠加态中的某一个）。这时候，相当于甲方自己把自己的货币销毁掉了，同时还无法精确获知 a，b 的值，只能从概率意义上获得极少量信息。

（三）"持有量子态但并不知道量子态"如何验钞

虽然"持有量子态但并不知道量子态"使我们能利用量子不可克隆定理解决量子货币的双花问题，但同时也带来了新的问题，即如何验钞。既然乙方并不知道自己持有的量子态的信息，也无法通过测量得到足够的信息，那么他如何确认这是一枚合法的量子货币，而不是甲方随意造的或者是甲方已经观测过的？另外如果乙方采用观测的方式来验证量子货币是否合法，则甲方可以先观测自己的量子货币的量子态，然后按照坍缩后的状态构造新的量子态发送给乙方。此时因为甲方知道坍缩后状态的所有信息，他可以再重新构造一个坍缩后的量子态发给丙方，而乙方无法判断是自己观察导致的坍缩还是甲方的观察导致的，也无从得知甲方是否花费过这一枚量子货币。

实际上，无损的量子货币验钞在理论上是可行的。这是因为量子叠加态的坍缩仅当确实有多个叠加态的时候才会发生，只有唯一一个状态的时候也就无所谓坍缩不坍缩了。因此，只需要选择"适当的"变换，使得每一个合法的量子货币的量子态在经过该变换后都会在"适当的"量子比特位置上呈现出不会坍缩的唯一状态，然后再部分地测量这些量子比特的状态而不测量其他处于叠加态的量子比特，就可以在不损害原有量子态的情况下获得量子态的信息。如果原来的量子态是通过"适当的"密码学签名编码构造的，则这些测量出的信息就可以验证原量子态编码的量子货币的合法性。一个理论上可用的量子货币方案必须在上述的三个"适当的"地方都做出正确的选择并给出数学上的证明，除了实现（无损）验钞的功能以外还必须确保不能利用验钞程序的漏洞伪造其他可以通过验钞的量子态。

能同时解决上述问题的理论方案不仅需要充分发挥密码学在数字货币中的作用并与量子计算相结合，可能在必要的时候还必须对性能指标进行一些取舍。这也是业界将来研究的主要方向之一。

五、量子货币的探索

前文讨论了如何用量子货币解决数字货币中最核心的双花问题。在此列出另外一些量子货币需要解决的问题，这些问题也是目前量子货币这个新兴方向中的核心问题。

（一）如何编码

如何编码生成一系列的量子态代表量子货币？并且生成的量子货币必须支持验钞操作。这部分在前文中已经介绍，具体需要找到适当的量子变换和适当的密码学签名编码构造。

（二）如何应对损耗

量子世界中测量是唯一建立量子态和经典世界联系的桥梁，因此验钞过程一定会涉及测量量子态，这样验钞过程是否会给量子态带来损耗？前文提过无损的验钞理论是可行的，但是有很强的局限性，配合上密码学签名、印钞等其他部分的内容之后是否仍然能有无损的验钞方法？这种方法是否会限制货币的发行量？另一方面，如果允许有一定的可控范围的损耗，是否能设计相应的验钞机制？这种机制是否能支持多次验钞？损耗是否会导致一定概率出错？出错的话如何解决问题？

（三）如何应对噪音

这一点和损耗不同，损耗是可控的，可以采取一定措施逆转，而噪音是各个过程中自发产生的不可控因素。这里最困难的地方是因为量子不可克隆定理，经典的纠错码方法在量子世界中是不能用的。对于这一点，目前了解的研究结果中都没有涉及，主要讨论的还是理想情况，即认为一切过程都是精确可控的。

第七章　数字货币业务架构与运行模式

　　数字货币的出现是技术创新和市场需求共同作用的结果。从技术创新角度看，全球金融基础设施的电子化和网络化程度不断提高，为数字货币创新提供了高效完善的生态环境；信息通讯技术的长期进步使支付服务的成本更低、安全性更高，更加方便互联和集成；以分布式账本为基础的加密货币技术增强了数字货币广域扩散的可行性。从市场需求角度看，以电子商务、"互联网＋"为代表的新经济不断发展壮大，需要更安全、更高效、更低成本、更快捷的数字化支付方式与金融服务模式。

　　在前文数字货币技术研究的基础上，本章以比特币为代表，剖析了私人数字货币的业务架构和运行模式，尝试提出法定数字货币的理想特性、设计思路、体系要素和业务参考架构。

第一节　私人数字货币的业务架构与运行模式

一、系统概述

　　比特币是一个分布式的点对点网络系统，网络中的矿工通过"挖矿"来完成对交易记录的记账过程，维护账本安全和系统的正常运转。

　　比特币通过区块链网络提供一个公共可见的账本，用来记录交易历史。每笔新的交易记录需广播到比特币网络中，经矿工节点打包进区块后才成为有效交易。每个交易包括一些输入和输出，未经使用的交易的输出

（Unspent Transaction Outputs，UTXO）可以被新的交易引用作为合法的输入。一笔合法的交易，即引用某些已存在交易的UTXO，作为交易的输入，并生成新的输出的过程。在交易过程中，转账方需要通过签名脚本来证明自己是UTXO的合法使用者，并且指定输出脚本来限制未来对本交易的使用者（为收款方）。对每笔交易，转账方需要进行签名确认。并且，对每一笔交易来说，总输入不能小于总输出。交易的最小单位是"聪"，即0.00000001比特币。

图7-1给出了比特币系统的概述图。我们可以看到比特币系统由用户（用户通过密钥控制钱包）、交易（每一笔交易都会被广播到整个比特币网络）和矿工（通过竞争计算生成在每个节点达成共识的区块链，区块链是一个分布式的公共权威账簿，包含了比特币网络发生的所有的交易）组成。

图7-1 比特币概述图

二、比特币钱包和地址

比特币的所有权是通过数字密钥、比特币地址和数字签名来确立的。数字密钥实际上并不是存储在网络中，而是由用户生成并存储在比特币钱包中，且由用户通过钱包软件管理和使用密钥。用户使用密钥实现对比特币的所有权和支付行为的确认。

每笔比特币交易都需要一个有效的签名才会被存储在区块链。只有有效的数字密钥才能产生有效的数字签名，因此拥有比特币的密钥副本就拥有了该账户的比特币控制权。密钥是成对出现的，由一个私钥和一个公钥所组成。公钥就像银行的账号，而私钥就像控制账户的 PIN 码或支票的签名。比特币的用户很少会直接看到数字密钥，一般情况下，它们被存储在钱包文件内，由比特币钱包软件进行管理。

（一）私钥和公钥

私钥就是一个随机选出的数字而已。一个比特币地址中的所有资金的控制权取决于相应私钥的所有权和控制权。私钥必须始终保持机密，因为一旦被泄露给第三方，相当于该私钥保护之下的比特币也拱手相让了。私钥还必须进行备份，以防意外丢失，因为私钥一旦丢失就难以复原，其所保护的比特币也将永远丢失。

具体来说，私钥是一个随机生成的 256 位二进制数，位于 1 和 n 之间（$n = 1.158 \times 10^{77}$，是比特币系统使用的椭圆曲线的阶）。

通过椭圆曲线乘法可以从私钥计算得到公钥，这是不可逆转的过程：$K = k \times G$。其中 k 是私钥，G 是椭圆曲线点群的生成元，而 K 是所得公钥。

（二）比特币地址

比特币地址是由公钥经过两次哈希运算后得到的 20 字节的数据，再经过 Base58Check 编码后生成的。

（三）钱包

钱包是私钥的容器，通常通过有序文件或者简单的数据库实现。钱包的类型如下。

非确定性钱包：它仅仅是随机生成的私钥的集合。由于重复使用同一个地址会降低隐私的安全，一个用户可能会需要生成许多的私钥，对应许多不同的公钥，这样就能有多个不同的比特币地址。在非确定性钱包中，每生成一份新的私钥，就要保存一份备份。否则一旦丢失，对应地址的比特币就无法再找回。

分层确定性钱包：为了避免保存多个密钥，比特币开发团队在 BIP32 中提出了分层确定性钱包（HD Wallet）的解决方案。这种钱包的私钥不是由随机熵源直接生成的，而是由随机种子经过单向哈希函数衍生出的。私钥又能通过单向哈希函数继续衍生出新的子私钥，子私钥继续能衍生出新的孙私钥，依此类推，可以产生出无穷的私钥。

三、交易流程

比特币交易结构中含有比特币交易参与者价值转移的相关信息。每个比特币交易都是在比特币区块链上的一个公开记录。比特币的交易流程如下：

（一）创建交易

比特币合法交易的创建需要被资金所有者（们）签名。如果它是合法创建并签名的，则该笔交易现在就是有效的，它将被广播到比特币网络并被传送，直至抵达下一个登记在公共总账簿（区块链）的挖矿节点。

（二）发送交易至比特币网络

比特币网络是一个点对点网络，这意味着每一个比特币节点都连接到一些其他的比特币节点（这些其他的节点是在启动点对点协议时被发现的）。一旦一笔比特币交易被发送到任意一个连接至比特币网络的节点，这笔交易将会被该节点验证。如果交易被验证有效，该节点会将这笔交易传播到这个节点所连接的其他节点；同时，交易发起者会收到一条表示交易成功的返回信息。如果这笔交易被验证为无效，这个节点会拒绝接受这笔交易且同时返回给交易发起者一条表示交易被拒绝的信息。

（三）交易的传播

每一个收到交易的比特币节点将会首先验证该交易，确保只有有效的交易才会在网络中传播，而无效的交易将会在第一个节点处被废弃。

每一个节点在校验每一笔交易时，都需要对照一系列的标准，例如交易的语法和数据结构必须正确；输入与输出列表都不能为空；交易的字节大小是小于 MAX_BLOCK_SIZE 等。这种交易节点包含有全部交易信息、可独立完成验证的方式，称为全节点验证。

如果节点受条件限制无法保存全量区块链信息，可以选择只保存区块头信息，通过简易支付验证（SPV，Simplified Payment Verification）的方式使节点能参与验证，这样的节点就是 SPV 节点。由于 SPV 节点不保存完整的区块链信息，故不能独立地进行验证。SPV 节点采用的是"支付验证"的方式，只判断用于"支付"的那笔交易是否存在于某个区块，并得到了多少的算力保护（多少确认数）。

（四）交易的结构

一笔比特币交易是一个含有输入值和输出值的数据结构，该数据结构植入了将一笔资金从初始点（输入值）转移至目标地址（输出值）的代码信息。图 7 - 2 所示为交易的数据结构。

比特币交易的基本单位是未经使用的一个交易输出，简称 UTXO。UTXO 是不能再分割、被所有者锁住或记录于区块链中的并被整个网络识别成价值单位的一定量的比特币。比特币网络监测着以百万计的所有可用的（未花费的）UTXO。当一个用户接收比特币时，金额被当作 UTXO 记录到区块链里。这样，一个用户的比特币会被当作 UTXO 分散到数百个交易和数百个区块中。

被交易消耗的 UTXO 被称为交易输入，由交易创建的 UTXO 被称为交易输出。

交易输入是指向 UTXO 的指针。想要使用 UTXO，还必须提供与锁定

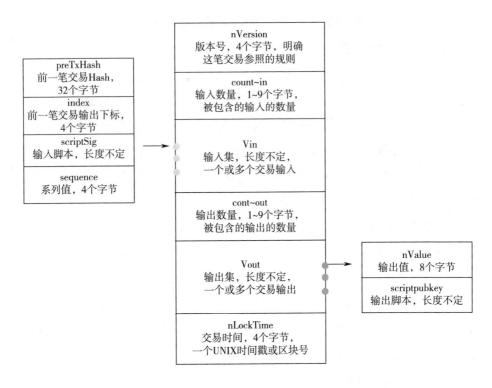

图7-2 交易的数据结构

脚本匹配的解锁脚本。通常来说，解锁脚本是一个使用者的签名，用来证明对这份 UTXO 的所有权。

表7-1为交易输入的格式。

表7-1 交易输入的格式

尺寸	字段	说明
32 个字节	交易	指向交易包含的被花费的 UTXO 的哈希指针
4 个字节	输出索引	被花费的 UTXO 的索引号，第一个是 0
1~9 个字节（可变整数）	解锁脚本尺寸	用字节表示后面的解锁脚本长度
变长	解锁脚本	一个达到 UTXO 锁定脚本中的条件的脚本
4 个字节	序列号	目前未被使用的交易替换功能，设成 0xffffffff

交易输出一般会创造一笔新的 UTXO。也就是说，给某人发送比特币实际上是创建新的 UTXO 到这个人的地址，并能被他在以后使用。

每一个全节点比特币客户端，在一个储存于内存中的数据库保存全部的 UTXO，该数据库也被称为"UTXO 集"或者"UTXO 池"。新的交易从 UTXO 集中消耗（支付）一个或多个输出。

表 7-2 所示为交易输出的格式：

表 7-2　　　　　　　　　　　交易输出的格式

尺寸	字段	说明
8 个字节	总量	用聪表示的比特币值（10^{-8} 比特币）
1～9 个字节（可变整数）	锁定脚本尺寸	用字节表示后面的解锁脚本长度
变长	锁定脚本	一个定义了支付输出所需条件的脚本

通过这种方式，一定量的比特币价值在不同所有者之间转移，并在交易链中消耗和创建 UTXO。一笔比特币交易通过使用所有者的签名来解锁 UTXO，并通过使用新的所有者的比特币地址来锁定并创建 UTXO。

四、区块和区块链

区块链是由包含交易信息的区块从后向前有序链接起来的数据结构。它可以被存储在文件系统或数据库中。比特币核心客户端使用 Google 的 LevelDB 数据库存储区块链元数据。区块间通过哈希运算被从后向前有序地链接在一起，形成区块链。区块在区块链中的位置可通过"高度"来表示，它代表当前区块与首区块之间的距离。区块是交易信息的集合，它由包含元数据的区块头和构成区块主体的交易所构成。区块的结构如表 7-3 所示。

表 7-3　　　　　　　　　　　区块结构

子结构名称	作用说明	大小
神奇数	神奇数总是等于 0xD9B4BEF9，作为区块之间的分隔符	4 个字节
区块大小	记录了当前区块的大小	4 个字节

续表

子结构名称	作用说明	大小
数据区块头部信息	记录了当前区块的头部信息，其 HASH 值是下一个新区块的参数	80 个字节
交易计数	当前区块所记录的交易数	1~9 个字节
交易详情	记录了当前区块保存的所有交易细节	无特定参考值
版本号	数据区块的版本号	4 个字节
前一个区块的记录	记录了前一个数据区块的 HASH 值，当前区块的 HASH 值一定比它小	32 个字节
Merkle 树的根值	记录了当前区块中所有交易 Merkle 树的根节点的 HASH 值	32 个字节
时间戳	记录了当前区块生成的时间，按照 UNIX 时间格式	4 个字节
目标值	当前区块生成所达成目标值的特征，用于矿工的工作量证明	4 个字节
随机数	当前区块工作量证明的参数	4 个字节

在这当中，数据区块头部信息的 HASH 值是下一个新区块的 HASH 值的参考目标数；父区块的哈希值，用来与该区块的父区块形成链接；第二组数据是难度、时间戳和 Nonce，与挖矿和工作量证明相关；第三组数据是 Merkle 树根，用来有效地总结区块中的交易；最后一项交易详细记录了该区块中所有的交易记录。

五、挖矿

挖矿是一种竞争性共识机制。矿工们通过反复尝试求解一种基于哈希算法的数学难题来竞争获得记账权，这一过程被称为"工作量证明"。成功求解的矿工会获得区块写入的权利并得到两种类型的奖励：创建新区块的新币奖励，以及该区块中所含交易的交易费。该算法的竞争机制构成了比特币安全的基石。比特币系统通过挖矿过程的分布式确认、校验以及全网收敛到工作量最大的区块链来保证全局状态的一致性，从而实现了去中心化条件下的分布式共识。

这一共识过程由以下几个步骤构成：

步骤1：节点独立验证交易。交易的独立校验详见上一节关于交易流程的内容。

步骤2：构成区块。验证交易后，挖矿节点会将这些交易添加到自己的内存池中，区块中的第一笔交易是一笔特殊交易，称为创币交易或者coinbase交易。这个交易是由挖矿节点构造并用来奖励矿工们所做的贡献的。新构成的区块成为候选区块。而后，矿工不断更换区块头的填充随机数并计算这个区块头信息的哈希值，看其是否小于当前目标值。如果小于，则表示构建区块（挖矿）成功，准备写入账本。

矿工在尝试挖掘新区块的同时，也监听着网络上的交易，当从比特币网络收到当前区块的消息时，挖矿节点停止当前的证明，准备下一个候选区块。

步骤3：校验新区块。当一个矿工成功构建一个区块后，他立刻将这个区块发给的所有相邻节点。这些节点在接收并验证这个新区块后，也会继续传播此区块。当这个新区块在网络中扩散时，每个节点都会将它加到自身节点的区块链副本中。

每一个节点在将收到的区块转发到其节点之前，会进行一系列的测试去验证区块的正确性，确保只有有效的区块在网络中传播。节点将对该区块进行验证，若没有通过验证，这个区块将被拒绝。检查的标准包括区块的数据结构和区块包含的交易合法有效；区块头的哈希值小于目标难度（确认包含足够的工作量证明）等。

步骤4：将区块添加到区块链中。一旦一个节点验证了一个新的区块，它尝试将新的区块连接到累计了最大工作量证明的区块链中。

第二节　法定数字货币的业务架构与运行模式

法定数字货币正被视为货币形态的又一次重大革命，将成为数字经济时代发展的重要基石，其发展备受央行、学术界和产业界关注。从未来发展趋势看，当前的纸币信息技术含量低、安全性低且使用成本高，被新技术、新产品取代是大势所趋。特别是，随着信息科技的发展以及移动互联网、可信可控云计算、终端安全存储、区块链等技术的演进，全球范围内支付方式发生了巨大的变化，各种电子货币、虚拟货币、数字货币产品及其支付结算服务的创新试验层出不穷，为中央银行的货币发行创新带来新的挑战和机遇。

挑战在于，目前私人部门发行的数字货币方案本身具有的匿名性、低成本、跨区域、去中心化、高扩散率以及高波动性特征，使得中央银行必须严肃考虑其对支付体系、经济运行以及金融稳定性带来的冲击影响，更主动地提出应对方案，优化升级法定货币发行流通体系。

机遇在于，央行探索发行数字货币可以降低传统纸币发行、流通的高昂成本，进一步完善支付体系，提升支付清算效率，推动经济提质增效升级。有助于提升经济交易活动的便利性和透明度，减少洗钱、逃漏税等违法犯罪行为，提升央行对货币供给和货币流通的控制力，更好地支持经济和社会发展，助力普惠金融的全面实现。

一、法定数字货币业务战略目标

数字货币的技术路线可分为基于账户和不基于账户两种，也可分层并用而设法共存。数字货币的具体形态可以是一个来源于实体账户的数字，也可以是记于名下的一串由特定密码学与共识算法验证的数字。传统基于账户体系的电子货币系统的研究和应用已经相对比较成熟，因此本章中关于法定数字货币的研究，主要针对加密数字货币形态。

不同于私人数字货币，法定数字货币发行需要满足中央银行货币政策管理的要求。法定数字货币遵循传统货币的管理思路，发行和回笼基于现行"中央银行—商业银行"的二元体系来完成，在机制设计上要在现行人民币发行流通机制的基础上，保持机制上的灵活性和可拓展性。而且法定数字货币若要真正具备货币应有的职能，需要充分吸收和利用密码学以及其他新技术的优势，实现加密数字货币更多的特性，并且能够挖掘更多新的潜在应用和监管能力。

目前，各国央行的研究基本围绕区块链上的代币发行，真正针对法定数字货币的技术研究尚属探索阶段。如何构建和实现法定数字货币的发行流通，需要有开放的态度，吸收、融合、借鉴各种技术，并与商业银行共同构建法定数字货币运行系统。

总体看，央行发行数字货币的战略目标应是，以加密数字货币形态下的央行数字货币（CBDC）为对象，实现 CBDC 发行、回笼、流通全流程真实运行和场景创新应用，在货币发行、业务探索和技术融合创新方面进行实践。

二、法定数字货币理想特性

理想的法定数字货币不同于传统货币形态，它是以精巧的数学模型为基础，包含了发行方、发行金额、流通要求、时间约束甚至智能合约等多元信息，因此理想的法定数字货币应具备更多方面的特性。

一是不可重复花费性。这是最重要的一项，即同一笔钱不能像数字电影那样被反复拷贝，多次支付，当被重复支付时，系统应迅速查出。

二是可控匿名性。与传统纸币类似，若非持有者本人意愿，即便银行和商家相互勾结也无法追踪数字货币的交易历史和用途。这一点目前尚存争议，未来需要在用户隐私和打击违法犯罪行为之间找到平衡点。

三是不可伪造性。众所周知，伪造人民币是犯罪行为，但在数字货币领域，这还是法律空白地带。

四是系统无关性。数字货币应能够在多种交易介质和支付渠道上完成交易，具有良好的普适性和泛在性，并能复用现有的金融基础设施，无须全盘推倒"另起炉灶"即能为未来的数字经济提供有力支撑。

五是安全性。任何个体在交易时无法更改或非法使用数字货币。在实现路径上，数字货币的安全性不能只靠物理上（硬件上）的安全来保证，还必须通过密码技术来保障超越物理层面的货币安全。在技术上，可以借鉴比特币的技术特性。

六是可传递性。数字货币可以像普通商品一样在用户之间连续转让，且不能被随意追踪。

七是可追踪性。数字货币的可追踪性是用户自身的权利，而不是商家或者银行的特权。作为监管者，在司法允许的条件下，可以获得这个权利，但不能滥用。这是一把双刃剑，必须界定约束各方的权责。

八是可分性。数字货币不仅能作为整体使用，还应能被分为更小的部分使用，只要各部分的面额之和与原数字货币面额相等，就可以进行任意金额的支付。比如十块钱可以分割为十个一块钱或两个五块钱等。

九是可编程性。数字货币应可附加用户自定义的可执行脚本，为基于数字货币的数字经济提供智能化助力。基于此能力的数字货币自身的定义与用户敏感信息收集等功能应尽可能由发行方控制，而一些支付路径和支付条件等应用功能应尽可能交给市场做，但前提是，技术底层应作相应的支持并设定一系列的应用规范。

十是基本的公平性。支付过程是公平的，要么保证双方交易成功，要么回退，双方都没有损失，不能出现交易失败，资金却不及时回退的情形。

三、法定数字货币业务设计思路

整体而言，为实现以上理想特性，CBDC 体系的构建思路主要包括以下几个要点：

（一）央行和商业银行全面参与

由中央银行和商业银行全面参与，进行中央银行—商业银行的二元模式设计与实现，完成跨地域、多异构系统的对接，实现中央银行和商业银行全流程闭环。

（二）加密数字货币 CBDC 表达式设计

针对加密数字货币形态，从法定数字货币应用和管理需求出发，结合多元化技术包容性和应用扩展性等要求，设计 CBDC 的表达式模型和结构。

（三）基于二元模式实现发行、回笼、流通闭环

基于二元模式，依照中央银行货币政策调控思路，设计法定数字货币的发行和回笼机制。并吸收现有私人数字货币模式的长处，设计加密数字货币形态下 CBDC 的转移流通机制和模型。同时，设计 CBDC 全生命周期模型和全局流通状态模型，为深入挖掘 CBDC 在业务和监管方面的应用潜力提供基础。

（四）注重场景应用

将 CBDC 的中央银行和商业银行系统与实际场景对接，开展基于数字货币特性支持的业务创新，充分发挥 CBDC 的优势。

（五）CBDC 混合技术架构设计实现与应用创新

研究满足 CBDC 要求并能充分发挥各种技术优势实现技术融合创新的混合技术架构，基于实际场景对现有新兴技术路线开展局部试验和优化升级，例如针对 CBDC 需求优化 DLT 技术。

四、法定数字货币体系要素

法定数字货币体系应采用"管控中心化，技术架构分布式"的模式。法定数字货币的币值稳定是其最基本属性，是央行发行法定数字货币的关键逻辑，因此必须有中心机构来强制约束。中心化管控可以获取货币发行

全方位的信息，有利于货币管理。从历史来看，货币源于物物交换时，一开始是非中心化的，然后逐渐过渡到中心化管理，这是一个自然的过程。同样，数字货币时代依然还需要中心机构来主导发行，并做好管控。但任何物理上或技术架构上的中心点都是高价值目标，既是性能瓶颈，也是安全弱点。分布式架构可以提供更高的安全性和整体可用性，尤其是超大型的基础设施，比如互联网自身。

抽象而言，央行数字货币体系的核心要素主要有三点，即"一币、两库、三中心"（见图7-3）：

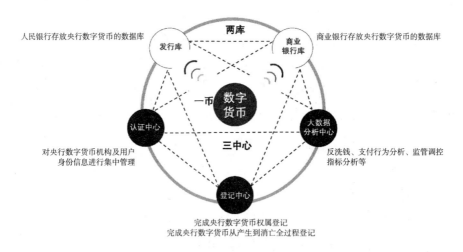

图 7-3 央行数字货币体系要素

"一币"即由央行负责央行数字货币的设计要素和数据结构。从表现形态上来看，央行数字货币是央行担保并签名发行的代表具体金额的加密数字串，不是电子货币表示的账户余额，而是携带全部信息的密码货币。这个货币的设计一定要考虑前述的法定数字货币的理想特性。新的货币必须具备全新的品质，以支撑全新的商业应用模式。

"两库"即央行数字货币发行库和央行数字货币商业银行库。央行数字货币发行库是指人民银行在央行数字货币私有云上存放央行数字货币发行基金的数据库。央行数字货币商业银行库指商业银行存放央行数字货币的数据库（金库），可以在本地也可以在央行数字货币私有云上。

需要指出的是，发行库和银行库的设计让人觉得是对实物货币发行环节的模拟，但设计目标考虑更多的是给央行数字货币创建一个更安全的存储与应用执行空间。这个存储空间可以分门别类保存央行数字货币，既能防止内部人员非法领取央行数字货币，也能对抗入侵者的恶意攻击，同时亦可承载一些特殊的应用逻辑，这才是数字金库的概念。极端情况下，比如管理员的密钥被盗取，服务器被攻击、中毒或者中断链接，如何启动应急程序，保护或者重新夺回资金，保障业务的连续性，是设计的重点。

"三中心"则是指以下三个中心：

一是认证中心。央行对央行数字货币机构及用户身份信息进行集中管理，它是系统安全的基础组件，也是可控匿名设计的重要环节。可以做两到三层的认证体系，针对用户的不同有所区分。举例来讲，金融机构用户、高端用户的认证方式可以用公钥基础设施（Public Key Infrastructure，PKI），低端用户的认证方式可以用标识密码算法（Identity Based Cryptography，IBC）。

公钥基础设施体系可以很好地解决密钥管理、密钥修改的问题，但是该体系繁琐复杂，部署成本大。标识密码算法是传统证书体系的发展，2007 年国家密码局组织了国家标识密码体系 IBC 标准规范的编写和评审工作，该算法于 2007 年 12 月通过评审，正式获得国家密码管理局的商密算法型号：SM9（商密九号算法）。SM9 算法采用具有唯一性的身份标识（如手机号码、电子邮件地址、身份证号、银行账号等）作为公钥。标识密码算法解决了用户间传递加密信息必须事先获得公钥证书，加解密必须与管理中心在线交互通信的问题，大大降低了管理中心的负担和管理成本。

二是登记中心。记录央行数字货币及对应用户身份，完成权属登记；记录流水，完成央行数字货币产生、流通、清点核对及消亡全过程登记。登记中心的建设有两种思路：一种是基于区块链，另一种则基于传统的分布式架构。优先考虑后者，因为现在还不能确定区块链技术是否经受得住海量实时交易的冲击。

登记中心可谓是全新理念的数字化铸币中心，传统的纸币有发行机构的信息，但不会有持有人登记的概念，更不会有流转过程中全生命周期的信息。这是技术进步的结果，当然反过来也会对技术系统提出很高的要求。这种理念的落地，还需要在实践中摸索，不可能一步到位，可以分层分级、分中心，但它们之间如何高效交互是需要深入研究的大课题。

登记中心在记录央行数字货币的权属及流转信息时，只能看见钱包地址，无法对应到具体的某个用户。用户信息和密钥信息的映射关系，仅在认证中心管理。认证中心和登记中心之间必须有"防火墙"制度，设定严格的程序，两方信息不得随意关联，以保障合法持币用户的隐私。这一分离机制是"前台自愿、后台实名"的基础。

三是大数据分析中心。迄今为止，货币发行技术进步与大数据分析关联程度都比较弱，货币运行相关数据基本通过后验式统计与估算来形成。这就导致货币在现实流通中存在较大不确定性。而在数字货币环境下，大数据分析在货币发行和监控过程中就有了用武之地。在数据适当脱敏的情况下，央行可以运用大数据深入分析货币的发行、流通、贮藏等，了解货币运行规律，为货币政策、宏观审慎监管和金融稳定性分析等干预需求提供数据支持。

五、法定数字货币业务参考架构

法定数字货币系统参考架构设计若干关键内容如图7-4所示。

（一）CBDC核心业务关系分析

在法定数字货币的业务关系上，央行主要负责货币的发行和回笼，商业银行一方面对接央行实现CBDC发行和回笼，同时还面向企业和个人提供CBDC存取服务。企业和个人作为CBDC的终端用户，可以在应用场景中使用CBDC。整个CBDC的运行过程受监管机构的监管。CBDC核心业务

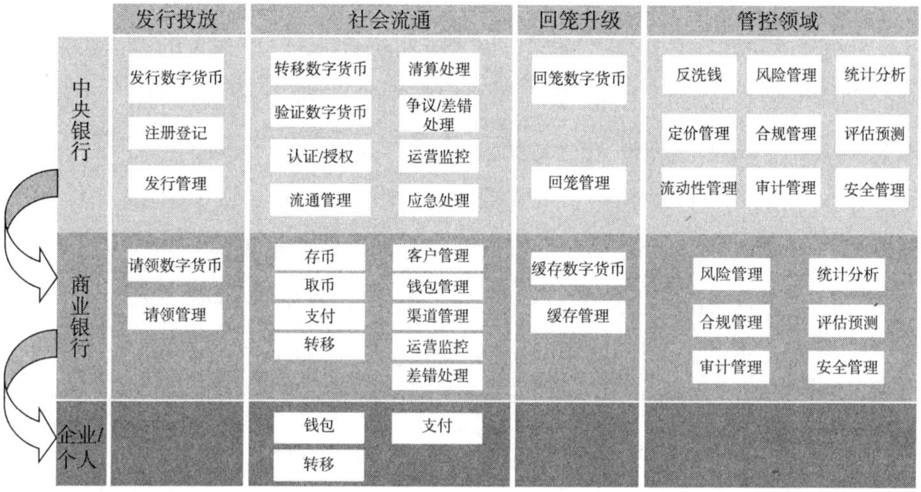

	发行投放	社会流通		回笼升级	管控领域		
中央银行	发行数字货币 注册登记 发行管理	转移数字货币 验证数字货币 认证/授权 流通管理	清算处理 争议/差错处理 运营监控 应急处理	回笼数字货币 回笼管理	反洗钱 定价管理 流动性管理	风险管理 合规管理 审计管理	统计分析 评估预测 安全管理
商业银行	请领数字货币 请领管理	存币 取币 支付 转移	客户管理 钱包管理 渠道管理 运营监控 差错处理	缓存数字货币 缓存管理	风险管理 合规管理 审计管理		统计分析 评估预测 安全管理
企业/个人		钱包 转移	支付				

图7-4　法定数字货币系统参考架构设计

包括：央行到商业银行再到最终用户构成的数字货币发行、流通回笼的纵向体系，以及商业银行和终端用户在各应用场景所构成的横向连接，构成CBDC不断扩展的应用范围。

（二）基于价值链分析模型的CBDC整体业务架构

法定数字货币业务架构结合传统货币管理政策、二元模式要求，并按加密数字货币CBDC的特征，采用价值链方法进行分析。法定数字货币从业务角度按价值链分析，包括发行、流通、回笼、管控的流程。从参与方维度，又可以自上而下分为中央银行、商业银行到最终企业和个人用户三层。由此构成二元模式下的整体业务架构。从中央银行角度，发行过程对应商业银行的请领，回笼过程对应商业银行的缴存。在流通过程，中央银行主要负责面向商业银行提供货币权属转移和验证，商业银行负责面向最终用户提供货币存取和支付转移。同时中央银行和商业银行共同负责维护流通体系。从管控角度，中央银行负责全局的货币管控，而商业银行则负责相关业务的管控。

（三）基于金融领域模型的 CBDC 相关概念分析

法定数字货币在发行、流通、回笼过程中，发挥支付功能，同时还能够提供其他特性服务。参考传统金融行业的领域模型分析方法，将 CBDC 相关领域模型概念抽取后进行分析。参与方包括发行机构和商业银行以及最终用户，他们可以直接或间接使用和操作数字货币，过程中必须按预先设定的合约规则来进行。包括货币发行回笼规则、商业银行以及客户使用规则等。当数字货币用于交易过程中，根据触发事件不同产生不同的业务，同时用户通过访问不同的资源项来触发相应的事件。整个概念模型与现有金融行业领域模型相兼容，因而 CBDC 可以兼容现有金融基础设施。

（四）基于树状可扩展模型的 CBDC 表达式设计

采用树状可扩展模型来设计基于加密数字货币形态下的 CBDC 表达式。CBDC 作为一种全新品质的货币，既要能够继承传统纸币的优点，同时也要能够支持加密数字货币相关新技术的特性，并且随着技术和应用的发展，CBDC 还会拓展出更多特性和能力。因此采用树状可扩展模型，通过分层的方式，在 CBDC 表达式中设计不同粒度的属性，并支持结构化扩展，便于计算和处理。同时通过可变长设计方法，为属性提供了另外一种扩展能力，从而实现 CBDC 表达式能够不断适应技术和应用的发展，具有充分的灵活性、可扩展性。

（五）基于复式记账法原理的 CBDC 等额发行回笼机制设计

法定数字货币需要遵循传统货币政策管理的思路，不改变中央银行货币发行总量，发行和回笼在存款准备金账户和发行基金账户进行复式记账，实现存款和 CBDC 的等额双向兑换，从而满足 CBDC 等额发行回笼的机制要求。

（六）基于类 UTXO 模型的 CBDC 转移机制设计

法定数字货币 CBDC 可从现有私人数字货币中吸收 UTXO 方法，设计央行版的类 UTXO 的 CBDC 转移机制，使其与传统的加密数字货币相兼容。通过该机制，CBDC 在流通过程中可以向前追溯其来源币，也可以向后找到其去向币，不断扩展地记录 CBDC 整个流程过程。该模式是 CBDC 转移的通用模型，能支持各种 CBDC 转移和支付场景。

（七）基于状态机模型的 CBDC 生命周期模型

加密数字货币 CBDC 在整个发行、流通和回笼的过程中，CBDC 会不断进行流转，采用状态机的模型能够有效表达这一流转过程和触发机制。整个生命周期从起始状态通过发行、回笼、流通等操作，不断发生币的状态变化。

（八）基于有向无环图结构的 CBDC 全局流通状态模型

在加密数字货币 CBDC 整个发行、流通、回笼过程中，按照 CBDC 状态模型和交易模型会产生 CBDC 的全局流通状态转移网络，基于有向无环图的结构可以对该网络进行建模。任意时刻都可以提取当时的全局状态图，并且随着时间推移和交易发生，该图不断延伸和扩展。基于有向无环图结构，任何一个 CBDC 都可以追溯到最早的发行，也可以追踪到后续所有产生的交易，还可以基于该图的结构，针对图节点的属性进行数据分析、统计和挖掘，为基于隐私保护的 CBDC 流通状态监控和分析提供基础。

（九）基于 MVC 架构的数字货币钱包设计

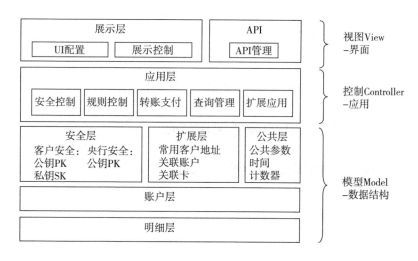

图 7-5　基于 MVC（Model View Controller）架构的数字货币钱包设计

钱包可以被视为存储数字货币的一种合约（容器），这样可以保证参与人、合约、产品之间的独立关系，如图7－5所示。

当钱包被视为一种合约时，代表了商业银行或金融机构（钱包提供者）为客户提供的一种产品服务，在客户与银行之间建立了一种契约关系，所以钱包体现了基于数字货币所提供应用的多样性和扩展性。

各商业银行或金融机构（钱包提供者）可以为钱包提供相关的增值服务和应用拓展，共有特征是需要保存数字货币，并提供其安全保证。数字货币钱包业务场景详见图7－6：

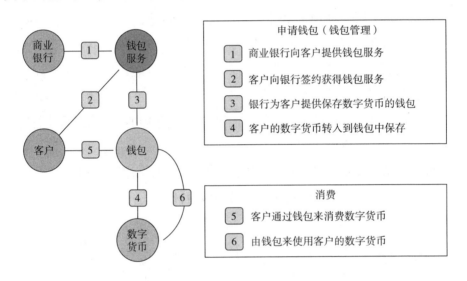

图7－6 数字货币钱包业务场景分析

六、法定数字货币的业务架构特点

（一）纯加密数字货币的 CBDC 表达式

央行的纯加密法定数字货币，能够支持真正具有货币职能的应用属性和管理属性，并全面支持各种标准加密算法。

CBDC 表达式设计的创新点在于既能够继承传统纸币的优势，同时也能够支持加密数字货币相关技术的新特性，同时随着技术和应用的发展，

CBDC 还可以支持未来更多特性和能力。

从设计上，通过结构化水平分层和自定义变长字段，使得 CBDC 可扩展性强、适用性广、技术兼容性高，满足各种应用需求。属性包含法定货币主要构成要素、法律权属等多种基本属性，以及应用扩展属性。从特性上，支持一次一密、可编程、不可伪造、不可篡改等多种法定数字货币特性。

（二）基于法定准备金兑换、满足"一体化管理"要求的等额发行机制

现有的私人数字货币发行，根本不考虑中央银行货币政策调控要求。而其他央行尚未开始考虑如何发行真正的法定数字货币，有的只是基于 DLT 技术对代币进行测试。真正的法定数字货币属于 M_0，需要满足中央银行货币政策调控的要求，例如不能改变中央银行发行货币的总量。加密数字货币 CBDC 的等额发行机制，充分结合了现有中央银行货币管理政策和核心系统基础设施现状，通过商业银行在中央银行的存款准备金与 CBDC 之间的等额兑换，来发行和回笼 CBDC。其特点主要包括：

一是发行至商业银行的法定数字货币纳入发行基金实现一体化管理。

二是通过发行基金 CBDC 科目与存款准备金账户的平衡来实现货币发行总量的不变。

三是对接中央银行会计核算数据集中系统，实现货币的自动化实时发行和回笼。

（三）实现"一次一密"的央行版的类 UTXO 转移机制

基于纯加密数字货币的 CBDC 表达式实现 CBDC 转移，需要在转移过程中实现"一次一密"特性，并实现更加有效的并发，同时还要对权属进行登记，记录转移全过程。为此，基于加密数字货币的 CBDC 表达式，设计了央行版的类 UTXO 转移机制。这是真正加密数字货币形态下的 CBDC 转移机制，并且能够与现有准数字货币和传统加密数字货币相兼容，从而实现最大化的应用范围。其特点主要包括：

一是每次 CBDC 转移通过重新铸币的方式，设计为币串的转换，实现"一次一密"。

二是旧币作废，新币权属登记，实现 CBDC 流通全过程记录。对加密数字货币 CBDC 的全生命周期，设计权属登记机制。旧币作废或新币生成，皆登记其权属，从而实现 CBDC 转移的全程记录。

三是每个币可确定其来源币和去向币，形成可追溯的链式结构，该结构与传统加密数字货币的 from 和 to 属性相兼容。

四是支持类 UTXO 的通用交易模型，支持多币、多接收方交易。

基于加密数字货币 CBDC"一次一密"的转移机制，设计 CBDC 的类 UTXO 通用交易模型。每次交易可能有多个来源币，经过转移后，生成多个收款方的去向币，使得加密数字货币 CBDC 与现有的私人数字货币 UTXO 相兼容。

（四）基于状态机的全局状态模型

CBDC 与私人数字货币有截然不同的性质。私人数字货币天然具有匿名性，无法获得真实身份，而 CBDC 则是基于实名下的可控匿名保护。私人数字货币只是数字形式表达的 Token，本身没有价值支撑和货币属性，而 CBDC 既吸收传统纸币优势，同时还要具有数字货币的新特性。从根本上，私人数字货币不是货币，没有货币管理，而 CBDC 是真正的法币，其发行、回笼和流通过程需要进行全局管控。因此，与私人数字货币相比，CBDC 有着更加复杂的特性和业务特征，需要构建全新的满足 CBDC 需要的全生命周期模型和全局流通状态模型。基于状态机的生命周期模型具有以下特点：

一是基于 CBDC 全生命周期模型，可建立全局流通状态图，并结合 CBDC 法币的属性特征，在可控匿名的条件下对 CBDC 进行流通状态的监控和分析，从而反映出货币发行、回笼、流通的情况。

二是 CBDC 生命周期状态模型支持央行版类 UTXO 模型的表达。加密数字货币 CBDC 生命周期状态模型中，币的状态转移与币的销毁和生成相对应，因此能够支持央行版类 UTXO 模型的表达，实现数字货币转移过程中币串的变换，并同时进行状态登记。

三是支持任意时刻 CBDC 流通的全局"有向无环图"状态快照，实现任意时刻的 CBDC 状态和流通情况的掌控，支持 CBDC 全局实时流通状态图的分析，比如在加密算法和隐私保护策略的支持下，进行大数据分析。

（五）穿透式分层融合的混合技术

穿透式分层融合的混合技术设计的创新点在于：将分布式与集中式进行多维度融合，在水平分层维度，将集中式的星系网络与分布式对等网络进行跨层融合，在垂直维度，将机构内部集中系统与分布式节点进行融合，并支持 CBDC 基于 DLT 的同步对付交易模式，由此解决了 CBDC 与传统金融基础设施技术和系统异构整合问题，同时有助于 CBDC 充分吸收 DLT 优势和挖掘 DTL 潜在应用价值。其内涵包含三层：

一是基于中央银行、商业银行到应用场景的闭环，设计集中式技术与分布式账本技术融合的混合架构。

二是实现异构系统对接网络与分布式账本网络的多层次融合互通。针对传统异构系统对接的上层网络、由中央银行与商业银行构建的 CBDC 分布式确权账本、应用场景的交易分布式账本等不同层次，设计多层次的内部和外部互通机制，以及机构内部和跨机构间的互通机制。

三是融合分布式账本等多种技术模式的创新。基于加密数字货币 CB-DC 混合架构，中央银行与商业银行共同构建基于分布式账本的确权登记体系，并对外提供基于分布式账本的"网上验钞机"服务，既保护核心交易系统，又充分体现分布式账本的安全可信的特性。同时基于分布式账本技术的应用场景，构建 CBDC 与各类数字资产"同步对付"的机制，充分体现出 CBDC 的优势。

（六）基于 CBDC 特性需求的 DLT 底层技术优化

现有 DLT 账本技术在基础功能、身份隐私保护、监管控制等方面达不到中央银行发行流通 CBDC 的要求，主要体现在：一是在虚拟机里运行的合约功能受限，无法实现特殊业务需求，且虚拟机有性能损耗，一些常用算法放在底层实现更有效率；二是 DLT 账本数据公开透明，缺少隐私保护机制，The DAO 智能合约漏洞事件是前车之鉴，表明区块链一旦出现漏洞，涉及多方协调，无法立即修复升级。

因此，基于 CBDC 特性需求需要对 DLT 底层进行一系列技术优化，主要内容包括：

一是高效的底层原生合约设计。不受虚拟机限制，直接运行在操作系统环境中，并可突破资源限制，有效提升性能。针对上层应用提出的对智能合约的隐私需求，引入新的加密算法，通过原生合约实现了隐私算法接口，并供其他普通智能合约调用访问系统信息，外部数据的功能亦通过原生合约实现。

二是基于环签名和同态加密解决 CBDC 在 DLT 账本上的隐私保护问题。比如为满足用户账户余额的隐私保护需求，可采用 ECC 做加法同态运算验证转账前后总金额相等；采用环签名构造零知识证明验证转账后金额为正数；采用 ECDH 共享密钥进行交易双方和监管对密文金额的共享解密。

三是通过紧急干预实现风险防控，解决 DLT 运维难度大、难以有效控制风险等问题。一方面，可授予监管机构或管理机构紧急干预的权限，通过系统底层内置的紧急干预机制，让系统处于空转状态，防止损失扩大；另一方面，可通过系统层合约实现的紧急干预机制，保证紧急干预机制的灵活性和可配置性。

第八章　数字货币的宏观经济影响

　　私人数字货币没有价值锚定，难以成为真正的货币。目前，私人数字货币的交易和流通规模的经济占比较小，尚不足以对央行货币政策产生实质性影响。未来，随着数字货币技术的改进，私人数字货币或许会在支付功能上对现金、银行存款和非银支付工具形成替代。本章第一节首先研究了私人数字货币若"大行其道"时会对央行货币政策调控和金融体系产生怎样的影响，结果表明，若私人数字货币"大行其道"，将会降低央行的货币控制能力，扰乱现行货币体系，使央行货币政策调控失效。因此，推出法定数字货币意义重大。目前大部分中央银行对于法定数字货币的具体形态、技术模式和发行机制，尚未有清晰的概念和蓝图，对于法定数字货币对央行货币政策调控的影响，也还处于探索过程中。鉴于此，本章第二节从大数据分析的视角探讨了法定数字货币的货币政策含义。研究发现，一旦数字货币走进央行的货币供应量序列，运用大数据从中观和宏观的视角分析货币政策实施、金融稳定等问题，将变得更加简便和精准。

第一节　私人数字货币的宏观经济影响

一、私人数字货币对央行货币政策调控的影响

　　若私人数字货币"大行其道"，将可能降低央行的货币控制能力，扰乱现行货币体系，使央行货币政策调控失效（见图8-1）。

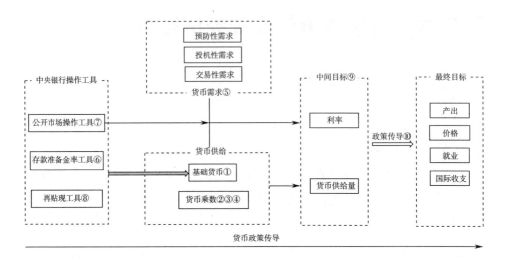

注释：①减少基础货币规模；②降低超额准备金率；③降低现金漏损率；④提高定期存款比率；⑤使货币需求函数变得不稳定；⑥中央银行的存款准备金率工具可能会失效；⑦使中央银行的公开市场操作变得复杂多变；⑧降低中央银行再贴现工具的有效性；⑨削弱货币政策中间目标的可测性、可控性和相关性；⑩加大货币政策传导的不确定性。

图 8 - 1 私人数字货币对央行货币政策操作的影响

（一）减少基础货币规模

一方面，随着私人数字货币对现金的替代程度不断提高，社会公众持有的现金以及商业银行库存的现金随之下降。另一方面，随着私人数字货币对银行存款的替代，商业银行须缴存的存款准备金规模也一并下降。

（二）降低超额准备金率

超额准备金率高低与银行出现流动性不足的可能性以及获取流动性的难易程度成正比。假使未来私人数字货币支付能达到足够快捷方便，从而使各种金融资产之间的相互转化变得容易和高效，那么金融机构持有的资产流动性水平将大幅提高，且当出现流动性不足时，金融机构亦可以快速地获取流动性，由此金融机构无需持有过多的超额准备金。

（三）降低现金漏损率

现金漏损率的高低取决于公众的现金持有偏好、银行存款利率的高低，也与其他金融资产的流动性有关。随着未来技术的成熟，私人数字货币或许可以凭借方便快捷的支付方式，降低公众对现金的需求，同时还提高各种金融资产包括高息银行存款的流动性，激励客户选择银行存款而非无息收入的现金，从而降低现金漏损率，尤其是当银行存款利率较高时，这种效应更为明显。

（四）提高定期存款比率

定期存款比率是定期存款与活期存款规模之间的比率，它一方面取决于社会公众的流动性偏好，当公众对流动性的偏好加强时，定期存款比率就会下降，反之，流动性偏好减弱时，定期存款比率则会上升。另一方面还与定期存款利率有关，当定期存款利率上升时，定期存款变得更有吸引力，定期存款比率上升，反之，当定期存款利率下降时，定期存款比率下降。诚如前文所言，私人数字货币支付的快捷方便可能会提高金融资产的流动性，因此将降低公众的流动性偏好，使公众更倾向于选择收益率更高的定期存款。

（五）使货币需求函数变得不稳定

私人数字货币对现金的替代将会降低公众对法定货币的交易性需求，使法定货币需求更多体现为投机性需求，从而提高货币需求对利率的敏感性，加上利率市场化的背景下，利率波动性较高，货币需要函数将会变得不稳定。

（六）存款准备金率工具可能会失效

在传统货币条件下，中央银行根据不同存款类型实行差额准备金率，合理控制各个层次货币的流通量。如果私人数字货币对银行存款形成替代，银行存款准备金的计提基数将大幅下降，因此将削弱中央银行实施存款准备金率政策的主动性和能动性。

从信用创造来看，在传统货币扩张中，商业银行的存款—贷款创造扮演着重要的角色。商业银行在维持一定准备金的要求下吸入存款、放出贷款，而中央银行通过存款准备金率调控货币的扩张与收缩。在私人数字货币环境下，商业银行的存款—贷款创造能力受到削弱，存款规模下降，金融脱媒，中央银行的存款准备金率工具可能会失效。

（七）央行公开市场操作效果复杂多变

在传统货币环境下，公开市场业务可以较好地调节货币供给量并研判可能产生的效果。而在私人数字货币环境下，金融交易的数字化和网络化加快了金融市场信息的传播速度，市场上的任何微小变化都可能会被乘数放大，使中央银行公开市场操作效果复杂多变。

（八）降低再贴现工具有效性

在私人数字货币环境下，客户对商业银行的支付清算服务需求减少，使商业银行减少甚至完全取消对中央银行清算服务的需求，进而减少对中央银行的融资需要，由此在一定程度上可能降低再贴现工具有效性。此外，在私人数字货币环境下，金融市场边界可能会得到极大扩展，商业银行可以在开放的金融市场中解决资金需求，从而对再贴现窗口的依赖性越来越小。

（九）削弱中间目标的可测性、可控性和相关性

在可测性方面，私人数字货币可能会加大金融资产之间的替代性，使对各层次货币的定义和测量变得复杂和困难。在可控性方面，由于上述存款准备金率工具和再贴现工具失效，中央银行对货币供应量的可控性将会降低，并且由于货币需求函数对利率变得更加敏感，中央银行对利率的影响效力也会下降。在相关性方面，由于私人数字货币的流通不处于中央银行监测范围内，基于私人数字货币交易的电子商务和数字资产的交易信息不被中央银行掌握，因此会削弱央行货币政策工具与实体经济的相关性。

（十）加大货币政策传导的不确定性

商业银行是传统货币政策传导的重要渠道。私人数字货币发展带来的金融脱媒可能会削弱商业银行的货币政策传导作用，使货币政策对实体经济的传导变得愈加不确定。同时，在私人数字货币环境下，金融科技创新将进一步深化，深刻改变金融机构和社会公众的资产配置行为，使社会整体的货币需求和资产结构复杂多变，加大货币政策传导的不确定性。

二、私人数字货币对金融体系的影响

（一）对商业银行和支付机构业务的影响

在私人数字货币环境下，经济主体可能会将货币存储于数字钱包，而不存储于商业银行的账户，并且经济主体之间货币的支付与结算将通过开放的互联网直接进行，不再依赖于传统商业银行间的支付清算系统。那么私人数字货币将可能会对商业银行产生以下影响：一是降低商业银行的存款规模，削弱商业银行的存款—贷款创造能力，抑制商业银行资产负债表的整体扩张，金融进一步脱媒。二是冲击商业银行的支付清算业务。与开放、方便、快捷的互联网相比，银行间支付清算系统将丧失优势。私人数字货币势必对银行支付清算业务带来极大的冲击。三是冲击商业银行的客户基础。传统上，由于客户在存储、汇兑、支付和清算上对商业银行依赖，商业银行可通过账户"吸附"客户，以此为基础开展各项业务，而私人数字货币动摇了商业银行的账户根基，从而对商业银行整体经营业务产生根本性影响。

对于非银支付机构而言，私人数字货币的发展使非银支付机构可以不受制于银行的清算支付体系，无须再借道商业银行系统提供支付服务，释放了发展空间，但另一方面，私人数字货币的去中心化及脱媒特征，同时也可能会冲击非银支付机构业务。

（二）对金融生态的影响

私人数字货币一方面可能冲击商业银行和第三方支付机构的业务，加剧机构间的竞争，引发金融市场的无序，但另一方面也可能存在一些正面效应。一是提高金融交易效率，降低金融交易成本。私人数字货币的去中心化可让用户无须通过非银支付机构进行点对点交易，提高金融交易效率，节约交易成本，具有完全脱媒、无交易成本、匿名性、自由性与安全性等优点。二是金融市场边界得到扩展，互联网金融优势更加明显。在私人数字货币环境下，互联网不仅是交易平台，同时又是支付、清算和结算系统的支撑平台。互联网集成了金融交易链条的所有元素，它本身即是金融市场。金融市场将超越传统概念的界限，互联网的开放性与无疆性使其广度和边界得到极大扩展。金融结构将更趋扁平化，互联网金融优势更趋明显。三是金融普惠性大幅提高。私人数字货币支付脱离了基于账户的银行支付清算体系。即使没有在金融机构开户的人也能进行非现金支付，速度快、成本低。尤其是它的互联网运营特性，有助于提高货币金融服务的覆盖面和可获得性，使边远贫困地区和社会低收入人群能够获得价格低、方便、快捷的货币金融服务。

（三）对金融稳定的影响

首先，私人数字货币可能会动摇商业银行的账户根基，商业银行的支付清算功能和地位下降，商业银行将可能丧失传统上对客户资产、交易和支付的信息优势，风险管理失去信息基础，导致银行风险上升。

其次，私人数字货币环境下金融机构的经营风格可能会更加激进，更加偏好风险，混业经营特征更加明显，原因在于：一是在私人数字货币支付的推动下，金融市场更加开放，金融结构更趋扁平化，金融脱媒程度加深，金融机构间的竞争将更加激烈，传统型金融机构经营模式将会受到创新型金融机构的挑战。二是在私人数字货币支付的支持下，金融机构调整和控制其资产的能力不断提高，金融机构的资金融通与转移可在瞬间完成，这会激励金融机构将资金投资于高风险高收益的项目。三是私人数字货币会加快互联网金融客户的转移速度，扩大互联网服务的网络效应，这可能会使敢于冒险、更能推出新型金融产品的金融机构比资产管理优秀、经营稳健的金融机构，更受客户的欢迎。

再次，私人数字货币容易通过互联网超越国界，向国际化扩展，这使监管国际资本跨境流动和防范金融系统性风险难度增加。加上网络间信息传递速度快的特性，金融系统性风险可能会出现多米诺骨牌式的破坏力。

最后，由于私人数字货币的互联网特征降低了金融产品和服务的门槛，互联网金融客户群体越来越广泛，虽然网络信息技术提高了人们处理和传送信息的能力，但面对互联网上的海量信息，信息的寻找、甄别和判断可能会高度依赖个体的知识水平和分析技能，加上金融产品内在的复杂性、专业性和多样性，金融消费者准确理解和掌握互联网金融产品和服务的难度将会加大，因此，金融消费者自身合法权益更容易受到侵害。其他可能损害金融消费者权益的情形还包括，外力导致网络系统崩溃而带来的数字货币损失，网络黑客攻击导致数字货币被盗窃，电脑存储硬件损坏导致数字货币的丢失。

（四）对反洗钱工作的影响

了解客户、记录保存和交易报告制度是反洗钱三大原则。但这些原则是建立在以金融机构作为社会资金流动中介且有能力鉴别客户的身份和交易性质的基础上，而私人数字货币对传统的反洗钱模式提出了挑战。

首先，私人数字货币的流通脱离了传统商业银行系统，弱化了金融机构反洗钱主要渠道功能。

其次，私人数字货币不需要通过第三方中介，尤其是，混币服务、零知识证明、同态加密等交易匿名化技术的出现使数字货币交易追踪和 KYC 工作变得越发困难，容易滋生非法交易和洗钱活动。例如，混币服务可以将多笔交易进行混淆后输出，从而很难判断交易输出的数字货币来源，一定程度上影响数字货币的可追踪性。零知识证明、同态加密等技术方法可以实现交易的完全匿名，隐藏数字货币交易的来源地址、去向地址以及交易金额。

最后，私人数字货币流通可以通过互联网超越时空界限，进行隐蔽的跨国资金划拨，并利用不同司法管辖区对洗钱犯罪立法的差异逃避制裁。

第二节　法定数字货币的货币政策含义

法定数字货币对央行货币政策调控的影响，尚处于探索过程中。Bordo 和 Levin（2017）[①] 的研究认为，附息法定数字货币的利率可以作为货币政策的主要工具，从而减少量化货币工具或依靠财政干预措施来推动经济复苏的需要。尤其是，可酌情对法定数字货币收取保管费[②]，实质上等同于实施负利率政策。一直以来，名义利率的零利率下限是中央银行维持通货膨胀缓冲（Inflation Buffer，通常为 2%）的主要动机。在金融危机之后，由于无法突破零利率下限，一些经济学家主张提高央行通货膨胀目标。而在数字货币环境下，负利率政策成为可能，中央银行就不再需要设定目标通货膨胀率缓冲。当宏观经济遭受严重不利冲击时，中央银行可"自由"地将利率降到 0 以下，无需再采用存在通胀隐患的量化宽松货币政策。可以说，法定数字货币大大释放了货币政策空间。

斯蒂格利茨（2017）[③] 研究了电子货币系统的宏观经济管理。针对传统货币政策在信贷渠道的传导不畅，斯蒂格利茨建议引入信贷拍卖机制，由中央银行通过信贷拍卖对商业银行的放贷行为直接施加影响（如施加放贷规模、资金流向等约束），约束商业银行行为，促使银行资金流向实体经济，并在信贷拍卖机制中引入宏观经济稳定和收入状态或有贷款设计，以降低商业银行风险偏好的顺周期性，从而降低基础货币向银行信贷传导的不确定性。但这些机制安排的前提是，中央银行对经济状况、银行行为

---

① Bordo M D, Levin A T. Central Bank Digital Currency and the Future of Monetary Policy [R]. NBER Working Paper No. 23711. 2017.

② 姚前. 数字货币和银行账户 [J]. 清华金融评论, 2017（7）: 63 – 67.

③ Stiglitz J E. Macro – economic Management in an Electronic Credit/Financial System [R]. NBER Working paper No. 23032. 2017.

和资金流向等信息必须有全面的了解和掌控，于是电子货币系统成为关键的基础设施，诚如斯蒂格利茨所言，"即使没有电子货币，信贷拍卖机制也能实施，但货币的电子化和数据化有助于提高中央银行监测货币流动和组织市场的能力，从而有效发挥这些机制创新的作用"。

本节则从大数据分析的视角探讨法定数字货币的货币政策涵义。研究发现，一旦数字货币走进央行的货币供应量序列，运用大数据从中观和宏观的视角分析货币政策实施、金融稳定等问题，将变得更加简便和精准。大数据的意义在于从海量数据中及时识别获取信息价值、发现主要运行指标之间的关联，为数字货币体系的运行、调控、货币政策实施乃至货币体系从纸质向数字转轨提供有力支撑。

一、大数据分析及其在金融领域的应用

云计算、物联网、移动互联、社交媒体等信息技术和应用模式的快速发展，促使全球数据量急剧增加，推动人类社会迈入大数据时代。一般意义上，大数据是指利用现有理论、方法、技术和工具难以在可接受的时间内完成分析计算、整体呈现高价值的海量复杂数据集合。大数据呈现出多种特征：在数据量方面，当前，全球所拥有的数据总量已经远远超过历史上的任何时期，且数据量的增加速度呈现倍增趋势；在数据速率方面，数据产生、传播的速度更快，在不同时空中流转，呈现出鲜明的流式特征，更为重要的是，数据价值的有效时间急剧减少，也要求越来越高的数据计算和使用能力；在数据复杂性方面，数据种类繁多，在编码方式、存储格式、应用特征等多个方面也存在多层次、多样的差异性，结构化、半结构化、非结构化数据并存；在数据价值方面，数据规模增大到一定程度之后，隐含于数据中的知识的价值也随之增大。

大数据的计算模式可以分为批量计算（Batch Computing）和流式计算（Stream Computing）两种形态。批量计算首先进行数据的存储，然后再对存储的静态数据进行集中计算，适用于实时性要求不高但数据的准确性和

全面性更为重要的应用场景。流式计算中，无法确定数据的到来时刻和到来顺序，也无法将全部数据存储起来，因此，不再进行流式数据的存储，而是当流动的数据到来后在内存中直接进行数据实时计算，适用于实时性要求很严格但数据的精确度要求稍微宽松的应用场景。Hadoop 是典型的大数据批量计算架构，由 HDFS 分布式文件系统负责静态数据的存储，并通过 MapReduce 将计算逻辑分配到各数据节点进行数据计算和价值发现；Twitter 的 Storm、Yahoo 的 S4 则是典型的流式数据计算架构。

目前，金融业使用批量计算创建企业级的数据仓库，实现内部和外部数据的统一存储，通过对业务数据建模，找到更多的数据关联关系，为管理决策精准营销提供数据支持，从而实现业务优化和创新。使用流式计算模式，实时处理大数据，帮助金融机构应对各类金融欺诈风险，开展实时智能决策，预测客户消费行为等。另外，金融机构利用深度学习技术，发挥人工智能在图像、语音、自然语言处理等方面的优势，实现技术性突破，整合更多的数据资源，预测金融消费者行为，实现市场营销和风险控制等，也取得了非常好的效果。

一些国家的中央银行也积极拥抱大数据，有的甚至提出了"大数据央行"的概念，运用大数据对宏观经济进行预测，指导货币政策效果分析、实施宏观审慎监管等。未来，随着数字货币走进央行的货币供应量序列，在数据脱敏的情况下，如何运用大数据分析，从中观和宏观的视角精确分析货币政策实施、金融稳定等问题，将成为大数据分析的另一重要领域。

二、数字货币为大数据分析奠定基础

货币发行技术一直在不断演进，从实物货币、金属货币，再到纸质货币，均是以有型的形态存在，在交换过程中均需要实际给付，发行技术主要涉及冶炼、铸造、测量、纸张、油墨、印刷等领域。货币当局通过铸造技术、印刷技术的升级等，主要是为了实现两个目标：一是提升印刷的精美性，便于流通；二是提升防伪能力，尽量减少假币的出现。

但迄今为止，货币发行技术进步与大数据分析关联程度比较弱，货币运行相关数据基本通过后验式统计与估算来形成，这就导致货币在现实流通中存在较大不确定性。比如，由于缺乏实时有效的监控手段，货币发行后真正进入流通领域发挥交易手段的到底有多少？这些货币被应用的主要场景有哪些？货币流通速度怎么样？诸如此类的问题往往很难找到确切的答案。

数字货币的出现将改变这一局面。数字货币技术彻底摆脱了传统货币使用的技术，完全使用基于互联网的一系列技术手段，包括区块链技术、密码算法技术等，以确保数字货币在网络上可以畅通无阻地被使用。尤其是对法定数字货币而言，其货币的创造、记账等都是由央行或者央行组建的联盟中心来完成的，央行是造币者、发行者，一些关键核心节点是记账者，普通节点是运用数字货币进行交易的经济主体。在这一技术体系中，央行拥有最高决策和业务权限。由于数字货币的上述特质，大数据分析在货币发行和监控过程中就有了用武之地。在数据适当脱敏的情况下，央行可以运用大数据对货币的发行、流通、储藏等进行深入分析，了解货币运行规律，为货币政策、宏观审慎监管和金融稳定性分析等需求干预提供数据支持。

三、大数据分析在法定数字货币体系中的应用

作为货币运行体系的组织实施者和直接管理者，在法定数字货币体系这一金融基础设施的建设过程中，央行需要明确自己在法定数字货币运行体系中的大数据主体责任。在法律许可的范围内，央行应推进数字货币大数据顶层设计及相关基础设施建设，主动运用大数据分析方法，服务于货币政策运行和金融稳定，加强对于货币体系转轨运行的监测监管，提升央行对货币运行的调控能力。目前全球主要经济体都尚未实际运行法定数字货币，无法开展实证分析。仅从理论和逻辑推演视角，研究法定数字货币运行体系的大数据应用，我们认为应该在以下几个方面着力。

一是系统性开展法定数字货币大数据体系顶层设计和基础设施建设工作。在时域上，要提取数字货币发行、流通、交换、储藏、回收的全生命周期关键基础数据，为进一步的模型构建、仿真、分析和调控夯实基础。在空间域上，构建数字货币运行分布云图，清晰勾画法定数字货币运行的规模、地点、时间，并进行空间标注，形成数字货币运行分布的实时云图，清晰地了解数字货币的运行区域和投放重点域，为精准施策作好准备。在系统设计上，要注重大数据基础设施的强健性和拓展性，根据数据层、接口层、服务层和应用层划分，保证数据收集、分析模型、应用接口都具有良好的安全性、灵活性和一定程度的开放性。

二是科学遴选相关数字货币分析指标体系。从可观性、可控性、相关性和稳定性维度，测度关键的数字货币总量性指标和价格信号类指标，进一步仿真分析数字货币调控工具类指标的影响。关注数字货币供应量以及货币层次的结构性变化，及时洞察金融资产结构趋势。关注数字货币对于货币需求模型的影响，分析需求模型中交易动机、预防动机、投机动机的变化，可以更好预测货币投放需求。关注数字货币流通速度的变化，通过对每一笔数字货币流通的时间、速率进行准确测量，借助加权平均分析，可以比较清晰地考察法定数字货币流通的平均速率，进而判断出货币供应量的变化规律，对于精准调控数字货币的投放数量、投放频率等具有很好的参考价值。关注货币乘数测量，通过大数据分析提高法定数字货币测量的准确性。此外，要通过构建模型来仿真运行和比较分析数字货币的货币政策中介目标以及干预工具，在总量型工具和价格型工具中开展比较分析。

三是着力在数字货币体系对于传统货币运行体系以及传统金融基础设施的关联与影响上。从法定数字货币发行之日起，就意味着货币体系进入了转轨期。从现有货币体系到数字货币体系需要一个过程，数字货币与传统货币体系将长期共存。数字货币大数据分析要在数字货币体系与传统货币体系的关联路径、影响机理以及作用机理上开展工作，重点分析数字货币对于整体性货币供给、货币需求、货币流通速度、货币乘数、金融稳定性的冲击性影响，为转轨工作做好服务。同时，数字货币必然会对支付结算体系等金融基础设施的运行效率和安全性能产生重要影响，大数据分析也要着力在数字货币的支付、结算、信用体系等关键领域特性的监测监管。

四是数字货币的大数据分析要有利于新经济运行和金融安全。随着越来越多的经济活动通过互联网开展，虚拟经济的规模越来越大，传统纸质货币越发显现出其局限性。随着法定数字货币的出现，货币服务经济生活的功能如虎添翼，央行也可借此更好地了解宏观经济特别是虚拟经济的运行状况，分析货币在虚拟领域的应用，实现货币服务对经济交易领域的全覆盖。法定数字货币的流通，会取代虚拟经济中准或类数字货币，并依靠国家的公信力，维护货币发行的权威性和公信力，确保金融体系、经济体系运行稳定。

第九章　数字货币监管与立法

　　作为新兴事物，各国数字货币监管与立法尚不成熟。本章第一节首先对私人数字货币 ICO 的内涵、类型、收益风险特征、与 IPO、股权众筹的异同展开全面研究，并首次提出了 ICO 代币的价值评估方法，进而在第二节从学理的角度出发，假定我国要建立 ICO 监管框架或者开展监管沙盒，我们结合证券发行的立法实践和现行监管设计，针对区块链行业发展的特性，提出了具体的 ICO 监管框架和监管沙盒设计。

　　在私人数字货币监管与立法实践方面，美国纽约州于 2014 年率先出台了虚拟货币监管法规，2017 年 7 月在美国"全国统一州法律委员大会"（ULC）第 126 届年会通过的《虚拟货币商业统一监管法》则为全球虚拟货币监管提供了立法示范，鉴于此，本章第三节首先对这两部法规进行了全面研究，以期为我国数字货币监管与立法提供参考，并基于我国私人数字货币 ICO 的发展现状，本章第三节论证了我国监管部门清理整顿 ICO 活动的必要性和合理性。

　　在法定数字货币监管与立法实践方面，法定数字货币发行在货币的法偿性、发行主体、形态、货币反假、反洗钱以及消费者权益保护等方面对我国现行法律体系提出了新要求，对此，本章第四节在已有研究的基础上进行了探讨。

第一节　ICO定义、类型、特征与价值评估

一、ICO定义

ICO是区块链公司或去中心化组织发行初始加密代币，出售给参与者从而融得资金，用于项目开发的一种融资方式，是区块链项目的资产证券化。广义上，除了"矿前"的发行（项目最初始时的创世块发行），ICO也涵盖了工作量证明机制（PoW）、权益证明机制（PoS）或其他共识机制下为奖励矿工"挖矿"、验证者参与共识协议，以保障区块链网络安全而进行的代币发行。

ICO融得的资金往往不是法币，而是比特币、以太币或其他数字加密代币。融得的代币一般是从项目的实际情况出发，综合考虑受众范围、投资者便利性、代币流动性以及与ICO代币之间的技术联系等多方面因素。在2014年之前，由于多数ICO项目的目标受众与比特币社区成员高度重合，比特币成为早期ICO唯一的融资代币。而随着其他区块链项目的发展与成熟，有些项目的代币价值获得认可，受众范围不断扩大，形成了自己的独立社区。社区孵化出来的项目在ICO时通常会选择所在社区的代币和比特币作为双融资代币，如随着以太坊的发展和成熟，基于以太坊的项目ICO选择以太币和比特币作为融资资金的形式。

二、ICO类型

ICO代币可以转让，买卖，但不能要求返还，没有固定期限，也没有固定回报。它在经济价值上映射了ICO标的项目的股权。根据ICO发行主体的特征，可将ICO分为两类：一是基于实体公司的ICO，比如一家瑞士金融科技公司发行的Lykke代币即规定，每100枚Lykke代币可获得Lykke

公司股权的 1 个份额，此类代币代表了投资者对线下实体公司的股票所有权（知情权、决策权、收益权和剩余索取权）。二是基于去中心化网络的ICO，不存在线下实体公司，项目发起、代币发行、技术研发和产品运营完全依靠非实体公司的技术团队。资金交予技术团队或代币基金会支配使用，也可采取 DAO（Decentralized Autonomous Organization）模式进行管理。

2016 年，有一个名为 "The DAO" 的 ICO 项目，这是一个运行在以太坊区块链上的去中心化投资基金，融资额超过 1.3 亿美元。DAO 模式设计了以下机制，实现资金所有权和管理权的统一，有效保障投资者利益：一是投票机制，保证公平。DAO 项目的投资决策均由参与者投票决定。二是智能合约机制，保证透明。所有项目均采用智能合约自动执行，项目产生的本金和收益通过智能合约回到 DAO。分布式记账的公开、透明和智能合约的自动执行保障了参与者的信息知情权。三是少数人用脚投票机制，保证公正。为避免多数同意规则下少数人利益受损，DAO 协议设定少数者可投票选择另一个服务商，形成新的 DAO 来保护自己利益。

三、ICO 代币的收益风险特征

ICO 代币的收益存在三种形式：一是股息，向代币持有人分配比特币或以太币等其他流动性较好的代币现金，如 REP 代币、ICOnomi、后期的BitShare 等；二是回购，增加每股持股比例，如早期的 BitShare；三是市场转让溢价，如比特币、以太币、Storj Labs 等。ICO 成功之后，代币一般会在各个加密代币交易所（如 Bittrex、Polonex、Kraken）上线交易，价格随着加密代币市场行情、信息和项目进展情况而波动。加密代币交易所为代币创造了流动性，参与者可在这二级市场转让代币，获得投资收益。

ICO 代币普遍风险较高，导致代币价格波动性远高于其他金融资产。具体风险有以下几类：

一是道德风险。对于非 DAO 管理模式下的 ICO，发起人和参与者之间是委托代理契约关系，双方的激励与责任不完全一致。为提高参与者对项目的兴趣和信心，加密代币行业的普遍做法是向参与者展示项目进展情况，尽管如此，限于技术的专业性、开发者的匿名性以及项目报告信息传递的有限性，参与者难以对项目具体进展及未来方向有完整、透明的评估和判断。信息不对称下容易产生道德风险和逆向选择问题，甚至发生诈骗、非法集资等犯罪活动。

二是市场风险。代币无信用背书，收益"或有"，本质上是以项目未来价值为标的资产的看涨期权，项目若能发展成价值网络，则代币投资者可获得收益回报，否则代币价值为零。自2013年发生第一例ICO项目以来，不少ICO项目已经失败。

三是系统性风险。技术逻辑上，ICO项目"层嵌层"地依赖整个区块链技术系统。如应用层上的各类去中心化应用项目根植于以太坊的去中心化智能合约平台，以太坊的发展则离不开数据层、共识层、激励层技术的发展。技术上的系统性依赖决定了各类代币网络价值的互利共生。价值形式上，代币融资、投资、回报、交易、标价通常是以其他发展相对成熟的区块链项目代币为媒介，蕴含着加密代币价值与整个区块链生态系统"休戚与共"的关系。

四是技术风险。首先，区块链系统不能关闭集中升级，导致安全漏洞修复困难。其次，智能合约上的漏洞若审核不严，风险意识不够，容易被黑客攻击，导致代币资产损失。2016年，"The DAO"ICO不久即因为智能合约的重大漏洞遭到黑客攻击，300多万以太币资产被分离出"The DAO"资产池。最后，代币资产存在被盗风险，即使采用了多重签名、第三方私钥托管等手段，依然存在安全隐患。

五是流动性风险。代币持有者必须借助于加密代币交易所和清算中心才能买卖加密代币。然而并不是所有的ICO代币都能在代币交易所交易，未能上市交易的代币只能通过场外交易变现，或无法变现。此外，上市交易的代币可能因市场操纵而存在流动性风险。

四、ICO 与 IPO、股权众筹的比较分析

美国证券法将证券定义为，企业为筹资而发行的任何债务单据或凭证，包括营利性公司的股票、有限责任公司的会员权益以及有限合伙人的权益。同时根据荷威标准（Howey Test），投资合同即"个体将其资产投入普通企业，并期望仅通过发起者或第三方的努力获取利润收益的合同、交易或计划"，也可被划分为证券。可见，ICO 代币除了资产投向不是企业之外，基本符合证券的定义和标准。ICO 和 IPO、股权众筹一样，同属权益类证券发行活动，但在某些方面存在差异（见表 9 - 1）：

一是 ICO 融资资金为比特币、以太币或其他数字加密代币，而 IPO、股权众筹的资金形式为法币。

二是 IPO、股权众筹的发行主体来自各个行业，但须为企业，而 ICO 发生在区块链行业，发行主体不一定为实体企业，可能为非实体企业团队。

三是 ICO 的投资主体范围没有限定，而 IPO、股权众筹虽也面向大众，但在监管上对投资者提出了相关限制。

四是 ICO 没有相关服务中介机构，在去中心化的网络上开展，而 IPO 和股权众筹则依赖于证券经纪商、众筹平台等中介机构。

五是 IPO 的企业股票可在证券交易所的二级市场进行流通，同样 ICO 的代币也可在各类代币交易所二级流通，而股权众筹资产的变现流通则依靠场外交易。

表 9 - 1　　　　　　　　ICO 与 IPO、股权众筹的异同

	ICO	IPO	股权众筹
资金形式	比特币、以太币或其他数字加密代币	法币	法币
监管法规	无	《证券法》（中国、美国）	《私募股权众筹融资管理办法》（中国）、《JOBS 法案》（美国）

续表

	ICO	IPO	股权众筹
发行主体	区块链行业，不一定为企业	各行业，须为企业	各行业，须为企业
投资主体	大众，无限制	大众，有限制	大众，有限制
服务中介机构	无，去中心化的网络平台	证券经纪商	众筹平台
二级市场流通	加密代币交易所	证券交易所	无，场外交易

五、ICO 代币的价值评估方法

股票价值取决于未来收益（Payoff），一般可采用市盈率估价法和现金流贴现法进行估值。但 ICO 代币的一些特性使其难以用传统的股票估值模型进行定价：一是技术创新的高不确定性导致区块链项目的持续经营假设失效。二是未来项目收益难以预测，即使在项目收益可预测的情况下，由于区块链技术和项目的开创性，在现实中难以找到相似的公司市盈率进行估值，市盈率估价法失效。三是在应用现金流贴现法时，除了难以预测未来现金流之外，还面临如何确定贴现率的技术难题。理论上，贴现率等于无风险利率加风险溢酬，风险溢酬一方面取决于投资者风险偏好，另一方面与代币的风险有关，两者如何度量存在现实困难。

尤为关键的是，技术上的依赖决定了代币价值与其他代币之间的互利共生，且投资、回报、变现往往不是以法币为形式，这一特点给代币估值带来极大的挑战。例如，假定代币的投资、回报、变现是以比特币为形式，那么在应用现金流贴现法时，比特币对应的无风险利率应为多少？目前市场中找不到这一指标。若采取间接方法，将项目的比特币现金流换算成法币后进行估值，则意味着在估值时应增加对整体比特币未来价值的评估，并考虑代币与比特币价值的相关性，在此情形下，传统股票估值模型无法适用。

因此 ICO 代币定价需要新的方法论。一种可行的思路是将代币的经济价值看作是以项目未来价值为标的资产的看涨期权，采用期权定价法进行定价。假定项目价值是以比特币为形式，在未来 T 期，以比特币计价的项目价值为 $S(T)$，届时比特币的法币价值为 $U(T)$，那么以法币计价的项目价值为 $V(T) = S(T)U(T)$，即 $S(T) = \dfrac{V(T)}{U(T)}$。根据代币收益的或有特征，$T$ 期代币价值 $P(T) = \max(S(T) - Z, 0)$，Z 为以比特币计价的临界值，当项目价值低于临界值时，意味着项目失败，代币价值为零，否则项目价值为 $S(T) - Z$。进一步，$P(T) = \max(S(T), Z) - Z$。为简洁起见，假定 Z 为 1，此时代币价值可表示为 $P(T) = \max(S(T), 1) - 1$，将 $S(T) = V(T)/U(T)$ 代入，则得到 $P(T) = \max(V(T)/U(T), 1) - 1$。

利用期权定价方法，可以求解代币以比特币计价的现值 $P(0)$：

$$P(0) = \frac{V(0)}{U(0)} e^{-q_vT} N(d_1) - e^{-q_vT} N(d_2) - 1$$

若以法币计价的现值则为：

$$P(0)U(0) = V(0) e^{-q_vT} N(d_1) - U(0) e^{-q_vT} N(d_2) - U(0)$$

$$d_1 = \frac{ln\dfrac{V(0)}{U(0)} + (q_u - q_v + \dfrac{\sigma^2}{2})T}{\sigma\sqrt{T}} , d_2 = d_1 - \sigma\sqrt{T} , \sigma = \sqrt{\sigma_u^2 + \sigma_v^2 - 2\rho\sigma_u\sigma_v} ,\text{ 其中}$$

q_v 为代币项目价值的增长率，q_u 为比特币价值的收益率，σ_v 和 σ_u 分别为相应的波动率，ρ 为代币项目价值和比特币价值的瞬时相关系数。

在估值时需要估计代币项目的现在价值 $V(0)$，预测其未来增长率 q_v、波动率 σ_v、项目失败的临界值 Z 以及和比特币价值之间的相关系数 ρ，而比特币价值的收益率 q_u 和波动率 σ_u 可通过数据回溯得到，也可对其进行预测，比特币的现在价值 $V(0)$ 可以比特币的市场现价为代表。

以上估值思路的优点在于：第一，不以持续经营为假设，假定代币项目可能成功也可能失败；第二，估值公式独立于无风险利率，避免了现实中不存在代币无风险利率的技术难题，也无须估计风险溢酬；第三，考虑了代币项目价值与其计价代币项目发展的相关性，更符合经济现实。

第二节 私人数字货币 ICO 监管：基于学理的研究

一、ICO 监管框架设计

为了规范证券发行和交易行为，保护投资者的合法权益，维护社会经济秩序和公共利益，各国对证券发行均秉持严厉监管的态度。我国现行《证券法》也明确规定，公开发行证券必须依法报经国务院证券监督管理部门或者国务院授权的部门核准。未经核准，任何单位与个人不得公开发行证券。ICO 处在法律监管的边缘，不利于投资者保护，也不利于区块链行业的良性健康发展。

经过长久实践，权益类证券发行的监管思路和框架日臻成熟（见表 9 - 2 和表 9 - 3）。监管的重点在于保护证券市场投资者，并遵循以下监管逻辑：监管强度与投资者利益受损的可能性成正比，与投资者自身的专业水平和风险承受能力成反比。如鉴于 IPO 涉及广泛的公众利益，监管者对 IPO 采取了一系列的严格监管措施，具体有：要求证券公开发行或出售必须登记审核，保证上市公司质量；禁止发行人一般劝诱和广告行为；对上市公司提出持续的强制信息披露要求，包括要求披露特定、特指信息以及相关的所有重要附加事实；对上市公司施加反欺诈和其他责任条款；美国一些州证券法（"蓝天法"）还要求由州监管机构对上市公司价值进行实质性审查。而对于高风险领域，监管者则采用了限定投资者范围的方法，降低风险的涉众程度。如我国对新三板、创业板、私募投资基金实行合格投资者制度。

表 9 – 2   IPO、股权众筹监管框架（美国）

监管手段	IPO	股权众筹
上市登记审核	发行或出售证券必须登记审核。豁免情形：D 条例	年度发行和出售证券上限不超过 100 万美元，豁免登记审批
投资者限制	SEC 认为，净资产超过 100 万美元或近两年的个人收入在 20 万美元以上，夫妻双方的共同收入在 30 万美元以上的投资者为合格投资者。D 条例的豁免发行情形进行了合格投资者限定	没有合格投资者限定。前 12 个月内收入或净资产不超过 10 万美元的投资人所投资金额不得超过 2000 美元或其年收入的 5%；前 12 个月内收入或净资产超过 10 万美元的投资人可用其收入的 10% 用于此类投资。所有投资者投资上限为 10 万美元
信息披露要求	持续的强制披露要求（包括年度和季度报告以及公布与表决、投标和交换发行、上市公司私有化交易、重要持股人情况等信息）	发行人须向 SEC 提交详细的信息披露材料，包括：潜在的投资者、资金门户或经纪商、发行人的法律地位和联系信息、项目计划书（业务概述、市场分析、营销与销售、商品或服务说明、风险因素）、主要负责人和公司股份比例超过 20% 的大股东、上一年度内的纳税凭证和财务报表（50 万美元以上发行额度须经第三方机构审议）、企业所有权和资本结构以及证券发行的评估方法、资金预期用途、发行数量及截止日期等，并持续向 SEC 和投资者提供财务信息及其运营结果
中介机构、交易平台	略	中介平台须经 SEC 或 SROs 登记注册，满足经纪商或资金门户的相应资质，加入美国金融业监管局（FINAR）。投资者教育义务，告知投资小型企业的风险，在交易过程中公开披露发行人信息、确定投资者资格、为投资者和发行人提供交流渠道、向投资人提供相关教育资料。承担与证券交易相关的各类通知和确认信息。保证投资者信息的保密性。监督发行人对发行收益的使用情况以及投资是否遵守投资限制，采取措施减少交易相关的欺诈风险

监管手段	IPO	股权众筹
禁止一般劝诱	除非符合 506 规则与 JOBS 法案，任何在报纸、杂志、出版、电视、广播或类似媒体发布的广告、文章、通知等的宣传都是被禁止的。506 规则规定，只要发行人采取额外措施证明在发行中所有投资人为合格投资者，则可在证券发行中采用一般劝诱	解除广告劝诱的限制，只要发行对象是经发行人采取适当性步骤所确认的合格投资者即可
反欺诈条款及其他责任条款	在大众传播中禁止引用虚假陈述或出现重大事实的误导性遗漏，尤其是在虚假陈述或误导性遗漏操纵证券市场价格或欺骗投资者的情况下	承担重大信息错报、漏报的法律责任
实质性审查	SEC 不对登记报告进行价值评议，但有些州要求在发行前对证券进行价值评议，即对发行的质量和公正性进行评估	

表 9-3　　　　IPO、股权众筹监管框架（中国）

监管手段	IPO	股权众筹
上市登记审核	公开发行证券，必须符合法律、行政法规规定的条件，并依法报经国务院证券监督管理机构或者国务院授权的部门核准；未经依法核准，任何单位和个人不得公开发行证券。IPO 需满足相关条件	应为中小微企业。股权众筹平台核实的实名注册用户。众筹项目不限定投融资额度

监管手段	IPO	股权众筹
投资者限制	新三板、创业板、私募投资基金实行合格投资者制度	金融资产不低于300万元人民币或最近三年个人年均收入不低于50万元人民币的个人。投资者应主动了解众筹项目投资风险，并确认其具有相应的风险认知和承受能力；自行承担可能产生的投资损失
信息披露要求	发行人申请首次公开发行股票的，在提交申请文件后，应当按照国务院证券监督管理机构的规定预先披露有关申请文件，并应满足相关持续信息披露要求	适当程度的信息披露义务。发布真实、准确的融资信息；按约定向投资者如实报告影响或可能影响投资者权益的重大信息
中介机构、交易平台	略	在证券业协会事后备案登记，并申请成为证券业协会会员。督促投融资双方依法合规开展众筹融资活动、履行约定义务；对投融资双方进行实名认证，对用户信息的真实性进行必要审核；对融资项目的合法性进行必要审核；采取措施防范欺诈行为，发现欺诈行为或其他损害投资者利益的情形，及时公告并终止相关众筹活动；对募集期资金设立专户管理；对投融资双方的信息、融资记录及投资者适当性管理等信息及其他相关资料进行妥善保管；持续开展众筹融资知识普及和风险教育活动，并与投资者签订投资风险揭示书，确保投资者充分知悉投资风险；开展反洗钱工作
禁止一般劝诱	非公开发行证券，不得采用广告、公开劝诱和变相公开方式	股权众筹平台只能向实名注册用户推荐项目信息，股权众筹平台和融资者均不得进行公开宣传、推介或劝诱

续表

监管手段	IPO	股权众筹
反欺诈条款及其他责任条款	发行人、上市公司或者其他信息披露义务人未按照规定披露信息，或者所披露的信息有虚假记载、误导性陈述或者重大遗漏的，责令改正，给予警告，并处以三十万元以上六十万元以下的罚款	无
实质性审查	无	无

　　只有对于限制性证券的公开发行，才能豁免登记。如美国证券法的 D 条例 506 规则规定，对于证券限定出售给合格投资者（符合美国证监会规定的净资产和收入标准），非合格投资者人数不超过 35 个人的情形，证券发行可以豁免登记，但发行人有责任采取适当性步骤确认合格投资者。504 规则和 505 规则分别对 100 万美元和 500 万美元融资规模以下的私募发行豁免登记（但 505 规则与 506 规则一样限制非合格投资者不超过 35 个）。

　　上述的豁免登记情形限定了非合格投资者的数量，不符合众筹的"长尾"融资需要。为促进和规范众筹行业的发展，2012 年美国出台《促进创业企业融资法案》（JOBS 法案）。JOBS 法案放开了小额证券发行的登记审批，允许年度发行和出售证券上限不超过 100 万美元的股权众筹豁免登记审批，且不限定非合格投资者数量（但有投资上限）。而且同 D 条例一样，JOBS 法案允许一般劝诱和广告，只要发行人采取适当性步骤能确认合格投资者。无疑，这些豁免增加了投资者利益受损的风险，对此，JOBS 法案采取了两个措施：一是对发行人施予信息披露要求和反欺诈及其他责任条款；二是着重以众筹平台为监管抓手，对众筹平台提出多项监管要求和义务，包括投资者教育、风险提示告知、披露发行人信息、确定投资者

资格、承担交易相关的各类信息通知和确认、投资者信息保密、监督发行
人对发行资金的使用情况以及投资是否遵守投资限制、避免欺诈等。

2014 年我国出台的《私募股权众筹融资管理办法（试行）》也放开了
股权众筹的登记审批，仅要求发行人为中小微企业，且是众筹平台核实的
实名注册用户。众筹项目也不限定投融资额度。但实施了合格投资者制
度，将股权众筹投资者的范围限定于金融资产不低于 300 万元人民币或最
近三年个人年均收入不低于 50 万元人民币的个人，且累计人数不超过 200
个。总体来看，我国的私募股权众筹管理办法对发行人较为"宽容"，仅
强调适当程度的信息披露义务，没有很高的财务信息披露要求，也未提出
反欺诈及相关责任条款。同 JOBS 法案一样，管理办法也以众筹平台为重
点抓手，对众筹平台提出了信息披露、投资者教育和保护、资格审查、监
督资金使用等要求。与 JOBS 法案不同的是，管理办法禁止公开宣传、推
介或劝诱。

上述现行的 IPO、股权众筹监管框架为 ICO 监管提供了学理上的思路
与经验。一些代币 ICO 为避免法律风险，也从现行的 IPO、股权众筹监管
法规中寻找合法性依据，如区块链资本公司（Blockchain Capital）主导的
名为"BCAP"的代币 ICO 即是根据新加坡法律进行注册，并结合美国证
券法 D 条例和 JOBS 法案的规定提交相关法律文件。

假若我国要建立 ICO 监管框架，可在 ICO 服务于实体经济的前提下，
根据区块链技术行业的特性，在上市审批、投资者限制、项目公开宣传和
推介等方面予以审慎监管。

第一，额度管控与白名单管理。ICO 发行主体不限定实体企业，但设
定融资额度限制。我国股权众筹管理办法将发行人限定在中小企业，但目
前大部分 ICO 是基于去中心化网络的 ICO，没有线下实体企业。去中心化
的区块链行业特性决定了不宜将 ICO 发行主体限定为实体企业。

目前出现了投资基金性质的 ICO，而且融资额度较高，为避免私募股
权投资基金从中进行监管套利，可考虑对 ICO 设定融资额度限制，并且在

发行项目上实行白名单管理。

第二，ICO 融资计划管理。目前大多数 ICO 项目都采用一次性融资方式，这样会误导投资者认为项目从一开始就会成功，而从风险角度考虑，传统的 VC 投资在早期会投资一小部分，过一段时间根据项目的进展再重新评估风险以及项目的潜质，从而决定是否追加投资，因此 ICO 融资计划的披露也是监管重点。

从区块链项目的增值机理来看，通过持续的技术努力，提高去中心化网络的内生服务质量和吸引力，壮大网络，形成网络凝聚力和信心支持，从而潜移默化地实现价值网络的建立，最终让内置代币具有信用与价值。广大用户的参与和网络节点数量的扩大，是 ICO 代币价值的基础。ICO 代币持有者不仅是投资者，而且是价值网络的参与者和建设者，他们的范围越广泛，对代币价值增长越有利。

但 ICO 投资者本身不成熟，也没有足够的知识和信息判断项目风险。大多数代币投资人只看到比特币的巨大收益，就理所当然地认为 ICO 就是赚取的机会，因此引入 VC 的阶段性投资理念，有助于投资者保护。

第三，对发行人施予持续、严格的信息披露要求，强调反欺诈和其他责任条款。大部分 ICO 都是以资产销售的形式进行推广，代币市场存在相当数量的"骗子币"，而且随着 ICO 的发展，投资者几乎不可能研究每个 ICO 背后的可行性。由于交易都是在匿名情况下公开进行的，ICO 就很容易被无序炒作，也容易作假。

因此，应规定发行人在 ICO 前应向监管部门提交详细的信息披露资料，包括项目白皮书、开发团队（不应匿名）、商业模式、资金使用计划、项目特色、发展目标、发展策略、风险评估、ICO 时间、ICO 价格评估方法以及其他可能涉及投资者利益的信息，并保证这些披露的信息能被投资者公开获得。同时在 ICO 前设定 3 ~ 6 个月的技术开源期，发行人开源技术细节。鉴于 ICO 项目技术的专业性，ICO 时应由独立、专业的第三方对发行人报告的合理性和适当性出具评估报告，向投资者提示风险。在项目进展过程中，发行人应定期、持续披露资金使用情况及其他重大事实和进展情况，金额重大的，以季度为频度，金额较小的，可以年度为频度。最后是明确发行人的主体责任，承担重大信息错报、漏报以及涉及欺诈、非法集资等犯罪行为的法律责任。

此外，在 ICO 过程中，发行人没有权利选择投资者，完全不知道最终是谁投资的，若没有专业外部资源的帮助，则不具备向外界提供合理、适当的信息资料的能力，而且发行人往往是信息技术人员，对于 ICO 后续的资金管理，也不具有专业优势。因此建议引入风险投资（VC）的管理思路，让专业管理人员辅助 ICO 发行，并参与 ICO 项目运营（如资金的投向与管理等），由此不仅能有效提升 ICO 项目的透明度，同时还能促进 ICO 项目的创新与发展。

第四，强化中介平台的作用。有两种方案：一是推动成立专门的类似于众筹平台的 ICO 平台，承担投资者教育、风险提示、ICO 项目审查、资格认定、资金托管、督促发行人信息披露、督察资金使用、反洗钱等相关职责。二是以加密代币交易所为监管抓手，要求代币交易所进行投资者教育和风险提示，并在代币上市交易时督促发行人进行信息披露，同时履行反洗钱等其他职责。

第五，监管部门主动、及早介入，加强行为监管，全程保留监管干预和限制权力。为进一步提高投资者保护程度，监管部门应主动及早介入，加强行为监管，包括实施监管沙盒，增强监管对区块链创新的适应性，通过监管沙盒测试预判 ICO 风险点；进行质询式监管，从技术逻辑和商业逻辑对 ICO 项目进行实质性审查。全程监测 ICO 项目开展过程，保留监管干预和限制权力，必要时，可直接干预 ICO 项目，防止对投资者利益造成损害。

第六，加强国际监管合作与协调。目前，虽然区块链项目的发起、运作是去中心化，没有明确的法律管辖地，但监管者可以将中心化的代币交易所作为监管着力点。随着去中心化的交易所技术的发展和成熟，去中心化代币交易所将可能成为主流，届时单国的监管行动将失去抓手，国际监管合作与协调变得尤为重要。

二、ICO 监管的现实路径：监管沙盒

如果对 ICO 实施监管沙盒，监管部门可在确保投资者利益保护的前提下，在监管沙盒内对 ICO 的上市审批、投资者限制、项目公开宣传和推介等方面予以监管，允许 ICO 项目开展测试活动，为 ICO 项目创造"安全"的创新空间，降低创新成本和政策风险。

同时，ICO 项目涉及网络支付、资产托管、金融交易、数字钱包、供应链金融、保险等广泛领域，技术前沿，理念先进，对监管能力和水平提出了更高的要求。通过监管沙盒，监管部门在 ICO 项目发起之初即可涉入，通过与创新者的良性互动，全面学习和深入了解 ICO 项目的技术细节、创新行为和产品特点，剖析和研判可能存在的风险点和潜在问题，并在此过程中，结合行业发展特性和未来可预见趋势，与时俱进地改进完善监管重点、工具、手段、规则和制度安排，实现监管的新平衡点，最终建立契合区块链技术创新和行业发展特性的 ICO 监管框架。

假若我国要开展 ICO 监管沙盒，可借鉴英国、新加坡等国家的经验，从以下几个方面开展：

第一，选择监管沙盒使用者。监管沙盒使用者应满足以下标准：真正具有实质性创新；有助于解决行业"痛点"，能为消费者和行业带来益处；已做好测试准备。

第二，授权与白名单管理。对 ICO 项目进行白名单管理，设定准入行业。对于可预见风险较高的项目，酌情有限授权。考虑到 ICO 项目的差异化，可对测试活动进行"个别指导"，建立单独的适用规则。

第三，投资者保护。只有对测试活动表示同意并被充分告知潜在风险、补偿措施的客户，才能被纳入测试范围；进行测试的 ICO 项目应制定测试活动的信息披露、投资者保护、损失赔偿等方案，并获得监管部门审

核通过；进行测试的 ICO 项目发起人需证明具备赔偿能力，造成客户损失时，由其负责赔偿。

第四，监督管理。测试过程中，测试的 ICO 项目应就测试情况定期向监管部门报告，并在测试完成后向监管部门提交最终报告。监管部门全程监督测试活动，保留关闭测试的权力。测试结束后，由监管部门评估审查项目的测试结果，决定是否在沙盒之外推行。

需要指出的是，实施监管沙盒的前提是完备清晰的授权或许可的金融监管体系，目前开展监管沙盒的国家均具备这一基础，如英国和澳大利亚施行清晰的"双峰"金融监管模式（审慎监管和行为监管）；新加坡采用统一的金融综合监管。基于我国当前的分业监管体制，若按分业授权或许可，容易产生监管套利或监管混乱，也不符合 ICO 项目的多元创新特点和测试需要，因此如果要在我国实行 ICO 监管沙盒，则应进一步加强金融监管协调机制构建，将其提升到更有效的层次，在此框架下开展监管沙盒。

表 9-4　　　　　　　　　　　　　　　ICO 监管框架建议

监管手段	内容	理由
上市登记审核	ICO 发行主体不限定实体企业，设定融资额度限制，进行白名单管理	1. 很大比例的 ICO 是基于去中心化网络的 ICO，没有线下实体企业 2. 提高融资效率、降低融资成本，促进我国区块链技术行业快速发展 3. 设置融资额度较高，为避免监管套利 4. 引导 ICO 项目往正确的方向发展
融资计划管理	减少一次性融资	披露融资计划，便于投资者鉴别风险
信息披露要求	对发行人施予持续、严格的信息披露要求	加强投资者保护
中介机构、交易平台	强化中介平台的作用	以中介机构和交易平台为抓手，规范市场活动，促进监管规则有效实施，加强投资者保护

监管手段	内容	理由
反欺诈条款及其他责任条款	强调反欺诈和其他责任条款	加强投资者保护
实质性审查	监管部门主动介入，进行相关实质性审查	加强投资者保护
国际监管合作与协调	加强国际监管合作与协调	区块链项目的去中心化使单国的监管失去抓手

第三节　私人数字货币监管与立法实践

一、国际实践

虽然大部分国家对私人数字货币（本节以下简称数字货币）的法律地位未给予明确的态度，但都对数字货币发展所带来的各种挑战表示极大关注，针对数字货币所可能带来的洗钱、恐怖融资、偷税漏税及处置、消费者保护、金融稳定等方面的特定风险出台了相关政策，而对于 ICO 性质的界定，目前各国倾向认为 ICO 是一种证券行为，警示欺诈与洗钱风险。

（一）总体情况

1. 反洗钱、反恐怖融资

由于数字货币的匿名性、转移快捷及不可追溯特征，数字货币存在被用来洗钱、恐怖融资或从事其他犯罪活动的风险，尤其是，混币服务、零知识证明、同态加密等交易匿名化技术的出现使数字货币交易追踪和 KYC 工作变得愈发困难，容易滋生非法交易和洗钱活动。例如，混币服务可以将多笔交易进行混淆后输出，从而很难判断交易输出的数字货币来源，一定程度上影响数字货币的可追踪性。零知识证明、同态加密等技术方法可以实现交易的完全匿名，隐藏数字货币交易的来源地址、去向地址以及交易金额。为实现事前预防、交易监控、记录保存、义务报告可疑交易等反洗钱、反恐怖融资手段，金融行动特别工作组（国际反洗钱、反恐怖融资标准的制定者）建议监管者以"看门人"的姿态，对数字货币交易所和其他网络参与者（如钱包服务供应商）实施监管。但这一建议在去中心化的数字货币环境中可能很难执行。目前，美国、德国、英国和加拿大采取措施重新解释现有监管规则或出台新的规定，以适用于特定的数字货币业务。意大利则采取了消费者风险警告措施。

2. 税收

数字货币容易成为一种逃税手段。而且，数字货币具有资产和货币双重属性，在税收上面临着应以财产形式还是以货币形式处理的问题。此外，如何对通过开采新创建的数字货币进行税收处理也是一个难题。

为了防止数字货币成为逃税手段，在许多国家如美国，要求计算和报告每次使用或处置比特币的收益和损失，纳税人有义务准确报告。对于数字货币的税收处理形式应是财产还是货币，美国、加拿大、英国、澳大利亚和德国等大部分国家出于所得税的目的，确定数字货币为财产形式。对于开采新创建的数字货币，澳大利亚则规定，矿工只有在出售或转让以前开采的比特币才缴税，在此之前作为企业的库存处理；英国规定，使用数字货币购买任何商品或服务以增值税正常方式处理，"挖矿"获得的收入不纳入增值税范围，虚拟货币兑换为英镑或外国货币，按货币本身的价值缴纳增值税；澳大利亚规定，比特币交易所和市场必须为他们提供的比特币缴纳货物服务税，使用比特币交易时需缴纳两次货物服务税，一是为交易的商品和服务，二是为比特币本身；美国纽约州规定比特币的交易为易货交易，应缴纳营业税。

3. 金融稳定

目前，由于数字货币交易规模小，与金融系统连接有限，尚未能对金融稳定构成威胁。去中心化的数字货币交易量还未达到足以引起金融系统性风险的规模。因此各国对数字货币可能引起金融稳定风险的监管措施还处于早期阶段，现阶段采取的普遍做法是限制金融机构参与数字货币交易，禁止其从事数字货币业务。比如我国禁止金融机构使用或交易比特币；欧洲中央银行建议欧盟国家禁止信贷机构、支付机构购买、持有或出售数字货币；美国纽约州和康涅狄格州要求从事虚拟货币交易的所有业务必须获得牌照。

4. 外汇管制、资本流动、货币政策等方面

在去中心化的环境下，数字货币容易被用来规避汇率和资本管制。在目前实施资本管制的国家中，还未有明确的外汇管理政策针对数字货币通过互联网进行跨国外汇交易或资本转移进行规制。同样，由于目前数字货币交易规模较小，货币供给占比较低，尚未对货币政策产生有效性，因此尚未有相关政策行动。

表 9−5　　　　　　　　　　各国私人数字货币监管实践概况

国家	反洗钱、反恐怖融资	税收处理	消费者警告和公告	数字货币中介的牌照/注册	金融部门的警告和禁令	禁止发现/使用
阿根廷	警告	—	消费者警告	—	警告	—
玻利维亚	—	—	—	—	—	是
加拿大	修订现有监管	澄清税务处理	消费者公告	—	—	—
中国	—	—	—	—	禁止	—
法国	应用现有监管	澄清税务处理	消费者警告	—	—	—
德国	应用现有监管	—	—	—	—	—
意大利	—	—	消费者警告	—	警告	—
日本	计划推出新监管	—	消费者警告	计划推出新监管	—	—
俄罗斯	应用现有监管	—	消费者警告	—	—	是
新加坡	计划推出新监管	澄清税务处理	消费者警告	—	—	—
南非	—	—	消费者警告	—	—	—
英国	应用现有监管	澄清税务处理	—	—	—	—
美国	应用现有（联邦）监管	澄清税务处理（联邦）	消费者警告	州牌照体制	—	—

5. ICO 监管

对 ICO 性质的界定，各国目前正倾向于按实质重于形式的监管原则，判定 ICO 是一种证券行为，向投资者警示欺诈与洗钱风险。2017 年 7 月 25 日，美国证券交易监督委员会（SEC）发布调查报告表示，目前虚拟组织发起的邀请及销售仍然属于美国证券法律管辖范围以内的活动。8 月 1 日，新加坡金融管理局（MAS）发布澄清公告，在新加坡发行数字令牌（digital tokens），如果属于该国证券法的证券定义，则必须向 MAS 提交招股说明书并注册。发行人或投资顾问也需符合相关法律及反洗钱和反恐相关规定。8 月 25 日，加拿大证券管理局（CSA）表示，加密货币发行涉及证券销售行为，应遵守证券发行规则。9 月 29 日，韩国金融服务委员会（FSC）表示，将禁止所有形式的代币融资（ICO）。

（二）美国纽约州关于虚拟货币商业活动的法规

纽约州是美国第一个对私人部门数字货币提出具体监管框架和开展监管实践的州，目的是在保护用户权益、防范相关风险的同时，为数字货币产品创新提供一个确定性监管环境，助力纽约成为虚拟货币交易中心和产业创新中心。

监管法规初步界定了虚拟货币及其商业活动内涵，设置了虚拟货币业务牌照（Bitlicense）准入条件，重点对从事虚拟货币商业活动主体的资质门槛、合规检查、业务开展、网络安全、反洗钱及消费者保护等事项进行了规定。

1. 名词解释

法规对相关名词进行了释义，重点包括：

一是兑换服务，指将法定货币或其他价值形式转换（Convert）或兑换（Exchange）为虚拟货币，将虚拟货币转换或兑换为法定货币或其他价值形式，或者将虚拟货币的一种形式转换或兑换为虚拟货币的另一种形式。

二是法定货币，指政府发行的，通过政府法令、法规或法律规定，成为发行所在国的合法通货的货币。

三是虚拟货币，指任何一种作为交易媒介或者以数字形式储存价值的数字单元（Digital Unit）。

满足如下要求之一的数字交易单元（Digital Unit of Exchange）均可被视为虚拟货币：有集中的存储数据库或管理者的；去中心化且没有集中的存储数据库或管理者的；通过计算或制造工艺而创造或获取的。

虚拟货币不包括以下所列的数字单元：仅用于在线游戏平台的、在此类游戏平台外没有市场或应用场景的、无法转换或折合为法定货币或虚拟货币的、不一定能兑换成现实世界中的产品、服务、折扣优惠或用于购买行为的数字单元；作为客户关系计划或者奖励计划中的一部分而发行的，且能够在发行者或指定商家用于兑换成现实世界中的产品、服务、折扣优惠或用于购买行为，或者可兑换成其他客户关系计划或奖励计划，但不能转换或折合成法定货币或虚拟货币的数字单元；预付卡中的数字单元。

四是虚拟货币商业活动，包括纽约州或纽约居民参与的任何下面所列的行为：接受虚拟货币传递或开展虚拟货币传递行为，但出于非金融目的进行的交易且交易金额不超过一定名义数额的交易不在此列；代替他人储存、持有、托管或保管虚拟货币的；作为客户业务买卖虚拟货币的；作为客户业务开展兑换服务的；控制、管理或发行虚拟货币的。开发和传播软件本身不构成虚拟货币商业活动。

2. 牌照申请

未获得本法规指定的监管机构所发放牌照的个人或组织不得开展任何形式的虚拟货币商业活动。持照人不得行使纽约州《银行法》第 100 节中所规定的信托权利。

持照人不得通过任何无牌照的中介或通过与无牌照的个人或组织签署中介协议的方式，开展虚拟货币商业活动。

以下个人或组织可在无牌照的情况下开展虚拟货币商业活动：一是按照纽约州《银行法》规定成立的，且已获得监管机构批准可开展虚拟货币商业活动的；二是仅将虚拟货币用于商品或服务买卖或用于投资目的的。

　　申请者须按相关要求提供书面申请材料，应包括以下信息：申请者名称；与申请者存在控制关系的组织名称，并提供组织关系图；个人申请者或机构申请者主要股东及管理人的个人信息；由第三方机构出具的对个人申请者或机构申请者主要股东及管理人的背景调查报告；个人申请者、机构申请者主要股东及管理人、申请者所雇用的能够接触到客户资金（法定货币或虚拟货币）的工作人员的照片和指纹信息，并提交司法部门和联邦调查局；申请者的组织架构图和管理架构图；申请者及其主要股东及管理人的当前财务报表，以及申请者未来一年的资产负债表及利润表预测报表；关于申请者现有、历史和未来可能开展的业务的说明；银行业务的全部细节；法规要求提供的相关政策和程序文件；关于申请者及其主要股东及管理人当前或未来可能面临的行政、民事或刑事诉讼的书面陈述；纽约州税务部门出具的表明申请者履行税收义务的书面证明材料；受益人为申请者、申请者主要股东及管理人或客户的投保书（如有）；关于申请者所采用的虚拟货币价值的计算方法的说明；监管机构要求提供的其他材料。

　　如果申请者不能完全符合发放牌照的要求，则监管机构可酌情发放"有条件牌照"（Conditional License），有效期两年，如果两年内牌照未被监管机构撤销或更新，则牌照自动失效。

　　监管机构负责受理牌照申请，并有权对牌照进行发放、暂停、撤销、临时禁止等操作。

　　3. 合规要求

　　持照人须遵守所有适用的联邦和所在州的法律法规，指定至少一人负责合规工作，并制定相关合规性文件，内容要包括反欺诈、反洗钱、网络安全、隐私和信息安全等方面。

　　4. 资本金要求

　　持照人须按照监管机构要求保持一定水平的资本金，最低资本金要求由监管机构根据持照人相关情况决定，可供监管机构考虑的因素包括：

　　持照人总资产结构，包括头寸、规模、流动性、风险敞口以及每类资产的价格波动性；持照人总负债结构，包括负债规模及每类负债的还款时间；持照人虚拟货币商业活动的实际业务量及预期业务量；持照人是否已根据《金融服务法》《银行法》或《保险法》的规定获得了监管机构发放的牌照或根据上述法律受到相关部门监管，或者以金融产品或服务提供方的身份受到上述法律的监管；持照人的杠杆水平；持照人的流动性水平；持照人通过信托账户或债券为其客户提供的保护水平；持照人服务的对象类别；持照人提供的产品或服务种类。持照人须按照监管机构要求的比例，以现金、虚拟货币或者高质量、高流动性的投资级别资产作为资本金。

5. 客户资产托管与保护

持照人须按照监管机构要求持有一定美元担保债券或信托账户，以保障客户利益，且信托账户须由符合资质的托管人保管。如持照人代替其他个人或组织储存、持有、托管或控制虚拟货币，则持照人须同时持有同等类型和数量的虚拟货币。

持照人不得卖出、转移、分配、借出、抵押、质押、使用或损害代替其他个人和组织储存、持有、托管或控制的包括虚拟货币在内的资产，在托管人允许的情况下开展上述操作的除外。

6. 重大业务变化

持照人如推出或提供重大的新产品、新服务或新业务，或者对现有产品服务或业务进行重大变更的，须事先获得监管机构的书面批准。

7. 控制人变化与并购

（1）持照人的控制人发生变化。控制关系发生变化前，有意获得持照人控制权的个人或组织需向监管机构提交申请并提供相关材料，获得书面批准后方可进行控制关系变更。

（2）兼并收购。针对持照人的全部或大部分资产开展并购前，有意与持照人进行兼并或有意收购持照人的个人或组织需向监管机构提交申请并提供相关材料，获得书面批准后，方可开展兼并或收购活动。

数字货币初探

8. 记录保存

持照人应保存所有与虚拟货币商业活动相关的账簿和记录原件，保存时间至少为 7 年，保存内容至少包括：

每笔交易的金额和日期（具体到交易时间），支付指令，所支付/收到的费用金额，参与交易的客户或持照人账户持有方以及其他交易参与方的姓名、账户号码和地址；包含全部资产、负债、所有者权益、收入和支出的总账；银行对账单和对账记录；向客户和对手方提供的财务报表；董事会或决策层的会议纪要；能够证明持照人符合所在州和联邦反洗钱法律法规的相关记录，包括客户身份识别及验证材料、违规行为记录等；关于客户投诉调查、交易错误处理情况以及对可能导致违规行为的事实所开展的调查记录；本法规要求的其他需要保留的材料；监管机构要求保留的材料。

9. 检查

持照人至少每两年要接受一次监管机构的检查，检查内容包括但不限于：持照人的财务状况、业务稳健性、管理政策、合规性以及监管机构决定检查的其他事项。监管机构可随时对持照人进行检查。

10. 财务报告和披露

持照人在每个财务季度结束时，需向监管机构提交季度财务报告，内容包括但不限于：持照人的财务报表（资产负债表、损益表、现金流量表、权益变更说明、综合收益表以及净流动资产情况表），证明持照人遵守相关财务要求的记录，财务预测表与业务战略规划，表外项目情况，账户列表并附账户说明，持照人的投资情况报告。持照人须提交审计后财务报表以及由独立认证会计师事务所出具的审计意见和证明材料。

11. 反洗钱措施

法规所涉的所有美元价值需按照纽约金融服务局的方法对虚拟货币进行价值计算。持照人须综合考虑业务、服务、客户、对手方和地理位置等因素，对自身的法律、合规、财务和声誉风险进行初步评估，并制定相应的反洗钱措施。具体措施至少包括以下内容：完善的内部控制政策和流

250

程，确保持照人符合反洗钱法律法规；每年度由持照人内部工作人员或外部独立机构，对持照人的反洗钱措施的合规性和有效性进行独立检查，并将检查结果报送监管机构；设置专职岗位，负责反洗钱措施实施的日常协调和监测工作；持续开展反洗钱措施培训。

作为反洗钱措施的一部分，持照人要建立客户身份识别机制，包括：识别和验证账户持有人身份、加强对涉外账户的尽职调查、禁止境外壳公司账户、加强对大额（3000 美元以上）交易发起人的身份验证。

12. 网络安全措施

持照人须制定有效的网络安全措施，确保持照人电子系统的正常运行，保护系统和敏感数据安全，以实现如下五个核心目标：识别内部和外部网络风险，至少能够对持照人系统中存储的信息、此类信息的敏感程度、能够访问此类信息的方法和人群进行识别；通过防御性基础设施及相关政策措施，保护持照人电子系统及所存储信息的安全；探测系统入侵、数据泄露、未授权访问、恶意软件和其他网络安全事件；有效应对网络安全事件；灾后恢复正常运行。

持照人的网络安全措施须包含以下几方面：信息安全；数据治理及分类；权限控制；业务连续性及灾后恢复计划；能力建设规划；系统运行保障；系统及网络安全；系统与应用开发以及质量保障；物理安全及环境控制；客户数据隐私；设备供应商及第三方服务供应商管理；监测并修改非持照人直接控制的核心协议；事件应急处置。

持照人应设置专门的首席信息安全官（Chief Information Security Officer）岗位，按年度向监管机构报告网络信息安全情况，开展网络安全审计，加强应用安全，提高网络安全人员能力建设。

13. 广告与营销

开展虚拟货币商业活动的持照人在纽约州或向纽约州居民就产品或服务进行广告宣传时，须明确披露持照人名称，并说明持照人"已获得纽约州金融服务局批准开展虚拟货币商业活动的牌照"。

持照人须保存全部广告及营销材料，保存时间至少七年。持照人的全部广告及营销活动须遵守所在州和联邦关于信息披露的法律法规。持照人及其代理方不得进行虚假或误导性宣传。

14. 消费者保护

（1）重大风险披露。在与消费者签订合同或开展首次交易前，持照人须就相关产品、服务、业务及虚拟货币整体情况，向消费者进行风险披露。披露内容至少包括如下事项：

虚拟货币不是法定货币，没有政府背书，账户及余额不受联邦存款保险公司或证券投资保险公司的保护；各州、联邦或国际层面法律和监管环境的变化，可能对虚拟货币的使用、转移、兑换和价值产生负面影响；虚拟货币交易可能不可逆，因此由于欺诈或交易事故导致的损失可能无法恢复；某些虚拟货币交易的发生时间被视为是交易在公共账簿上记录的时间，可能与客户发起交易的时间有所出入；虚拟货币的价值，部分取决于市场参与者将法定货币兑换成虚拟货币的意愿，因此，如果兑换某种虚拟货币的市场意愿消失，那么该虚拟货币的价值可能全部、永久消失；无法保证现在接受某种虚拟货币作为支付手段的个人或组织，未来还会接受该虚拟货币作为支付手段；虚拟货币相对于法定货币的定价波动较大且具有不确定性，可能在短期内造成大量损失；虚拟货币的性质可能导致诈骗和网络攻击风险增加；虚拟货币的性质意味着，持照人的任何技术问题可能导致客户无法使用虚拟货币；持照人所持有的担保债券或信托账户可能无法完全弥补客户的损失。

（2）一般性条款披露。在为新客户开立账户以及开展首次交易前，持照人须围绕相关产品、服务、业务及虚拟货币整体情况，向消费者就一般性条款进行披露，至少包括如下内容：

消费者需要对未授权虚拟货币交易所承担的责任；消费者有权停止虚拟货币预授权转账的支付操作，以及发起停止支付指令的程序；在不存在法院或政府命令的情况下，持照人在何种情形下可以向第三方披露客户的账户信息；消费者有权定期索要持照人的账户对账单和定价单；消费者有权索要交易收据、明细或其他材料；消费者有权提前获知持照人关于规则或政策的变更情况；账户开立时需要披露的其他信息。

（3）交易信息披露。持照人须向客户披露相关交易信息，至少包括以下内容：交易金额；客户所支付的任何费用及兑换比率；虚拟货币交易的类型和性质；关于交易一旦执行则无法撤回的警告说明（如有）；交易相关的其他信息。

（4）交易收据。交易完成后，持照人须向客户提供交易收据，收据须包含以下信息：持照人名称及联系方式；交易类型、价值、日期及准确时间；交易费用；兑换比率（如有）；持照人如发生未能交付或延迟交付的情况，所需承担的责任；持照人的资金退还政策；监管机构要求的其他信息。

（5）投诉处理。持照人须建立完善的投诉处理机制，在其网站及实体店面披露以下信息：持照人用于接收投诉的邮寄地址、电子邮箱及电话号码；提醒消费者可以将投诉告知纽约金融服务局；纽约金融服务局的邮寄地址、网址及电话号码等。

（三）美国虚拟货币监管法案

2017 年 7 月 19 日，在美国"全国统一州法律委员大会"（ULC）第 126 届年会上，《虚拟货币商业统一监管法》获得通过。该法案完整地给出了虚拟货币的监管框架，标志着美国对虚拟货币业务的监管将进入实质性阶段，《虚拟货币商业统一监管法》的出台，为包括我国在内的全球虚拟货币监管提供了立法示范。

总体来看，法案的制定遵循美国《统一货币服务法》（*Uniform Money Service Act*）的模式，并与美国财政部金融犯罪网络局（FinCEN）关于对虚拟货币的规定和州银行监督协会（CSBS）于 2015 年发布的关于虚拟货币业务的框架性意见保持一致。法案的立法理念主要有以下特点：

一是灵活的定义。法案将虚拟货币概况式地定义为价值的数字表现，强调虚拟货币的通用特征，不突出虚拟货币的技术特征和运营模式，既包括去中心化形成的虚拟货币，也包括以中心化方式发行的虚拟货币，还包括电子贵金属证书等，使法案在日新月异的技术创新中依然具有适用性。

二是鼓励技术创新与金融监管间的平衡。法案设立了类似于监管沙盒的牌照体系。对于小规模业务的主体可豁免申请牌照。对于业务年度总额不超过35000美元的主体，法案则设计了类似于监管沙盒的临时牌照制度，以在宽松的监管环境下促进虚拟货币业务创新。而对于业务量超过35000美元的主体，则须申请正式牌照，严加监管。此外，法规规定了各州间的牌照互认协议，降低主体的商业成本，营造良好的技术创新环境。

三是审慎监管与行为监管并重。为保障经营主体的审慎经营，法案规定，申请牌照的主体须基于虚拟货币业务模式的性质和风险，向监管部门缴纳符合相应需求的专项资金、信用证、保证书或监管部门接受的担保，并在经营期内维持财务可持续性，如保持25000美元的最低值，有重大变化时须及时向监管部门报告。法案在强调审慎监管的同时，还高度重视消费者利益保护，从经营信息披露、网络安全、业务连续、灾后恢复、隐私保护、三反等方面提出了具体的监管措施。

1. 法案的出台目的

一是保护投资者利益。虚拟货币客户希望了解新产品与服务的运作原理，并关心这些产品和服务是否受金融监管部门的监管。通过对虚拟货币的合理监管，确保虚拟货币服务供应商同其他金融产品供应商一样受到监管，从而为消费者提供保障。

二是促进虚拟货币行业创新发展。创新企业需要赢得客户才能获得成功，同时还离不开企业与银行之间的良好关系、贷款机会以及早期投资者的支持。法案对虚拟货币行业施予监管，有助于降低政策风险，提高银行和投资者对虚拟货币行业的信心。

三是避免重复监管。虚拟货币交易与业务涉及多州，美国各州已经开始采取行动规范虚拟货币，需要制定统一法案以避免重复监管，防止对企业造成不必要的负担，阻碍虚拟货币行业发展。同时，考虑到部分现行货币服务法案尚未覆盖虚拟货币，该法案可在适当监管虚拟货币业务的同时避免修订现行法案。

2. 法案的主要内容

法案基本上遵循了美国国家银行监管协会的监管框架，两者覆盖的活动类型相同。法案要求从事虚拟货币业务的企业申请牌照，接受检查并提交报告和记录。根据法案定义，任何主体，无论其位于何处，都必须获得牌照后才可开展虚拟货币业务，但为避免双重监管或重复监管，某些主体（如特许银行）不在此范围之内。

法案还涵盖用户保护内容，并要求企业启动网络安全、业务持续和重大故障修复项目。法案内容分为七个部分：总则、牌照核发、监管检查、执法、信息披露及保护客户的其他措施、政策和程序、其他条款。

（1）总则

法案对相关重要术语进行了定义。

法案将"虚拟货币"概况式地定义为价值的数字表示，用作一种兑换媒介、账户单位或价值存储，不论它是否以法定货币计价，都不是法定货币。

"虚拟货币商业活动"包括与居民或代表居民兑换或转移虚拟货币，代表居民存储虚拟货币，或从事虚拟货币管理的活动；代表另一主体持有电子贵金属或贵金属的电子证书，或发行代表贵金属权益的股份或电子证书；在网络游戏、游戏平台或发放原始数字货币单位的源发行商提供的系列游戏以外，将原本无法兑换的数字单位兑换为一种或多种形式的可兑换虚拟货币、法定货币或银行存款。

"互认协议"是指监管部门与另一州相关发照机关达成的协议安排，使其他州许可的牌照持有主体能够跨州开展虚拟商业活动。

同时法案划定了适用范围，规定法案适用于对居民开展或参与到虚拟货币商业活动的主体，不论此类主体的地点所在。但不适用于以下虚拟货币的兑换、转移、存储或管理活动：适用（经修订的）《美国法典》第十五篇 1978 年《电子资金转移法》第 1693 条至第 1693r 条、（经修订的）《美国法典》第十五篇 1934 年《证券交易法》第 78a 条至第 78oo 条、（经修订的）《美国法典》第七篇 1936 年《商品交易法》第 1 条至第 27f 条或（经修订的）本州的"蓝天法案"活动。

（2）牌照核发

法案规定了四类可以开展虚拟货币商业活动的情形：一是依照该法案获得牌照；二是由与本州存在互认协议的其他州颁发牌照；三是按照法案第二百一十条经营的临时注册主体；四是按照法案第一百零三条免于适用该法。

法案设立了三层次的牌照体系。对于小规模业务（业务年度总额低于 5000 美元）的主体可豁免申请牌照。对于业务年度总额不超过 35000 美元的主体，法案则设计了类似于监管沙盒的临时牌照制度，允许他们以临时注册主体身份开展虚拟货币业务。申请临时主体身份的条件比申请正式牌照更为宽松。而对于业务量超过 35000 美元的主体，则须申请正式牌照，严加监管。

法案对申请正式牌照提出了二十条要求，包括向监管部门报告申请主体的法定名称、营业地址、虚构名称或商标、每一位高级主管、每一位负责人以及控制人的法定名称、曾用虚拟名称、住宅地址和办公营业地址，同时，法案还要求申请主体缴纳符合要求的专项资金、信用证、保证书或其他实施部门接受的担保，并持有充足准备金。法案禁止牌照或临时注册身份转让。

（3）监管检查

法案对监管部门的权力进行了明确规定。监管部门权力包括：可对牌照持有主体或临时注册主体开展年度检查，并可酌情开展额外检查；可依正当理由在没有事先通知的情况下检查牌照持有主体或注册主体；在符合法案第 304 条以及纽约州其他法律关于隐私、消费者财务隐私、数据保护、特权、保密等规定的情况下，监管部门可与其他州的监管机构、自律组织、联邦监管机构、美国以外辖区的监管机构开展合作，对本州牌照持有主体或临时注册主体行为开展联合检查、监管磋商以及信息的共享。

（4）执法

法案规定的"执法措施"包括：暂时吊销或撤销牌照或临时注册许可；命令有关主体停止并中断虚拟货币商业活动；要求法院为开展虚拟货币商业活动的有关主体的资产指定接管人。

在符合法案（b）款第（2）项规定的情况下，实施部门可对有以下情形之一的牌照持有主体、临时注册主体或其他参与虚拟货币商业活动的主体采取执法措施：

严重违反本法或依照本法通过的法规和命令，严重违反适用虚拟货币商业活动的其他法律；未在实施部门开展的检查或调查中进行实质性合作，未缴纳有关费用，在法案（b）款第（1）项规定的情况下，未提交有关报告或文档等。

（5）信息披露及客户保护的其他措施

法案明确规定了必要的披露事项：

一是每位牌照持有主体或临时注册主体应向客户披露法案第（b）款规定事项，以及实施部门规定的其他客户应知事项。牌照持有主体或注册主体可向实施部门报请采用适合的替代披露方式。

二是监管部门应通过法规确定必要披露的时间和文件。所规定的披露必须与牌照持有主体或注册主体提供的其他信息分开进行，并且必须采用居民可保存的记录形式和清楚明确的方式。

（6）网络安全、业务连续、灾后恢复、隐私保护、"三反"等政策和程序

牌照持有主体在提交牌照申请前，临时注册主体在注册前，应建立以下政策和程序：网络安全计划、业务持续性计划、灾难恢复计划、反欺诈计划、反洗钱计划等。并在牌照核发或临时注册后继续保持这些政策和

程序。

二、中国实践

（一）比特币等虚拟货币是虚拟商品

2013 年，为保护社会公众的财产权益，保障人民币的法定货币地位，防范洗钱风险，维护金融稳定，中国人民银行等五部委发布《关于防范比特币风险的通知》（以下简称《通知》），明确将比特币等所谓"虚拟货币"定性为一种虚拟商品，否认"虚拟货币"具有等同于法定货币的法律地位。不过，比特币交易作为一种互联网上的商品买卖行为，普通民众在自担风险的前提下拥有参与的自由。

出于防范金融风险的目的，《通知》要求，各金融机构和支付机构不得以比特币为产品或服务定价，不得买卖或作为中央对手买卖比特币，不得承保与比特币相关的保险业务或将比特币纳入保险责任范围，不得直接或间接为客户提供其他与比特币相关的服务，包括：为客户提供比特币登记、交易、清算、结算等服务；接受比特币或以比特币作为支付结算工具；开展比特币与人民币及外币的兑换服务；开展比特币的储存、托管、抵押等业务；发行与比特币相关的金融产品；将比特币作为信托、基金等投资的投资标的等。

同时，为了加强"三反"工作与监管，《通知》规定，作为比特币主要交易平台的比特币互联网站，应当根据《中华人民共和国电信条例》和《互联网信息服务管理办法》的规定，依法在电信管理机构备案。相关机构要按照《中华人民共和国反洗钱法》的要求，切实履行客户身份识别、可疑交易报告等法定反洗钱义务，切实防范与比特币相关的洗钱风险。

为了避免因比特币等虚拟商品借"虚拟货币"之名过度炒作，损害公众利益和人民币的法定货币地位，《通知》要求金融机构、支付机构在日常工作中应当正确使用货币概念，注重加强对社会公众货币知识的教育，将正确认识货币、正确看待虚拟商品和虚拟货币、理性投资、合理控制投资风险、维护自身财产安全等观念纳入金融知识普及活动的内容中，引导公众树立正确的货币观念和投资理念。

（二）清理整顿 ICO 活动

ICO 作为一个全新的模式，确实满足了一些正常的融资需求，从初衷来说并非坏事，尤其对区块链项目来说，初期的融资手段不多，因此 ICO 也在一定程度上促进了行业的发展。本章第一节从学理的角度，出于保护创新、助推区块链行业健康发展的目的，在 ICO 服务于实体经济的前提下，提出了 ICO 监管框架，然而，遗憾的是，随着资本和媒体的热捧，在我国 ICO 逐渐偏离了正道，演变成为一种巧取豪夺的财富掠夺游戏。

这种借创新之名，行诈骗之实的恶劣行径不仅损害投资者利益，扰乱社会经济秩序，而且"劣币驱逐良币"，打击真正有创新价值的项目。某些不法分子诈骗获得的资金基本不用于技术创新，造福社会，而是用于个人挥霍，这是对社会财富的掠夺与浪费，是对整个区块链行业的"污化"，是对创新者最大的不公平。对于这种行为，监管部门不可能坐视不管。

另一方面，投资者也存在非理性的一面。在诱人的财富效应之下，很多人把 ICO 当作发财致富之道，一哄而上，即便看到 ICO 已经明显过热、积聚风险，仍然认为自己不会是最后的接盘侠，这是一种博傻行为。财富效应胜过任何言辞说教。在这种情况下，要想勒住这匹脱缰的野马，监管部门必须用霹雳手段。

诚如本章第一节所分析，ICO 本质上是一种证券化行为，是一种直接融资的方式，不管融的是不是法币资金，即便是虚拟货币，融到的资金规模也是以亿元计算的，而且这么大规模的数字资产还要在二级市场自由流通，这本质上是一种金融活动，有可能会引发系统性风险。更何况，由于科技特性，ICO 相比传统融资渠道，风险扩散速度更快，影响范围更广泛。

2017 年 9 月 4 日，中国人民银行等七部委联合发布《关于防范代币发

行融资风险的公告》，再次明确代币发行融资中使用的代币或虚拟货币
"不由货币当局发行，不具有法偿性与强制性等货币属性，不具有与货币
等同的法律地位，不能也不应作为货币在市场上流通使用"，并提出以下
政策行动：

一是任何组织和个人不得非法从事代币发行融资活动。各类代币发行
融资活动应当立即停止。已完成代币发行融资的组织和个人应当作出清退
等安排，合理保护投资者权益，妥善处置风险。

二是任何所谓的代币融资交易平台不得从事法定货币与代币、"虚拟
货币"相互之间的兑换业务，不得买卖或作为中央对手方买卖代币或"虚
拟货币"，不得为代币或"虚拟货币"提供定价、信息中介等服务。

三是各金融机构和非银行支付机构不得直接或间接为代币发行融资和
"虚拟货币"提供账户开立、登记、交易、清算、结算等产品或服务，不
得承保与代币和"虚拟货币"相关的保险业务或将代币和"虚拟货币"
纳入保险责任范围。

四是提示风险。警示社会公众应当高度警惕代币发行融资与交易的
风险隐患。代币发行融资与交易存在多重风险，包括虚假资产风险、经
营失败风险、投资炒作风险等，投资者须自行承担投资风险，希望广大
投资者谨防上当受骗。对各类使用"币"的名称开展的非法金融活动，
社会公众应当强化风险防范意识和识别能力，及时举报相关违法违规
线索。

五是充分发挥行业组织的自律作用。各类金融行业组织应当做好政策
解读，督促会员单位自觉抵制与代币发行融资交易及"虚拟货币"相关的
非法金融活动，远离市场乱象，加强投资者教育，共同维护正常的金融
秩序。

可以说，清理整顿 ICO，恰当及时。倘若不如此，任由市场的不自律
行为"大行其道"，那么对这个尚在起步阶段的新兴行业来说，无异于自
杀，将会带来毁灭性的后果。

第四节 中国法定数字货币立法分析

一、相关法律制度

法定数字货币的应用需要有一个公平、公正、公开、平衡的法制环境，以保障法定数字货币运行的合法性，才能发挥数字货币在推动数字经济发展中的积极作用。法定数字货币发行在货币的法偿性、发行主体、形态、货币反假等方面对现行法律体系提出了新的要求。相关法律法规主要有：

（一）货币的法偿性

《中国人民银行法》第十六条和《人民币管理条例》第三条规定，"以人民币支付中华人民共和国境内的一切公共的和私人的债务，任何单位和个人不得拒收"，明确了人民币的法偿性。若有个人或机构拒绝接受人民币进行偿付，则将面临法律的制裁。

（二）货币发行主体与形态

《中国人民银行法》第四条第一款第三项规定，中国人民银行"发行人民币，管理人民币流通"，明确授权中国人民银行代表国家行使货币发行权。第八条规定，"人民币由中国人民银行统一印制、发行"。因此法定货币发行主体为中国人民银行。

在法定货币形态上，《人民币管理条例》第二条规定，"本条例所称人民币，是指中国人民银行依法发行的货币，包括纸币和硬币"。也就是说，在法律法规上人民币的货币形态应为实物货币，纸钞和金属硬币为其材质载体。

（三）货币反假

根据《中国人民银行假币收缴、鉴定管理办法》（2003年）、《最高人民法院关于审理伪造货币等案件具体应用法律若干问题的解释（二）》（2010 年）的定义，货币伪造是指仿照真币的图案、形状、色彩等制造假币、冒充真币的行为；变造是指对真货币采用剪贴、挖补、揭层、涂改、移位、重印等方法加工处理，改变真币形态、价值的行为。

在反假币工作程序上，根据《人民币管理条例》第三十四条，办理人民币存取款业务的金融机构发现伪造、变造的人民币，数量较少的，由该金融机构两名以上工作人员当面予以收缴，加盖"假币"字样的戳记，登记造册。

二、中国法定数字货币发行的法律问题及其可能解决方案

刘向民[①]深入研究了我国法定数字货币发行的法律问题，并提出了可能解决方案，富有洞见。他认为，基于我国目前的法律制度安排，央行发行法定数字货币存在以下法律问题：

第一，法律规定的人民币范畴不包含数字货币。现行《人民币管理条例》明确规定人民币包括纸币和硬币。因此央行若发行数字货币，须在法律规章上调整对人民币的定义，将数字货币纳入人民币范畴。

第二，由于数字货币的技术特性，货币的法偿性会受到影响。数字货币的使用需要特定设备、网络等的支持，在实际应用中很可能会出现因缺少设备配合等客观条件而无法使用的问题，这势必会影响到法偿性的权威。刘向民（2016）建议，从维护法定货币的权威性和立法稳定性的角度考虑，不宜设置法偿性条款的例外条款，为兼顾实际需求，可对特定情形下拒收数字货币的行为免予处罚。

第三，目前法律上对货币伪造的定义及反假工作程序不适用于数字货币。数字货币的伪造是通过攻击央行数字货币认证登记系统或者破解数字货币算法等技术化手段来实现的，不符合以物理形态仿照、冒充、变造为

---

① 刘向民. 央行发行数字货币的法律问题［J］. 中国金融，2016（17）：17–19.

要点的货币伪造定义。在反假工作中，鉴于数字货币的特性，金融机构在办理业务的过程中发现伪造、变造的数字货币，不能做到当面收缴，也不能加盖"假币"字样的戳记。因此需要结合数字货币的特性，在法律上清晰界定数字货币的伪造，并提出相应的反假工作程序。

第四，数字货币的无形性使得对其所有权的转移较难认定，需要从立法上予以清晰界定。现钞的所有权转移通过简单的物理上交付而实现，但对于数字货币，由于不具有物理形态，其所有权的转移认定则更为复杂。根据《中华人民共和国物权法》相关规定，动产所有权设立和转让的公示方式是占有和交付，不动产所有权设立和转移的公示方式是登记。刘向民（2016）建议，解决数字货币的所有权转移问题，也应紧紧围绕所有权的公示方式展开，在实践中数字货币所有权的转移可通过两种方式认定：一是转让人将其所有的数字货币以及与数字货币相匹配的私钥直接交付给受让人，即"交付转移"；二是转让人将转让数字货币的指令发送给中央银行数字货币登记机构，登记机构将数字货币中的转让人身份代码信息变更为与受让人私钥相匹配的身份代码信息，即"登记转移"。

第五，反洗钱问题。当前我国以《中华人民共和国反洗钱法》《金融机构反洗钱规定》等法律规章构成的反洗钱制度，强调金融机构和特定非金融机构的反洗钱义务，对它们提出了具体的反洗钱要求，但在数字货币环境中，货币的流通范围不仅局限于传统金融机构体系，还可能包括互联网企业、移动服务供应商等非金融机构部门，这就要求在法律规章上进一步扩展反洗钱的义务主体范围，并提出相应的反洗钱要求和监测手段。

上述法律问题涉及《中国人民银行法》《物权法》《反洗钱法》《人民币管理条例》等法律法规和中国人民银行相关规章、规范性文件，层级复杂，涉及面广，对此，刘向民（2016）建议可以考虑采取以下思路解决法定数字货币发行的主要法律问题，并相应修改中国人民银行的规章和规范性文件。

第一，修订《人民币管理条例》，或者由国务院出台相关决定对发行数字货币的相关问题进行明确，修正《人民币管理条例》中的相应内容，以此对数字货币的发行权、法律地位、法偿性、个人信息保护等问题作出规定。采取此种方法还需推动最高人民法院出台相关司法解释，对所有权转移和伪造、变造货币等问题进行有针对性的扩大解释，以满足数字货币流通的需要。

第二，由全国人大出台特别决定，宣布发行数字货币，并对数字货币发行和使用中的相关问题作出规定。

第三，逐一修改《中国人民银行法》《物权法》《反洗钱法》等多部法律。

第四，制定专门的《数字货币法》。

第十章　法定数字货币试验

20世纪末，Giori公司开始法定数字货币研究。实质上，它研究的是对实物现金的数字化模拟：通过手机支付，具有固定面值并可追溯。Giori公司利用密码学技术、计算机技术、移动通信技术等，搭建了GDM（Giori Digital Money）发行与流通的技术平台GSMT（Global Standard of Money Technology），并在美国和中国申请专利。

近年来，比特币等私人数字货币的兴起，掀起各国央行对法定数字货币的研究热潮。许多中央银行对法定数字货币进行了积极研究和探索。但总体看，各项工作仍处于起步阶段，大多数中央银行主要是基于分布式账本技术对央行数字货币在银行间支付场景的应用进行了试验，如加拿大央行的Jasper项目、新加坡金管局的Ubin项目、香港金管局的Lionrock项目、欧洲中央银行和日本央行联合开展的Stella项目等。

本章第一节深入剖析了加拿大央行、新加坡金管局、欧洲中央银行和日本央行所开展的法定数字货币试验，并在第二节介绍了我国法定数字货币试验进展。

第一节　法定数字货币的国际试验

一、加拿大央行 Jasper 项目

（一）项目简介①

加拿大目前的大额支付系统是由 Payments Canada 运营的大额转账系统（Large Value Transfer System，LVTS），每个工作日平均处理 1750 亿美元的支付交易。该系统作为系统重要性金融基础设施，由加拿大央行按照《金融市场基础设施准则》（*Principle of Financial Market Infrastructures*，PFMIs）进行管理。

大额支付系统对金融稳定至关重要，因此，加拿大央行认为，监管机构有必要了解分布式账本技术（Distributed Ledger Technology，DLT）如何改变中心化系统的结构和运行，DLT 系统是否能够满足现有国际标准，以及 DLT 对支付系统监管政策的潜在影响。

2016 年，加拿大央行、Payments Canada、R3 以及一些已成为 R3 会员的加拿大商业银行启动了代号为 Jasper 的项目，以研究基于 DLT 的大额支付系统。Jasper 项目的首要目标是建立概念证明（Proof of Concept，POC）系统（暂无意推广至生产级系统），该系统使用的是由中央银行发行并控制的一项结算资产，即加拿大央行数字货币。在 Jasper 项目第一阶段，参与者基于以太坊平台搭建了结算系统，实现结算资产在参与者之间的交换。项目第二阶段以 Corda 平台为基础，纳入了流动性节约机制（Liquidity Saving Mechanism，LSM），使得参与者能够互相协调支付指令，从而减

---

① 本部分参考了加拿大央行公布的 Jasper 项目报告 Project Jasper. a Canadian Experiment with Distributed Ledger Technology for Domestic Interbank Payments Settlement［R］. Report. 2017.

少流动性需求。

从试验结果来看，与现有的中心化的银行间支付系统相比，基于 DLT 的系统可能在整体上无法带来净效益。但是，基于 DLT 的大额支付系统在其他具体方面，可以为支付系统参与者和整个金融体系带来好处，比如降低系统后台协调成本、改善与整体 DLT 金融生态系统的互动等。

（二）主要目的

Jasper 项目主要研究中央银行以及金融机构如何在分布式账本上完成银行间支付，同时项目也考虑了基于不同 DLT 平台的大额支付系统，以及如何在 DLT 大额支付系统中使用某些现代支付系统技术（比如交易排队）来降低对抵押品的要求，提高支付效率。最后，项目开发了工作原型，以更好地了解 DLT 大额支付系统所具有的潜在风险，并研究解决方案。

Jasper 项目的第一大挑战就是如何实现价值的转移。《金融市场基础设施准则》要求金融基础设施要使用央行货币进行结算。为此，Jasper 项目使用了数字存托凭证（Digital Depository Receipt，DDR）的概念，用来代表参与者在加拿大央行的存款。DDR 是加拿大央行发行的货币的数字表现形式，也可能成为未来央行货币更广泛应用的一种形式。DDR 由加拿大央行发行，并且按照 1:1 的比例，由参与者质押给央行的现金兑换得到。DDR 的生成不会导致银行体系流通货币的增加。

项目参与者可互换 DDR，或者用 DDR 进行银行间支付结算。项目以 DDR 发行到从加拿大央行兑换为加元并转入参与者相应的结算账户为一个处理周期，周期结束即是 DDR 在加拿大央行资产负债表上的结算终结点。DDR 在支付系统中等同于现金。

项目的第二个挑战是如何在使用最少 DDR 或流动性的前提下完成支付结算。历史上，银行间支付采用日终轧差的方式。随着交易金额和规模的增长，中央银行普遍担心轧差的内在风险，因此多数央行转而采用实时支付系统（RTGS），对每笔支付都进行即时单独处理并在日内终结。Jasper 项目第一阶段就是采用 RTGS，预先在参与者钱包中存入 DDR，用于在账本上完成支付。

不过,RTGS虽然降低了结算风险,但代价是提高了对流动性的需求,这种需求一般十分巨大,一天的需求量能够占到一国GDP的十分之一。为降低RTGS的流动性需求,全球的系统运营商都采用了流动性节约机制(LSM),其中最有效的一种方式是,系统对能够配对抵消的排队指令进行定期撮合,仅对净付款额进行结算。但是,配对抵消算法会造成结算延迟。Jasper项目探索了一种新的方式,使银行能够在即刻结算和排队轧差两种方式之间进行选择。

(三) 技术要素

Jasper项目第一阶段在以太坊平台上开展,使用了PoW共识协议。以太坊平台的公开版本是个不设限平台,账本的完整副本与所有参与者共享。而Jasper项目所使用的平台版本仅与R3成员共享账本。在一个封闭的私有网络中,PoW协议没有存在的必要。

Jasper项目第二阶段使用的Corda平台没有使用PoW协议,而是采用公证人功能。Corda平台的特征是账本更新需要通过两个环节完成:一是验证环节,二是唯一性环节。验证环节由交易参与方完成,以确保交易的全部信息准确无误,且指令发起方有足够结算资金。唯一性环节由公证人完成,Jasper项目的公证人就是加拿大央行,它有权限访问整个账本。

(四) 流动性节约机制

Jasper项目的LSM采用的是定期多边撮合排队机制。银行的非紧急支付指令可列入排队序列,与其他支付指令一起等待撮合。撮合周期启动后,排队中的指令被暂时锁定,由算法归集队列中的所有指令,决定每家的净支付额并评估每家银行的流动性头寸。支付排队本身就是中心化的处理方式,因此如何将其应用在DLT系统中是一个巨大挑战。

Jasper项目采用了一种创新性方法——在Corda平台引入"归集/释放"(inhale/exhale)机制。在撮合周期开始前,银行提交支付指令到队列,但这些指令不会马上进入"验证和唯一性"环节(因此交易不会加入

Corda 系统的账本），而是排队等待撮合。撮合周期开始后，以下事件按顺序发生：

首先，在"归集"阶段，所有参与撮合的银行都会接到通知，要求其发送 DDR 给加拿大央行，每笔支付经过验证后加入账本；然后，在"释放"阶段，算法根据资金情况，决定对其中一部分支付指令进行轧差清算；加拿大央行将轧差后的 DDR 返还给相应银行。

举例来说，假设只有两家银行 A 和 B，分别发出价值为 100 美元和 90 美元的支付指令到队列。在"归集"阶段，每家银行发送 15 美元给队列。两笔支付轧差后，算法将从银行 A 收取 10 美元，给银行 B 贷记 10 美元，也就是说，"释放"阶段银行 A 收到 5 美元，银行 B 收到 25 美元。

上述交易通过验证后将被加入账本，未被算法撮合的交易继续排队，新一轮撮合启动。在下一个撮合周期结束前，银行可自由发出或撤销支付指令。这一过程将无限循环下去。

（五）效率与金融稳定风险评估

1. 信用与流动性风险

Jasper 平台不存在信用风险，因为所有支付都得到了无风险的央行存款的支持。参与者将现金转给加拿大央行，加拿大央行创造出可在分布式账本平台上交换的 DDR。总体来看，POC 中不存在与信用风险准则相违背的情况。

Jasper 项目采用的流动性节约机制能够模仿现有 RTGS 的功能，从而减小流动性风险。项目组使用模拟数据对 Jasper 项目的 LSM 机制进行测试，他们认为，虽然现在预测结果为时尚早，但目前尚未有证据显示 LSM 的功能在分布式账本环境下会被削减，其在 DLT 环境下节约的流动性可能与中心化环境下相接近。

2. 结算风险

结算的定义是某项资产发生不可撤销的、无条件的转移。明确结算终结成立的条件，对于金融稳定至关重要。结算终结性包含两层含义：一是操作意义上的结算，或者说是分布式账本是否发生更新的确切性；二是法律意义上的结算，即结算终结在相关系统规则和法律中是如何定义的。

为确保法律结算终结，Jasper 项目的设计确保了 DDR 的转移等同于央行存款求偿权发生了完全的、不可撤销的转移。这一特征与 DDR 的发行密切相关，与 Jasper 采用哪种平台无关。

不过，为确保操作结算终结性，一些与 DLT 平台技术相关的问题必须得到解决。以太坊平台采用的是 PoW 共识机制来进行支付验证，但 PoW 本身具有概率性，一笔交易永远都无法完全结算，因为总存在着很小的该笔交易被推翻的可能性。随着时间推移，一笔交易的确定性不断增大，永远不会达到不可撤销的那一点。对于 Corda 平台，可信公证人在理论上可以消除这种不确定性，因为交易一旦完成则无法撤销。但这一系统尚未接受压力测试，可能仍存在部分风险。

总体来看，从以太坊平台迁移至 Corda 平台降低了结算风险，提高了系统的合规性。但最终评估结论仍需进一步测试。

3. 运行风险

弹性、安全性和可扩展性是大额支付系统运行风险的核心要素。鉴于 Jasper 项目不是生产级平台，因此没必要对项目进行全部风险评估，但仍需重点关注弹性和可扩展性两个方面。

弹性方面，一个关键问题是 DLT 大额支付平台是否可以通过消除单点故障，从而以节本增效的方式提高系统弹性。项目第一阶段显示，由于所有参与者所运营的各节点共享数据，互相支持，因此无需额外的风险防范措施即可实现较高的可用性。但是，一旦加入 LSM 等新功能，单点故障的概率就有所增加。因此系统设计过程中要谨慎研究弹性的问题，原因有三。

第一，密钥、身份和系统权限管理等额外技术要素的实现，均以中心化模式和单一可信操作方为基础，因此 DLT 系统和中心化系统一样也面临着单点故障的挑战。比如每个参与者都有数字密钥，区块链节点的任一操作者都需部署相应的系统要素，以安全保管这一密钥，不与网络的其他人分享。由于密钥信息无法从所有者以外的其他节点获取，因此用于储存密钥的系统要素应保持高可用性，以避免单点故障风险，并做好灾备。

第二，关于公证人系统。Corda 的分布式账本平台能够将数据分割，每个参与者节点仅能够访问并维护一部分数据。这种方法解决了数据隐私的问题，但是却对全网的数据复制提出新的挑战。对于公共区块链来讲，全部节点都持有相同的数据库副本（比如 Jasper 项目第一阶段），但是对于设限系统，每个节点都有单点故障风险，因此每个节点都要求数据复制并存档，以确保业务连续性，而不是每个节点都增加系统弹性。

第三，公证人系统发生单点故障的可能性更大，因为相较于 PoW 系统，此系统中各节点的分工更加专业。在 Jasper 项目第二阶段，Corda 平台的公证人由加拿大央行承担，因此央行发生故障将导致所有支付处理停止，这进一步说明，系统的运行弹性依赖于每个节点。

总体来看，与中心化平台和开放式 DLT 平台相比，设限的分布式账本平台如果设计不谨慎，则可能降低运行弹性，导致 Jasper 项目第二阶段为满足《金融市场基础设施准则》要求而付出的合规成本有所增加。因此，对于项目第二阶段，有可能每个参与者需要投入更多，以提高节点可用性，降低故障概率。

关于可扩展性。目前加拿大的 LVTS 日交易量 3.2 万笔，高峰时每秒大约 10 笔。对于 DLT 环境而言，计算成本不容忽视。Jasper 项目第一阶段每秒处理量约 14 笔，这是因为以太坊平台是为公共互联网设计的，网速限制会降低节点间信息流动的速度，导致以太坊等 PoW 平台的扩展性受限。尽管当前网速可以满足 LVTS 处理量，但未来可能导致峰值流量受限。相反，Corda 平台就不存在可扩展性受限的问题，因为 Corda 不采用基于固定时间的共识机制，而且交易验证仅需要相关参与方和公证人即可完成。

（六）透明性与隐私评价

确保交易信息不被非相关方知晓，是大额支付系统的一项基础性要求，而参与者的客户可能也有类似的隐私需求。由于 PoW 系统中所有交易在某种程度上都是公开可见的，因此不适合此类大额支付系统的隐私需求。

相比之下，采用公证人机制的 DLT 系统能够增强隐私性，因为有可信第三方（比如加拿大央行）进行交易验证。但是 Corda 系统缺乏透明性的这一特征，意味着系统中（可能除了公证人以外的）任何节点都不持有全部信息。因此，一旦某个或某些节点数据被损坏，则整个网络重建的可能性微乎其微。这就需要为单个节点做备份，而且意味着系统不具有中心化系统那样的规模效益。此外，这也提出了一个新问题——在交易保密的情况下，前面提到的 DLT 在增强运行弹性方面的效用是否还能发挥？

（七）试验结论

Jasper 项目分析了 DLT 大额支付系统的运营方、参与者和中央银行的作用和责任。在 DLT 框架中，运营方的角色更接近规则制定者和标准制定者，而不是传统意义上的 IT 设施运营者。未来可能有必要修订《金融市场基础设施准则》，增加监管机构对基于 DLT 的金融基础设施的相关要求。

一个单独的 DLT 大额支付系统所产生的效益可能无法与中心化大额支付系统相媲美，因为对于一个可靠的大额支付系统来讲，其某些组成部分本质上就是中心化的，比如上文讨论的 LSM。这使得 DLT 系统与中心化系统相比，可能带来更多运行风险。

但是，DLT 大额支付系统的真正效益，有赖于其与更广泛的金融基础设施生态系统的互动，比如整合同一个账本上的其他资产作为支付抵押（从而极大简化抵押流程和资产销售过程），实现规模经济，并通过后台系统整合，减小参与者成本。

DLT 也可有利于全行业节本增效，比如将基于 DLT 的银行间支付系统作为其他 DLT 系统的基础，以改善一系列金融资产的清算和结算交易。例如，目前交易所交易资产所使用的清算与结算系统十分安全和高效，但是如果这些系统能够整合，则可以进一步提高系统效益。股票、债券和衍生品场外市场，银团贷款以及贸易融资等交易的中心化程度不高，且结算时间较长，这一问题可通过 DLT 平台得以解决，将这些交易通过统一的大额支付系统进行整合，使用央行数字货币进行现金支付。

分布式账本平台能够降低协调成本，如果 DLT 系统允许银行在交易初始就进行交易验证，则可降低后台协调成本。当然，这有赖于 DLT 的本质特性，比如 POW 系统由于共识机制的计算成本很大，因此运营成本可能更高。

未来可进一步探索的方向包括，如何实现不再向加拿大央行质押现金，而是质押一般性抵押品；再比如研究 Jasper 项目与其他类型 DLT 项目的融合等。

二、新加坡金融管理局 Ubin 项目第一阶段

（一）试验概况[①]

2016 年 11 月 16 日，新加坡金融管理局（Monetary Authority of Singapore，MAS）宣布，正与 R3 合作开展一个称为 Ubin 的央行数字货币试验，以评估在分布式账本上使用新加坡元的代币形式进行支付结算的效果。Ubin 项目是一个多阶段项目。第一阶段从 2016 年 11 月 14 日至 2016 年 12 月 23 日，持续 6 个星期，第二阶段从 2016 年底开始，为期 13 周。第一阶段的试验目标是创建一个基于分布式账本技术的央行数字货币银行间支付系统的概念证明（POC）。在试验过程中，Ubin 项目学习和参考了加拿大央行 Jasper 项目的体系结构、代码和经验。

（二）数字货币原型特点

1. 基于分布式账本技术、不计息、100% 托管账户资金抵押发行、仅限定用于银行间支付清算、但可设计附加功能支持其他实际应用

Ubin 项目引入基于分布式账本的新加坡元的概念，与加拿大 Jasper 项

---

① 本部分参考了新加坡金管局公布的 Ubin 项目报告：Monetary Authority of Singapore. the Future is Here — Project Ubin：SGD on Distributed Ledger［R］. 2017.

目类似，Ubin 项目将其称为存托凭证（Deposit Receipt，DR），并定义了三个属性：一是不计利息，以此降低系统的复杂性。二是每笔发行均以同等数量的托管账户资金为抵押，不影响货币供应量。三是类似于游乐场里的通票，仅限定用于银行间支付清算的封闭场景，在场景之外没有价值，可完全赎回。虽然是限定的使用工具，但可以设计附加功能来支持其他实际应用。

2. 通过智能合约发行 DR，在分布式账本网络上流通，银行可隔夜持有 DR

Ubin 项目在现有新加坡电子支付系统（MEPS ＋）账户（见表 10 - 1）的基础上，专门建立一个"DR 现金托管账户"，用于支持分布式账本中存托凭证（Deposit Receipt，DR）的发行。DR 的业务进程开始于 MEPS ＋系统，由系统检查参与者的 DR 现金托管账户余额。如果与欲发行的 DR 数量相比，参与者的账户余额显示盈余，则系统通过智能合约向参与者 A 的钱包发行相应数量的 DR。随后，参与者在 DLT 网络上与其他参与者的钱包交换 DR。Ubin 项目采用的是连续 DR 模型，即无需每日销毁 DR，银行可隔夜持有 DR。

表 10 - 1   MAS 电子支付系统账户

MEPS ＋电子支付系统账户	描述
CAS 账户	存储过夜资金，被视为最低现金余额（MCB）监管要求的一部分；通常情况下，此账户保持在最低要求水平，每天早上多余的资金将转到实时结算账户以支持实时结算系统的转账，然后在晚上退回。
实时结算账户	这是针对银行之间的实时结算转账（批量，只在营业时间运转），通常在 MEPS ＋营业时间内持续地进行借记和贷记；通常情况下，账户资金在早上从 CAS 账户转入，然后在晚上转回到 CAS 账户；在 Ubin 项目中，这个账户被用于将资金转入及转出到 DR 现金托管账户。

3. 通过 RTGS 系统实现最终结算，同时调整 DR 现金托管账户余额，匹配 DLT 系统中的 DR 余额

Ubin 项目建立的分布式账本网络是以太坊，与 MEPS ＋系统有接口连

接，允许集成转账。在 MEPS +的运营时间内，银行可以随意单独抵押和赎回。DLT 系统中的 DR 交易则可以全天候进行，并且独立于 MEPS +的运营。DR 交易完成后，DLT 系统向 MEPS +的 RTGS 系统发送一个网络结算文件，由 RTGS 系统完成最终结算，同时调整 MEPS +中的 DR 现金托管账户余额，以匹配参与者在 DLT 网络中的 DR 余额。

因此，Ubin 项目建立的数字货币原型系统具有自动跟踪数字货币余额、实时创建、传递和销毁数字货币、保持不间断全天 24 小时支付等特点，并能与现有的中央银行结算基础设施有效融合。

（三）运行架构与业务流程

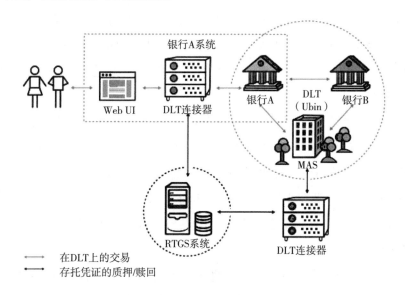

图 10 – 1　Ubin 项目的运行架构

图 10 – 1 展示了 Ubin 项目的运行架构。架构由两个独立的系统构成。一个是 MEPS +系统，用于处理大额且紧迫的新加坡元同业拆借。RTGS 系统整合在 MEPS +系统，进行资金的实时全额支付。另一个是 DLT 系统，支持参与者钱包之间的 DR 转移。

业务流程涵盖以下程序：一是每天开始的分批抵押。参与银行请求中央银行将其往来账户中的资金转移到 DR 现金托管账户，以此来抵押中央银行资金。相应地，分布式账本上将会创建等值的 DR，发送到各银行的 DR 账户中。二是日常交易。商业银行之间进行 DR 转移。三是每天结束分批赎回。根据赎回比率，系统将商业银行的 DR 余额转回至各商业银行的往来账户中。具体步骤如下：

步骤 1：一天开始的时候，开展资金清理、质押抵押品流程和资金划转。以参与者 A 为例，资金清理是指参与者 A 账户中超过最低现金余额（MCB）的资金被划转到他的 RTGS 账户（见图 10 - 2）。随后，进行质押抵押品流程。参与者 A 向 MEPS + 发送充值请求，请求充值其区块链（BCA）账户（即 DR 现金托管账户）。据此，参与者 A 的 RTGS 账户资金向参与者 A 的 0800 账户转入资金（见图 10 - 3）。0800 账户中的资金将作为兑换 DR 的现金抵押品。在这个阶段，系统必须验证抵押品的有效性才能发行 DR。

步骤 2：系统通过智能合约向参与者 A 的钱包发行 DR。比如，如果在 0800 账户中有 300 新加坡元（SGD），那么参与者 A 的 DR 钱包中将有价值 300 新加坡元的 DR。接下来的步骤发生在 DLT 系统中。

步骤 3：参与者在 DR 平台上与其他参与者的钱包进行交易。例如，让我们暂且假定只有一个交易发生，即参与者 A 向参与者 B 转移 30 个 DR（见图 10 - 3）。

步骤 4：参与者 A 的钱包与其他参与者的钱包（在本例中是参与者 B）交换价值。随后，DLT 系统向 RTGS 系统发送一个网络结算文件。业务重新回到 MEPS + 系统。

步骤 5：如果参加者 A 的 RTGS 账户有足够的资金，30 SGD 将从参与者 A 的 RTGS 账户中扣除，并存入参与者 B 的 RTGS 账户。

步骤 6：参与者 A 的 0800 账户将相应地借记 30 SGD，由此参与者 A 的 0800 账户余额显示为 270 SGD 。

步骤 7：参加者 B 的 RTGS 账户的资金将转入参与者 B 的 0800 账户。

步骤 8：一天结束时，参与者的 0800 账户将调整（或清零或加满）。

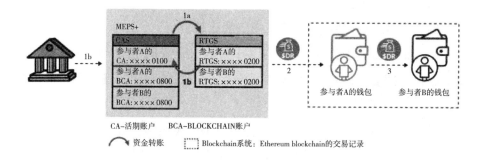

图 10 – 2　MEPS ＋中的资金划转

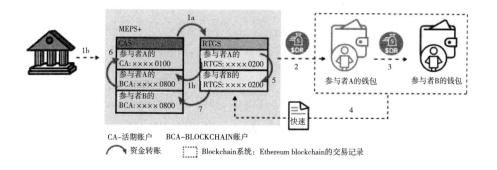

图 10 – 3　Ubin 项目的业务流程

基于以上业务流程，Ubin 项目原型被划分为三个模块：

一是建立 DLT 网络。DLT 网络由运行在以太坊的两个 MAS 节点、带有由新加坡央行节点创建的创世块的 MQ 客户端、8 个运行以太坊平台的银行节点、MQ 客户端和公共支付网关（CPG）组成。

二是开发智能合约和相关工具。Ubin 项目开发了货币发行的智能合约，还创建了一个仪表盘（Dash Board），用于显示在以太坊区块链上发生的交易和余额。这些工作运行在新加坡金融管理局 MAS 的服务器上并连接到各 MAS 节点。

三是 DLT 系统与 MEPS ＋系统的连接。通过 SWIFT 模拟器，DLT 系统被连接到 MEPS + 系统上，以此实现 DLT 系统的 DR 余额与 MEPS + 系统上的 DR 现金托管账户余额自动同步。

（四）与 Jasper 项目每日 DR 模型的比较分析

Ubin 项目采用的连续 DR 模型与 Jasper 模型的每日 DR 模型类似，100% 资金抵押发行，并将 DR 限定于银行间支付的封闭场景，因此不影响货币供应量，但两者也存在些差异：

一是 Ubin 项目的 DR 余额直接在银行 DR 钱包中生成，而不是在中央银行的 DR 账户中生成后转移。这与 Jasper 项目截然不同，在 Jasper 项目，中央银行在分布式账本账户上有一个专门用于创建和销毁 DR 的账户。

二是在 MEPS + 支付系统中，DR 现金托管账户相互独立，为各家银行所有，实质上不是真正的抵押品，存在信用风险。而在 Jasper 模型，发行抵押的资金存储于由中央银行控制专用的综合性担保账户，是真正的抵押品。

三是 Ubin 项目的 DR 本身没有价值，DR 的价值转移最终通过 RTGS 系统实现，因此没有结算风险，而 Jasper 项目的 DR 模型没有包含 RTGS 系统，完全依靠 DLT 系统进行 DR 的价值转移，由于 PoW 共识机制的资金结算具有概率性，因此存在结算风险。不过，Jasper 项目建立了流动性节约机制，流动性风险低于 Ubin 项目。

四是不同于 Jasper 项目，Ubin 项目开发了货币发行的智能合约及其相关工具。

五是 Ubin 项目中银行可在 MEPS + 系统的营业时间内，随意进行抵押和赎回操作，而不限于每天的开始或结束。DR 在 DLT 网络的转移可以全天候进行，不受限于 MEPS + 系统的操作时间。银行可隔夜保留 DR，而 Jasper 项目的 DR 当天结束后即被销毁。

（五）试验结论

Ubin 项目的第一阶段试验表明，去中心化的分布式账本技术与现有成熟的中央银行主导的金融基础设施并不排斥，完全可以相互融合，相互补充。基于 DLT 的 DR 支付系统为现有 RTGS 系统提供了有效的支付清算补充，而 RTGS 系统的结算服务则解决了 DLT 系统的结算最终性问题。Ubin 项目对两个系统的融合设计，亦具有一定的借鉴意义，包括账户设置、货币发行的智能合约设计、系统之间的报文传输机制等。

三、新加坡金融管理局 Ubin 项目第二阶段

（一）试验概况①

不同于第一阶段，MAS 在 Ubin 项目第二阶段是与埃森哲（Accenture）合作，旨在探索分布式账本技术（DLT）是否能在数字化支付和去中心化处理的基础上实现特定的实时全面结算（RTGS）功能，包括支付队列处理（统一的排队系统，具有优先次序、持有和取消等功能）、交易隐私（只有交易相关方才能看到交易细节）、清算最终性（具有最终确定性和不可撤销的支付结算）和流动性优化（通过流动性节约机制解决流动性堵塞），见图 10 - 4。项目组基于 Corda，Hyperledger Fabric 和 Quorum 三类不同平台开发了三种不同原型系统。

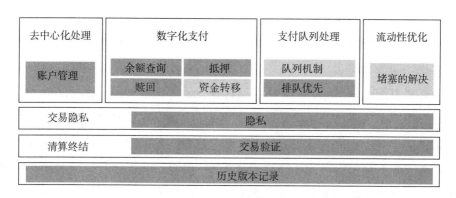

图 10 - 4　Ubin 项目第二阶段 DLT 系统架构

① 本部分参考了新加坡金管局公布的 Ubin 项目报告：Monetary Authority of Singapore. Re - imagining Interbank Real - Time Gross Settlement System Using Distributed Ledger Technologies［R］. 2017.

（二）原型系统功能设计

1. 支付队列处理

（1）功能定义

当银行创建了转账付款指令但流动性不足时，付款指令将被放入队列。银行可以看到收发队列中的所有指令。当银行有足够的流动性时，排队交易将按照以下顺序自动结算：

一是优先级。对于每个付款指令，有两个优先级级别：普通和高级。具有高优先级的支付指令，不管什么时候创建，都在普通优先级的支付指令之前执行。

二是先入先出（FIFO）。对于同一优先级别内的支付指令，创建时间越早，越先被执行。

支付银行在队列中可以进行以下动作：

一是将未结算付款的优先级从"正常"更改为"高"，反之亦然。

二是取消未支付的付款，从发出队列中删除付款指令。

三是把未支付的付款搁置，将付款指令留在正在执行的队列中，不会被结算，亦不进行流动性堵塞解决。

四是激活持续支付，一旦流动性充足或开展流动性堵塞解决方案时，支付指令将被执行。

如果发出队列已包含一个活跃支付指令，那么不管当时银行的流动性如何，一个新的普通优先级的支付指令将会自动地被附加到队列后面。但是，如果创建了一个高优先级的支付指令，并且在队列中没有其他高优先级的支付指令，那么只要银行有足够的流动性，它就会被立即执行，而如果在队列中有其他高优先级的支付指令，那么这个新的高优先级支付指令将排在所有普通优先级的支付指令之前，但排在最后一个高优先级的支付指令之后。

（2）Corda 平台上的设计

"转账"流一开始，一个支付指令将会被启动。如果发送方的余额中没有足够的资金，那么在发送方和接收方的账本上就会签发一个应付状态

（Obligation State）。每完成一笔交易后，发送方和接收方会创建并交换一个新的密钥和证书以保护交易匿名性。该应付状态将作为交易的输出发出，随同被签名的交易一同发送给接收方。如果接收方对已验证和已签名的交易进行了响应，那么应付状态细节将被放入发送方的持久化队列（Persistent Queue）中。如果接收方没有响应，该交易将被取消，应付状态亦不会被发布。

每个应付状态代表一个"待定"的资金转移或即将在未来结算的未清偿支付指令。这些应付状态的详细信息也将由发送方在持久化的优先级队列中复制和维护，以确保节点能够在重新启动时恢复信息。队列中的每个应付状态都有一个优先级标记，且只能由发送方更改。优先级队列是发送方的本地队列，不与其他节点共享，仅对发送者可见，以确保隐私。

队列维护一个 FIFO（先进先出）顺序。每个虚拟机都包含一个定时处理函数，它基于现有的资金状况，周期性地触发一个结算 API 来进行结算：结算逻辑遍历队列，优先对活动的、最高优先级和最早进入队列的应付状态进行结算。

根据结算逻辑，当优先级发生改变时，应付状态的顺序也会发生变化。队列还管理每个应付状态。一项应付状态一旦被搁置，就不能参与任何结算或流动性堵塞解决方案，除非重新被修改回活跃状态。

Corda 设计允许交易队列不断变化，包括改变优先级、取消、暂停和重新激活。在发送方余额不足的情况下，一笔未结算的资金转移将产生一笔新的应付状态。

（3）Hyperledger Fabric 平台上的设计

当进行资金支付时，如果存在以下情形之一，那么支付指令将被添加到队列中：

一是队列存在未结算的同等或更高优先级的支付指令。

二是虽然队列中不存在支付指令，但没有足够的资金来结算这笔新的支付指令。

三是双边通道的参与者目前正在参与一个流动性堵塞解决方案，当一个新的支付指令被添加到队列中，一个新的"排队交易"状态被创建，它是一个 JSON 对象，包含所有排队支付指令。同一个通道内，参与者看到的状态是相同的。

四是双边通道中的两家银行对排队的项目有相同的视图，因此对收款和付款支付指令不再需要维护两个单独队列。

队列结算本身是通过一个链码的函数，跨通道资金转移、额外收款交易、取消付款指令以及重新确定付款的优先级的命令均可以在 APP 层上触发。付款指令结算后，付款指令将从"排队交易"状态更改为"已完成交易"状态。

（4）Quorum 平台上的设计

每家银行都有一个未结算付款指示清单的私有队列。此外，系统使用全局（公共状态）的堵塞队列来跟踪系统范围内的所有排队支付，并触发堵塞解决方案。所有队列只存储支付指令的引用 ID，以保护交易隐私。付款指令的具体信息，例如时间戳、金额、状态、优先级和接收者，存储在支付对象本身的私有队列中。只有支付方的交易对手方才能访问这些数据。

当进行资金转账时，系统会检查付款方是否有足够的流动资金进行转账。流动性不足将导致支付指令被添加到私有和全局堵塞队列中，而一旦流动性获得补充，队列中的付款指令结算就会继续进行。结算顺序基于优先级和先进先出计算原则。结算后，支付指令将被从私有和全局堵塞队列中移除。

2. 流动性优化

（1）功能定义

流动性堵塞（Gridlock）是指由于资金不足，一组付款者和收款者的排队付款指令无法依次顺序处理，但是整体净流动性足以完成同时结算。不过，当整体净流动性出现负值时，除非额外的流动性被注入系统，否则无法解决流动性堵塞。

（2）Corda 平台上的设计

项目组在 Corda 平台上设计并开发了一种名为"Cycle – solver"的新

循环算法，来解决流动性堵塞。思路是，由一个参与银行主动发起，向所有邻近节点发出一个扫描请求来发现网络队列中可用的支付指令，接着，循环算法会自动寻找合适的净额结算循环，来完成结算，并保证不导致任何参与者陷入赤字。具体过程分三个阶段运行：检测、计划和执行。

检测阶段：假设银行 A 是解决堵塞问题的发起人，而其他银行通过提供其最高优先级别和传统的主动排队支付指令来解决堵塞问题。一开始，银行 A 将启动一个流程，要求所有相邻节点去传达一个扫描请求，用来发现网络中可用的排队付款指示。随后，扫描请求的接收者必须向相邻节点传达相同的请求。所有相邻节点回复的消息应包含解决堵塞的排队付款指令。

收到扫描请求后，接收者必须进行扫描消息确认，并生成一个密匙，该密匙在回复扫描请求时将其身份匿名化。收集所有回复后，扫描请求的接收者再将扫描回复发送给请求者。通过递归传达回复请求，传达过程中的每个节点都可以观察到来自扫描回复中的每个排队支付指令事务的金额。但是，为了保护有关各方的隐私，发件者和接收者在参与排队的付款指示时身份是匿名的。同时，这些数据结构信息存储在易失性内存，堵塞解决后即被清除。

计划阶段：A 银行以各自排队支付指令的发送方—接收方的扫描响应为基础，计算每个循环的义务金额（义务的总价值）。

执行阶段：A 银行对所计划的循环进行净额结算。

（3）Hyperledger Fabric 平台上的设计

项目组在 Hyperledger Fabric 采用 EAF2 算法来解决流动性堵塞。思路是：每家银行将各自的支付指令传输到网络，并使用流动性节约机制计算在净额通道中能否触发流动性堵塞解决方案。在净额通道中，参与者只能看到建议支付指令的参考编号和这些付款指示的总净值。具体过程分为两个主要阶段：启动/参与和结算。

启动/参与阶段：创建一个新的堵塞解决循环或参与当前的循环，银行在它所有双边渠道检索有效的支付指令（传入或传出）。这些支付指令将根据其优先级和创建时间进行排序并分成两列：可支付和不可支付，并保证执行完可支付的支付指令后不会导致银行在堵塞解决后出现赤字。

所有可支付和不可支付排队支付指令的建议清单将随同可净额支付指令清单的净值一起提交到净额通道中。当所有可执行的支付指令，都有匹配的一对，且所有支付指令的总净值为零时，堵塞解决循环被标记为"已实现"，否则，银行将继续参与，直到找到解决方案。如果在规定的时间内没有找到解决方案，那么堵塞解决循环将被标记为"过期"。

结算阶段：在这个阶段，网络链码将计算并结算网络支付指令。

在上述过程中，MAS 节点可以作为交易阻塞解决方案的促进者，一旦检测到一个堵塞解决循环，就会计算出每个参与银行的净余额，以确保在结算结束时，没有银行出现亏损的局面。在检查之后，MAS 将扣除并将资金添加到相应地银行余额中。然后将在其各自的双边渠道中标明所有已结算的支付指令。

（4）Quorum 平台上的设计

项目组在 Quorum 原型同样采用了 EAF2 算法来解决流动性堵塞。解决方案由 4 个系统状态构成：正常、排队、解决和结算。这些状态被保持在一个与所有节点同步的智能合约中。节点行为由当前的系统状态决定。每当状态发生变化时，Quorum 节点就会发出一个事件。DApp 应用程序监听到状态更改的事件时，就会协调智能合约执行。

状态 1—正常：在正常状态下，也就是默认状态，银行之间可以相互转移资金。资金转移在系统中作为支付指令存储，或者立即结算（如果发送银行有足够的流动性），或者排队。Quorum 节点保持正常状态，直到全局堵塞队列中的支付指令数达到预设的阈值为止。该阈值是可以调整，用作自动触发器，将节点变化下一个状态——排队。

状态 2—排队：上行状态启动交易堵塞解决过程后，银行通过执行智能合约将发送或传入付款指令进行排队。排队顺序将决定交易堵塞解决算法的执行顺序。虽然这个顺序是由每个银行执行这个智能合约功能所规定的，并且因此是任意的，但它也可以被配置为预定的。

状态3—解决：在这种状态下，每个银行根据 EAF2 算法启动交易堵塞解决。在解决状态下，每家银行通过取消其最新的付款指令来评估其排队的有效付款指示，直到其达到正的账户余额。如果支付指令失效，则接收方的头寸将受到负面影响，需要重新评估净额结算。

状态4—结算：在这一阶段，使用剩余的活跃支付指令的银行为其各自的输入和输出支付指令生成零知识证明，并在整个网络中提交同样的验证信息。这些证明形成一个链条，自动进行验证。一旦验证成功，参与银行的余额就会被更新，在这一轮交易中，已净额结算的付款将被标记为"已处理"，最终完成堵塞解决阶段，系统恢复到正常状态。

3. 交易隐私

（1）功能定义

在金融交易中，隐私和机密是最重要的。应只有交易相关方才能看到交易细节。

（2）Corda 平台上的设计

Corda 网络的分类账是基于须知模式而非广播方式，所以只有在特定交易中的当事人能够掌握交易细节。该模型本质上解决了隐私问题。且 Corda 为每一笔交易都添加了一个额外的机密身份来加强隐私的保护，即只有交易当事人可以识别交易参与者。这些参与者利用 Corda 的"互换身份流"来交换新密钥，并将新密钥用于交易的输出、指令和签名。发出者和接收者的细节被遮蔽，而交易量则没有。这是因为流动性堵塞解决机制需要交易量的信息。

在当前的小型网络原型中，公开网络中的交易量可能会导致隐私问题。网络中的成员可以通过绘制网络图来推断每个排队支付指令的发送方和接收方。不过对于更大的支付网络来说，这个难度和复杂度不低于现有的 MAS MEPS + 系统（新加坡的 RTGS 系统）。

（3）Hyperledger Fabric 平台上的设计

Hyperledger Fabric 是一个许可网络，能够在每个渠道维护独立分类账的参与者之间建立专用渠道。专用渠道使信息能够在须知的基础上在各方之间共享。具体而言，渠道是一种数据分区机制，仅限于对利益相关者的交易可见性。网络上的其他成员不允许访问该渠道，并且不会在渠道上看到交易。分类账存在于渠道范围内。这使得在整个网络节点中可共享的分类账（例如，净结算渠道）和仅包含特定参与者的分类账（例如，双边渠道）的设置成为可能。

鉴于资金转移和排队机制发生在双边渠道中，交易细节只有双边渠道中的一对银行和 MAS（作为监管机构）才能看到。虽然两家银行都可以查看双方渠道级账户的余额。但是，由于银行只能查看每个交易对手一个渠道级别账户的余额，因此任何银行都不可能推断出 DLT 内对手方的总余额或流动性。

（4）Quorum 平台上的设计

Quorum 支持在许可的网络中进行公共和私人交易。公共交易被运用到网络中的所有节点上，并像常规交易那样进行处理。私人交易由隐私服务 Constellation 模块作为加密的二进制对象直接发送到指定的收件人。它通过将交易有效载体仅发送给所涉及的参与者来完成，而网络的其余部分只能看到加密有效负载的散列。

将这些散列传播给所有参与者的关键好处是安全性并富有弹性：如果一个私人交易的一方要求在将来某个时候验证该交易的有效性，他们可以通过将其与网络所拥有的散列进行比较来确认这一点，因此无需相信对方提供的信息。私人交易只允许银行向指定的收款银行执行付款指示。

除了上述设计，Quorum 还使用了零知识证明算法（ZKP），来管理每个参与银行的存款余额。任何参与者的真实账户余额仅对自己可见。只有当发送方和接收方提交零知识证明并得到整个网络的验证时，账户余额才可能发生变化，这使得网络在不了解真实余额的情况下可以验证余额。

4. 清算最终性

（1）功能定义

保证支付结算具有最终确定性和不可撤销性。一个交易要么全部被接受，要么全部否定。

（2）Corda 平台上的设计

Corda 平台通过公证签名来实现清算终结性。任何在堵塞解决队列中的付款指令可以被任意修改（重设优先权或取消），新的资金转账可以实时启动和结算。堵塞解决方案可以保证原子性，当它失败时，要么是因为付款指令被修改，要么是余额减少。

（3）Hyperledger Fabric 平台上的设计

对于每笔交易，链码的背书政策中定义的各方将会认可交易。然后将认可的交易发送给订购者，以便将其订购到一个块中，并将其传播给通道参与者，以验证并将块提交到其分类账。这个机制保证了通道内交易的最终性。然而，涉及通道之间通信的交易仍由常规技术进行业务流程处理，因为此类编排逻辑是使用 Node.js 上的自定义应用程序而不是在链式代码内开发。

另一个关键点是，由于跨渠道资金转移的认可只涉及相关收发银行，那么他们可能会共谋在 DLT 上虚构更多的资金。因此，或许需要 MAS 来监测这种情况，但这将增加系统对 MAS 作为管理实体的依赖。

（4）Quorum 平台上的设计

Quorum 利用了 Raft 共识模型，在验证了块的交易并且所有的跟随者更新最新块后，被选出的 Raft 领导者将新的区块提交给链。一旦区块被提交到交易链上，它就不能被逆转，交易就被确认。在网络初始化过程中，会选出 Raft 的领导者。当网络中的其他节点检测到领导节点掉线后，会选出一个新的 Raft 领导者，继续处理新的交易。

需要注意的是，ZKP 生成的执行时间可能会引起事务的终结性问题，因为在堵塞解决过程（沉降状态）中，参与节点可能会掉线。按照目前的设计，如果一个节点在结算状态下掉线，那么网络就不会收到相关的证明，因此整个解决方案将失效。或许，在不久的将来，随着零知识证明算法不断改进完善，这一问题将会得到解决。

（三）试验结论

Ubin 项目的第二阶段试验表明，不同的 DLT 技术和方案设计，可以实现支付队列处理、交易隐私、清算最终性和流动性优化等传统 RTGS 系统的关键功能，并能通过分布式处理，避免传统集中式系统的单点故障风险，还可以发挥 DLT 本身的优势，比如密码安全性和不变性。

鉴于此，Ubin 项目认为，随着 DLT 系统的不断发展，中央银行无须再承担传统支付系统集中运营商的角色。然而，在新的分布式模式下，中央银行维持支付和结算系统的安全性和有效性的职责依然重要。这些职责至少包括四个方面：一是作为整体流动性管理者，监测整体网络的流动性（比如识别流动性缺口和波动），并在必要时进行干预；二是作为系统监管者，确保系统操作的一致性和连续性，如软件补丁和参数、硬件配置以及为所有参与者建立标准、规则和指引，以便监测和进一步操作、添加或删除参与者节点；三是作为服务水平协议（SLA）管理者，在分散的系统中界定 SLA，并在可能的情况下，满足银行间多重双边 SLA 的需求；四是作为系统审计师和调解员，解决可能的争端。

四、欧洲中央银行和日本央行 Stella 项目

（一）项目概况[①]

2016 年 12 月，日本银行和欧洲中央银行（以下简称欧央行）宣布启动一项名为"Stella"的联合研究项目，旨在研究分布式账本技术（DLT）在金融市场基础设施中的应用，评估现有支付体系的特定功能是否能够在

[①] 本部分参考了欧洲中央银行和日本央行公布的 Stella 项目报告：European Central Bank and Bank of Japan. PaymentSystems：Liquidity Saving Mechanisms in a Distributed Ledger Environment ［R］. Report. 2017.

DLT 环境下安全高效地运转。

（二）测试设置

DLT 平台：DLT 环境下，网络参与者通过共识机制对账本进行更新，参与方必须就每一笔交易达成共识，这种方式增强了交易的有效性和可追溯性。Stella 项目采用了 Hyperledger Fabric 0. 6. 1 平台，对每个交易进行存储，并通过实用拜占庭容错算法（PBFT 算法）进行持续同步。

编码设计：在 DLT 应用中，交易的业务逻辑通过智能合约来实现。Stella 项目编写并运行了两类智能合约程序：一个是在没有流动性节约机制（LSM）的简单程序，另一个是运行了有流动性节约机制（LSM）的程序。欧央行和日本银行的 LSM 智能合约分别以 TARGET2 和 BOJ – NET 的排队和双边抵销机制为基础进行设计。

测试方法：欧央行和日本银行采用了各自系统中 LSM 的某些逻辑。为对照，程序首先在 DLT 之外的环境下运行得出基准效率，然后将智能合约部署在没有共识机制的单一节点上，最后，在有共识机制的分布式环境下运行程序，以测试在 DLT 环境对效率的影响。

测试环境：欧央行的研究工作是在一个虚拟且严格的内部测试环境下开展的①，日本银行则使用了云计算服务。欧央行和日本银行在各自的测试环境中开展了一系列并行测试，以证实测试结果均可复制。

测试数据：测试使用的是模拟数据。系统中的每个虚拟参与者都被分配了一个账户，且所有相关信息（即账户余额和待完成交易）都被储存在账本中。针对不同的测试项目，输入交易以恒定速率或是按照全天交易量波动的规律被注入 DLT 应用（比如设置高峰请求量），从而测试智能合约在各种可能情景下的性能。

性能衡量：Stella 项目以系统的反应时间为依据来衡量性能，总流量

---

① 验证节点和测试代码部署在两台红帽企业版 7（Red Hat Enterprise Linux 7）计算机上，配备 16 virtual cores、8 GB RAM 和 50 GB 存储。

设置在最大 250 RPS（Requests Per Second）或模拟 RTGS 每日流量。为测量反应时间，每个节点在"交易请求被发送"与"该笔交易被执行并写入区块"之间所花费的时间都被记录下来①。在测试中，项目计算了每笔交易中所有节点的运行时间或者 Quorum 节点将区块加入账本的时间。

安全性评估：Stella 项目重点研究了三种特定场景对系统运行的影响：一是一个或多个验证节点暂时故障；二是 Fabric 某个用于验证参与方和交易请求的特殊节点暂时故障；三是发送给系统的部分交易存在数据格式错误。在测试中主要关注的是上述故障所导致的额外反应时间以及系统功能恢复所需要的时间。

（三）测试内容

1. 网络规模对效率的影响

项目测试了验证节点数量增加对系统性能的影响，并且对简单智能合约（即无 LSM 情况下的支付）以及 LSM 智能合约（即有 LSM 情况下的支付）两种情形均进行了测试。

（1）简单智能合约情形的试验结果

无 LSM 简单支付的试验证实了节点数量与反应时间之间此消彼长的关系，即节点数量越多，则执行支付请求并记录到区块所需的时间越长。对于节点数量在 4 ~ 65 个的网络来讲，反应时间的中值始终在 0.6 秒左右徘徊，但是随着节点数量的增加，某些交易需要更长的处理时间（见图 10 - 5）。当节点数量增加至 65 个时，反应时间峰值达到 1.6 秒②。

（2）LSM 智能合约情形的试验结果

关于 LSM 智能合约的测试也得出了类似的结果，即需要平衡节点数量与反应时间之间的关系（见图 10 - 6）。结果还显示，有 LSM 的交易需要的反应时间比无 LSM 交易多出 0.01 ~ 0.02 秒。

---

① 一笔交易完成结算或者放置到队列后都会被记录到区块中。
② 参与 Fabric 的验证节点数量是有限的，项目最多成功测试了 65 个节点。

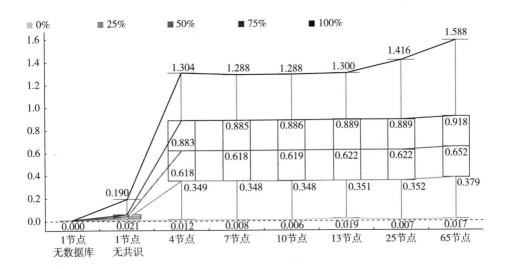

图 10-5　简单智能合约情况下的反应时间（Y 轴 - 秒；X 轴 - 网络规模）

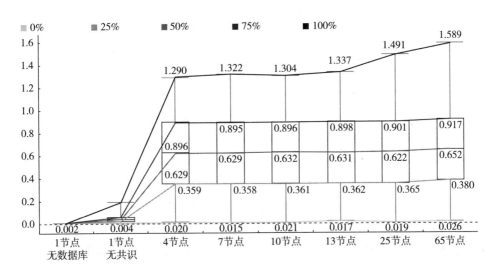

图 10-6　LSM 智能合约情况下的反应时间（Y 轴 - 秒；X 轴 - 网络规模）

（3）反应时间分解

为了进一步研究为什么节点数量增加会导致反应时间增加，Stella 项目将反应时间按照 Fabric 的处理流程进行了分解。由于 Fabric 对交易进行批量处理，因此反应时间中的一部分是用来将一定数量的交易请求打包成一个批次（Batch）[1]。项目测试中发现，一个批次的打包时间平均稳定在0.5 秒左右，且不随着节点数量增加而变化[2]。

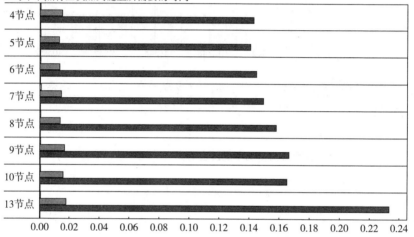

图 10 -7　反应时间分解（Y 轴—网络规模；X 轴—秒）

在全部反应时间中剔除打包时间之后的结果，见图 10 -7。其中，"执行智能合约"所需的时间占到反应时间的很大一部分，因为合约是连续执行的[3]。测试结果也显示，当节点数量从 4 个增加到 13 个的时候，下达指令和通讯环节所需要的平均反应时间在 LSM 合约处理时间中的比例增加了大概20%。每个节点将区块加到链上所需要的时间可以忽略不计。此外，结果还显示区块大小与 RPS 之间存在很强的关联关系（见图 10 -8）。

---

①　交易在执行前会被分组，并放置在一个区块中。根据试验参数，凡是满足以下条件之一，交易即会被分组：一是交易数量达到 500 笔，二是时间过了 1 秒钟。
②　由于测试数据中 RPS 低于 500，因此每秒就生成一个新区块。平均来看，启动区块处理大概需要花费 0.5 秒。
③　在处理能力充足的情况下，执行每个合约所需的时间可以被认为是恒定的。由于每个合约是按顺序执行的，因此一个区块中包含的交易数量越多，该批次处理时间就越长。

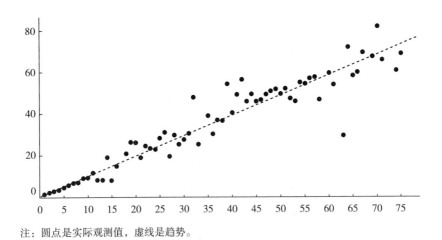

注：圆点是实际观测值，虚线是趋势。

图 10 - 8 区块大小与 RPS（Y 轴—区块大小；X 轴—RPS）

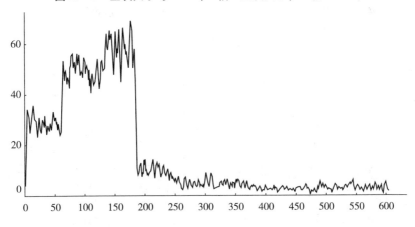

图 10 - 9 高峰时段 RPS 取样（Y 轴—RPS；X 轴—秒）

2. 节点间距离对效率的影响

Stella 项目还将场景分为集中式和分散式（见图 10 - 10），测试了验证节点处于不同地点对网络性能的影响。每个场景有 4 个节点。在第一个"集中式"场景中，三个节点在同一地点，第四个节点在另一个地点。第二个"分散式"场景中，四个节点平均分布在两个不同的地点（即每个地方两个节点）。每个场景中，两个地点之间的往返时间被设置为 12 毫秒和 228 毫秒，前者是信息在法兰克福—罗马或者东京—大阪之间往返的时间，后者是法兰克福—东京往返的时间①。

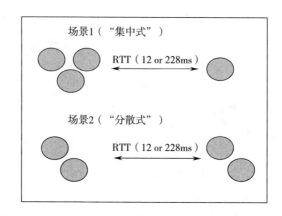

图 10 – 10　场景 1 "集中式"；场景 2 "分散式"

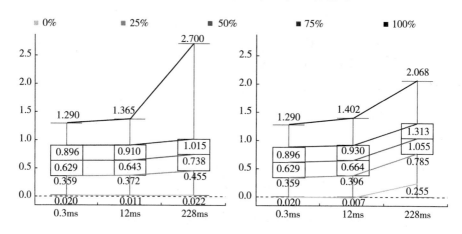

图 10 – 11　节点位置对反应时间的影响

（左侧为集中式场景，右侧为分散式场景，Y 轴—秒；X 轴—RTT）

　　集中式场景下的测试结果显示（见图 10 – 11），由于节点距离相近，所以网络性能受到的影响较小，所有节点所需的反应时间与无延迟的基准

---

　　①　欧央行通过"流量控制"指令来进行模拟，从而推迟节点之间的网络流量。日本银行则将节点设置在不同的云计算区域。

场景下所需的时间相近。但是在集中式场景中，与其他节点相距较远的节点需要较长的反应时间（比基准场景高出 112%）。而在分散式场景下，由于节点间距更长，因此所有节点反应时间比基准场景增加 67%。

从共识时间看（见图 10-12），当达成共识所需的节点彼此之间距离相近时（比如四个节点中有三个距离相近的节点参与共识机制），平均来看达成共识的速度更快。如果共识机制需要某个距离较远的节点参与，则达成共识所需的时间会更长。

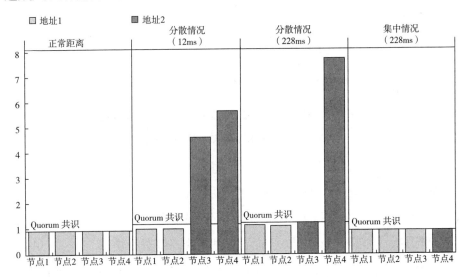

注：系统状态取决于一项交易是否被 Quorum 节点验证，这一段的反应时间已经从第三个节点将交易加入区块并完成验证的时间段中剔除。

图 10-12　节点位置对共识时间的影响（Y 轴—秒）

3. 对安全性的潜在影响

（1）当验证节点发生故障时

无论是由于内部故障或是网络断开的原因，如果网络中参与共识的一个或多个验证节点发生故障，则需要按照特定程序在恢复连接后"追赶"上其他验证节点的状态。

Stella 项目测试了某个验证节点故障所产生的后果，特别是将网络四个节点中的某一个关停一段时间（宕机），然后重启该节点，以测量该节点追赶上其他节点所需要的时间（即恢复时间，见图 10 - 13）。

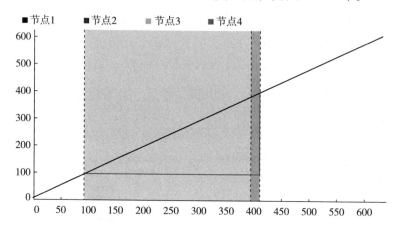

图 10 - 13　单一节点故障下的系统可用性和恢复时间

（Y 轴—区块高度；X 轴—所用时间）

测试结果显示，只要共识算法所必需的节点仍能够运行（四个节点中3 个为 Quorum 节点），则整个系统的可用性不会受到单一节点故障的影响。故障期间，三个运行节点的区块链所记录的区块数量（区块高度）仍会逐渐增加，而故障节点在恢复前不会对区块高度进行更新。

总体来看，验证节点在多种可能的宕机情境下都会在相对较短的时间内恢复（不超过 30 秒，见图 10 - 13）①。更具体一点说，验证节点会定期检查自己的账本与其他节点的账本是否一致，一旦发现不一致，则该节点的账本会与网络的当前账本同步。

相应地，故障节点的恢复时间被分解如下：一是发现不一致所需的时间（检测时间）；二是账本同步所需的时间（同步时间）。试验结果显示（见图 10 - 14），对于当前场景下的支付流量来讲，同步时间保持得

---

① 测试过程中，调整 Fabric 的默认参数十分必要：需要停止 view changes 协议才能让故障节点在恢复后同步账本。

相对稳定（11~14秒），而检测时间波动较大（2~13秒），这与重启时较大的支付流量波动相吻合。

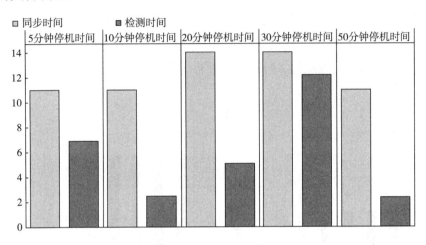

图10-14 恢复时间分解（Y轴—秒）

（2）当认证中心出现故障时

虽然根据网络设计，交易的验证是分布式的，但Fabric系统架构设置了单一认证中心，由此给系统带来了单点故障风险。为了研究Fabric如何处理认证中心不可用的问题，项目将认证中心关停后重启，在此期间各验证节点仍持续发送和处理交易。

测试结果显示，一旦认证中心不可用，则交易会被拒绝，并向发送方提示Fabric网络不可用。而一旦认证中心可用后，交易处理无需其他系统干预措施即可恢复。

（3）当出现错误格式请求时

Stella项目认为，假设央行运行的市场基础设施所在的DLT环境仅向开展银行间结算的成员开放，那么在这样一个背景下，网络上成员无意间散播格式错误的信息似乎是个更加严峻的风险。因此，保障DLT系统弹性的一大挑战是确保系统在收到大量格式错误的交易请求时仍能够继续运行。

在测试中，0~80%的信息被设置了错误的格式，这些错误信息将触发智能合约内嵌的错误检测机制。测试结果显示，无论格式错误信息的比例有多少，系统都能够毫无障碍地处理格式正确的交易。在 RPS 为 10 和 100 的情况下，反应时间的中值和最大值分别保持在 0.5～1.0 秒以及 1.0～1.3 秒之间（见图 10－15）。毫不意外的是，交易流量越大，所需要的计算资源也越大。随着错误格式信息的比例增加，计算资源所承受的压力有所减轻（见图 10－16）。

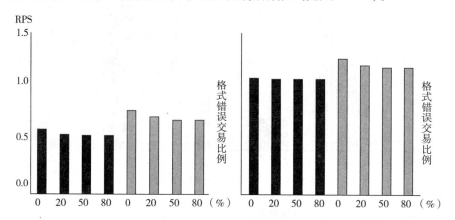

注：黑柱标识的交易以 10 RPS 发送，灰柱标识的交易以 100 RPS 发送。

图 10－15　格式错误交易对反应时间的影响

左侧为反应时间中值，右侧为反应时间最大值

（Y 轴—RPS；X 轴—格式错误交易的比例）

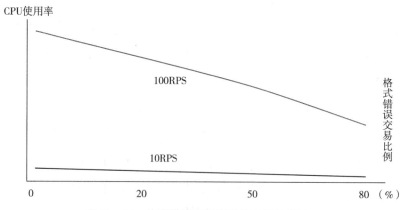

图 10－16　格式错误交易对计算资源的影响

（Y 轴—CPU 使用率；X 轴—格式错误交易的比例）

（四）试验结论

Stella 项目的主要结果归纳如下：

一是基于 DLT 的解决方案可以满足实时全额支付系统（RTGS）的性能需求。研究发现，DLT 应用可处理的支付请求数量与当前欧元区和日本 RTGS 系统的支付请求数量相当，每笔交易平均处理时间不到 1 秒钟。但当每秒请求数增加至 250 RPS 时，流量与性能之间的矛盾则会凸显。此外，测试结果表明常规的流动性节约机制在 DLT 环境下是可行的。

二是 DLT 的性能受到网络规模和节点距离的影响。网络规模和性能之间存在"此消彼长"的关系。增加节点数量将导致支付执行时间增加。至于节点距离对性能的影响，则取决于网络的设置条件。如果达成共识所必需的最少数量节点（即 Quorum 节点）之间的距离足够接近，那么节点距离对反应时间的影响有限，不过，处于网络边缘位置的节点所生成的账本可能会与 Quorum 节点存在不一致。反之，如果 Quorum 节点之间足够分散，则节点距离会对反应时间产生较大影响。

三是 DLT 方案具备加强系统弹性和可靠性的潜力。其可以较好应对验证节点故障和数据格式错误的问题。发生节点故障时，只要共识算法所必需的节点能够运行，则系统的可用性不会受到影响。无论宕机时间长短，验证节点都能够恢复。但需要注意的是，Stella 项目测试所使用的 DLT 设置中包含了一个单一认证中心（Certificate Authority），如果该节点发生故障，则可能瓦解分布式验证的优势。此外，测试表明，系统能够在不影响网络整体性能的情况下检测出数据格式错误。

第二节　中国法定数字货币试验进展

随着信息科技的发展以及移动互联网、可信可控云计算、终端安全存储、区块链等技术的演进，全球范围内支付方式发生了巨大的变化，数字货币的发展正在对中央银行的货币发行和货币政策带来新的机遇和挑战。中国人民银行对此高度重视，从 2014 年起就成立了专门的研究团队，并于 2015 年初进一步充实力量，对数字货币发行和业务运行框架、数字货币的关键技术、数字货币发行流通环境、数字货币面临的法律问题、数字货币对经济金融体系的影响、法定数字货币与私人发行数字货币的关系、国际上数字货币的发行经验等进行了深入研究，已取得阶段性成果。

2016 年 1 月 20 日，中国人民银行数字货币研讨会在北京召开。来自人民银行、花旗银行和德勤公司的数字货币研究专家分别就数字货币发行的总体框架、货币演进中的国家数字货币、国家发行的加密货币等专题进行了研讨和交流。人民银行行长周小川出席会议，人民银行副行长范一飞主持会议。有关国内外科研机构、重要金融机构和咨询机构的专家参加了会议。

会议认为，在我国当前经济新常态下，探索央行发行数字货币具有积极的现实意义和深远的历史意义。发行数字货币可以降低传统纸币发行、流通的高昂成本，提升经济交易活动的便利性和透明度，减少洗钱、逃漏税等违法犯罪行为，提升央行对货币供给和货币流通的控制力，更好地支持经济和社会发展，助力普惠金融的全面实现。未来，数字货币发行、流通体系的建立还有助于我国建设全新的金融基础设施，进一步完善我国支付体系，提升支付清算效率，推动经济提质增效升级。

会议要求，人民银行数字货币研究团队要积极吸收国内外数字货币研究的重要成果和实践经验，在前期工作基础上继续推进，建立更为有效的组织保障机制，进一步明确央行发行数字货币的战略目标，做好关键技术攻关，研究数字货币的多场景应用，争取早日推出央行发行的数字货币。数字货币的设计应立足经济、便民和安全原则，切实保证数字货币应用的低成本、广覆盖，实现数字货币与其他支付工具的无缝衔接，提升数字货币的适用性和生命力。

一、原型系统探索

目前，中国法定数字货币试验已取得积极进展，图 10 – 17 和图 10 – 18分别展示了央行数字货币原型系统的总体架构以及场景示范。

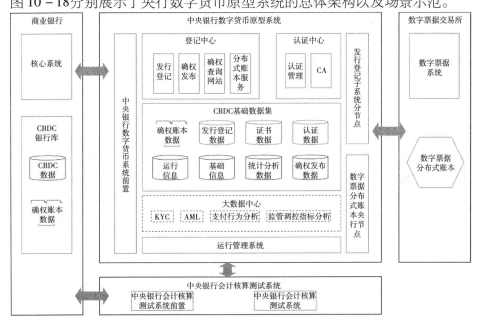

图 10 – 17　原型系统总体架构

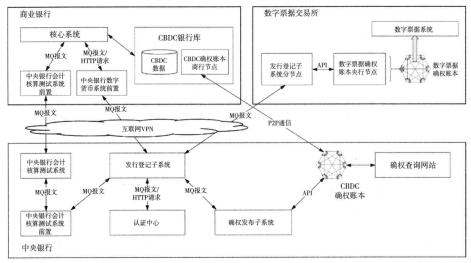

图 10 – 18　原型系统场景示范

二、标准体系探索

中国人民银行前期开展的法定数字货币理论研究和开发经验在国际上均具先发优势。《中国金融业信息技术"十三五"发展规划》《金融业标准化体系建设发展规划（2016—2020年）》和《中国人民银行信息技术"十三五"发展规划》均对法定数字货币工作提出了"完善法定数字货币发行流通体系，加快法定数字货币系统建设"，"持续推进金融国际标准化，在移动金融服务、非银行支付、数字货币等重点领域，加大对口专家派出力度，争取主导1~2项国际标准研制"的指导性意见。

法定数字货币及相关技术仍在快速发展变化之中，适时制定相适应的技术标准和规范，有助于保持和加强我国在法定数字货币领域的国际地位和话语权，具有如下价值与意义：

一是描绘法定数字货币领域标准化工作的整体框架和发展蓝图，为明确未来一段时期标准化工作的重点和发展方向提供依据，也是今后法定数字货币标准制定或修订的主要依据。

二是协调法定数字货币标准之间的关系，为制定完善且高质量的标准奠定基础。通过合理界定标准类目边界、内涵，厘清标准之间的关系，减少和避免可能存在的交叉、重复等现象，有助于法定数字货币标准与相关行业标准之间协调发展。

三是有利于规范和促进法定数字货币的开发和应用。在国内外均无法定数字货币相关标准且业务与技术均具可塑性的阶段，建立完整的法定数字货币标准体系框架，对中央银行选择和应用法定数字货币模型和技术、建设法定数字货币系统具有重要指导意义。

基于前期法定数字货币理论研究和系统开发成果，法定数字货币标准体系已有初步框架，其中包含基础通用类、业务类、技术类、信息安全类和应用类五大类标准，每一大类又细分若干子类，图10-19展示了法定数字货币标准体系框架。随着法定数字货币业务领域的发展和技术研究的深入，标准体系将继续丰富扩展。

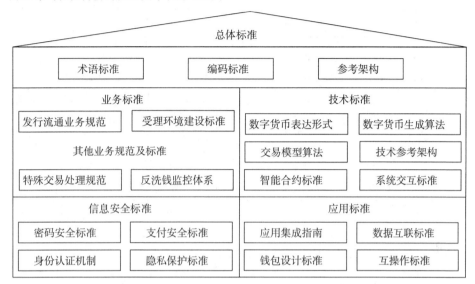

图 10-19 法定数字货币标准体系框架示范

三、专利体系探索

中国人民银行数字货币研究所在前期研究和原型探索的基础上，于2016年初开展了数字货币专利的申请，以全面开启数字货币专利体系建设（见图 10-20）。通过专利体系布局和持续积累运作，探索基础研究成果的价值转化模式，在切实做好以数字货币引领央行创新的研究储备的同时，打造国际领先的专利集合，逐步建立在数字货币领域的竞争优势。

1. 核心基础技术

用于支撑数字货币安全高效运行、并体现竞争优势和应用价值的底层基础设施，包括核心技术和基础环境。

（1）核心技术涉及密码安全、隐私保护、高性能架构等一系列的关键技术内容。需要结合现有成熟技术以及前沿创新，依据数字货币在安全、可信、便捷、高效等方面的实际需求，进行专项技术攻关和组合创新，建

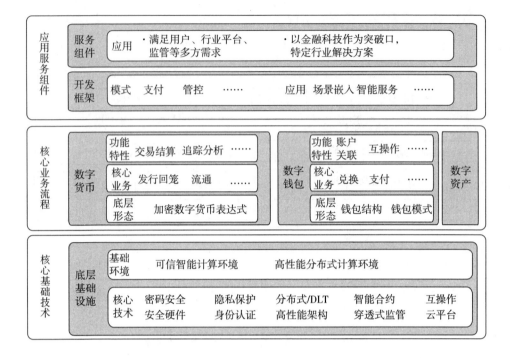

图 10 - 20 数字货币专利体系布局规划

立符合数字货币新特性要求的具有领先优势的技术专利集合。

（2）基础环境通过核心技术的组合形成底层运行态技术方案，用于支撑业务特定的技术需求，包括：通过一系列技术组合建立提供可信和智能化运行保障的技术环境，以及支持数字货币高频交易处理和广泛场景应用能力的高性能分布式计算环境等。

2. 核心业务流程

提供以数字货币为核心、以数字钱包为载体、以数字资产为创新应用、围绕构建数字经济新生态为目标的核心业务流程。

（1）数字货币：构建以密码学为基础、覆盖全生命周期运行管理、具有全新品质的完整数字货币业务体系。

（2）数字钱包：构建以数字货币载体为核心的数字货币钱包体系，充分发挥数字货币全新品质优势，体现数字货币应用能力和应用价值。

（3）数字资产：数字合同，数字发票，电子/数字票据，核心企业ERP中形成的订单/仓单/运单等，作为数字经济生态下金融科技创新的基础要素，为数字货币创新研究开辟了广阔的应用场景和探索空间。

3. 应用服务组件

支撑数字货币面向场景应用的标准化组件，提供数字货币创新服务能力、场景互联和应用集成能力以及行业解决方案。包括开发框架和服务组件。

（1）开发框架：构建以数字货币核心业务流程为基础、从应用角度出发、发挥数字货币优势特性的应用能力框架。

（2）服务组件：面向数字货币行业应用，提供特定行业解决方案的服务组件，满足用户、行业平台以及监管等多方需求。

第十一章 法定数字货币的场景应用研究

第一节 数字票据交易平台

目前票据业务主要存在三个方面问题：一是票据的真实性，市场中存在假票、克隆票、刑事票等伪造假冒票据；二是划款的即时性，即票据到期后承兑人未及时将相关款项划入持票人账户；三是违规交易，即票据交易主体或者中介机构，存在一票多卖、清单交易、过桥销规模、出租账户等违规行为。与此相对应，区块链用于票据场景也主要有三种。首先，可以解决链上数据真实性问题。从票据发行即对全网所有业务参与方广播，当检验数字票据信息是否被转让或者篡改时，区块链可以提供无可争议的一致性证明。其次，采用区块链的分布式结构，可以消除信息不对称，实现票据价值传递的去中介化，进而消除目前票据市场中介乱象。最后，每张数字票据都是运行在区块链上、拥有独立的生命周期、通过智能合约编程的方式来实现的一段业务逻辑代码，利用此技术可以提高票据交易的效率，降低监管成本。如果在票据链中引入法定数字货币（本章以下简称数字货币），便可实现自动实时的 DVP 券款对付、监控资金流向等功能；而通过构造托管于智能合约的现金池，还可以创造出实时融资等新的业务场景。

一、基于区块链技术的票据交易平台设计思路

数字票据交易所应该是全国统一的"互联网 + 数字票据交易"的综合

性金融服务平台，涵盖票据业务从发行到兑付的全流程，并与纸票电子化、ECDS 电票票据交易共同构成统一票据市场，成为货币市场的重要组成部分。数字票据交易所将成为国内票据领域的业务交易中心、支付清算中心、风险防控中心、数据采集中心、研究评级中心等。基于区块链设计的数字票据交易所服务平台与传统的基于中心服务器的电子交易服务平台设计思路不同，其设计思路主要包含以下四个方面。

第一，票据交易平台采取相对平权的联盟链。票据交易所、银行、保险、基金等金融机构可以联合组网，各家处于相对平权（相比传统中心化的模式）的位置。在平台中，记账节点（高信用背书特征）共同维护联盟链，普通节点经认证可以同步联盟链的数据并使用这些数据，交易对手和交易过程被完整记录在联盟链上，不可篡改；平台会员以及平台上流转的资产一旦上链，就转化为可信状态且为所有会员可见，避免了不同会员间重复 KYC 流程，大幅降低交易成本；而智能合约进一步提高了交易的灵活性，降低了确认、清算和结算的成本。

第二，设立一个身份管理机构，负责参与方身份识别，设立了数字票据交易平台的参与方门槛，解决了传统交易平台上中介横行的困境。这个用户身份的管理机构，主要提供参与方身份的证书颁发、存储、验证、授权以及丢失恢复的服务。参与方在票据交易平台中进行登录、交易、查询等业务操作时使用私钥进行认证与数据加密。

第三，使用区块链承载数字票据的完整生命周期，并采用智能合约优化票据交易与结算流程，提高交易效率并可以创造出很多全新的业务场景。数字票据业务系统包含开票、企业间流转、贴现、转贴现、再贴现、回购等一系列业务类型，这些业务类型以及交易中的要求和限制，都可以通过智能合约编程的方式来实现，并可根据业务需求变化灵活变更升级。票据交易智能合约可以自动完成资金转移、保证金锁定、手续费扣除、所有权的变更等票据交易动作。

第四，利用区块链大数据与智能合约，实现票据交易的事中监管，降低监管成本。得益于区块链的技术特性，监管方随时可以对分布式账本的交易记录进行审计，而不需要依赖于票据交易平台所提供的接口。监管机构可以根据监管要求，设计开发用于监管的智能合约，并发布到数字货币区块链上，由票据交易智能合约执行时作为前置合约进行调用，可以直接中止不符合监管要求的交易。每个交易的监管执行结果也会记录在区块链账本上。

一个完整的区块链服务平台应该包括底层交易账本组件、公共服务组件、以智能合约为基础的产品工厂组件和外部接口组件这四个设计层次。其中，底层记账组件将对交易类型、协议规范（交易协议）、共识协议、文件库（格式化/非格式化文件）、合约解释（文本说明）、节点授权（权限说明）进行统一设计与管理；公共服务组件对会员机构、账户、票据属性、交易方式等进行统一设计与管理；业务层智能合约组件将对票据发行（数字化、上链）、市场交易（挂牌、上下架、撮合等市场手段）、清结算、风控等关键要素做整体设计；最上层的接口组件将提供身份管理业务的 API、区块链票据管理平台 API、票据钱包 SDK、区块查询 SDK 等。

二、数字票据交易平台具体方案

借助区块链构建数字票据本质上是替代现有电子票据的构建方式，实现价值的点对点传递。若在区块链构建的数字票据中，依旧采用线下实物货币资金方式清算，那么其基于区块链能够产生的优势将大幅缩水；如果在联盟链中使用数字货币，其可编程性本身对数字票据就有可替代性，可以把数字票据看作有承兑行、出票人、到期日、金额等要素的数字货币。因此我们针对是否引入数字货币在链上进行直接清算，设计了两种实施方案。

三、数字票据平台链外清算方案

基本设计思路是：数字票据系统采用联盟链技术，央行、数字票据交易所、商业银行以及其他参与机构以联盟链节点的形式经许可后接入数字票据网络；不同的节点在接入时可以根据角色不同和业务需求授予不同的链上操作权限，包括投票权限、记账权限和只读权限等；数字票据发行后以智能合约的形式登记在联盟链上，并在链上进行交易撮合；结算则通过数字票据交易所连接联盟链之外现有的基于账户的支付平台完成；数字票据交易所的主要角色是充当交易结算过程中的信任中介；交易撮合主要由商业银行和参与机构等各参与方，基于联盟链的共享数据自行完成。

以转贴现交易为例，链外结算模式下数字票据的交易流程包括四个步骤。

第一步：商业银行 A 就所持有的数字票据 SDD－1 发起转贴现交易申请，改写 SDD－1 智能合约中的交易状态为转贴现待交易，并写入转贴现的种类及期望的转贴现利率；此后，银行 A 不能再对该票进行其他操作（此步骤发生在链上）。第二步：商业银行 B 在链上发现符合它期望的转贴现待交易状态的数字票据 SDD－1（此步骤发生在链上）。第三步：商业银行 B 向数字票据交易所发起转贴现签收交易。数字票据交易所扣除商业银行 B 在交易所所开保证金账户上的本次交易金额（转贴现金额扣除利息）；将转贴现金额扣除利息和手续费后划入商业银行 A 在交易所开立的保证金账户；手续费部分划入交易所自身账户（此步骤发生在链下）。第四步：数字票据交易所，完成并关闭数字票据 SDD－1 的转贴现签收交易，票据持有人被让渡给商业银行 B（此步骤发生在链上）。

通过对以上交易流程的分析可以发现，因为支付结算仍然采用基于现有保证金账户体系的模式，其结算在链下异步完成，所以无法真正做到DVP 券款对付。数字票据交易平台在整个交易结算过程中，充当的是信任中介的角色。

四、数字票据平台链上直接清算方案

为了实现资金流和信息流的合二为一，简化交易流程，达到 DVP 券款对付的目的，我们还设计了链上直接清算的方案：引入央行数字货币，发挥数字货币的支付结算功能。具体做法是：在数字票据的联盟链中，设置一个央行的数字货币发行节点，由该节点负责数字货币的发行和兑付；借鉴现行电子票据模式中线上清算与备付金账户相挂钩的方式，实现数字票据的网络节点与存有实物货币账户绑定的方式，通过这个发行节点 1∶1 兑换成央行数字货币，在区块链中流通；银行等业务参与方在本系统中除了持有票据等，还会持有一定量的央行数字货币；在交易中，参与方通过向交易对手方发送央行数字货币的方式来完成支付操作。

仍然以转贴现交易为例进行典型交易分析，此时交易的全部过程都在区块链上完成，不涉及任何的链下步骤。

第一步：商业银行 A 就所持有的数字票据 SDD－1 发起转贴现交易申请，改写 SDD－1 智能合约中的交易状态为转贴现待交易，并写入转贴现的种类及期望的转贴现利率（和上一个方案的差异在于，这张票据无需被冻结，也无需向第三方让渡智能合约的控制权）。第二步：商业银行 B 在链上发现符合它期望的转贴现待交易状态的数字票据 SDD－1。第三步：商业银行 B 向数字票据 SDD－1 发起转贴现签收交易，并直接向该数字票据 SDD－1 的智能合约地址发送足额的央行数字货币；数字票据 SDD－1 的智能合约收到央行数字货币后，会把央行数字货币转账给商业银行 A；与此同时，该数字票据 SDD－1 会把自己的当前控制人（持有人）由商业银行 A 改为商业银行 B。交易至此完成，交易的原子性和完整性由数字票据区块链保证。

央行数字货币的引入大幅简化了票据交易流程。对于简单交易来说，交易双方可以点对点直接交易，无需第三方的信用担保，不用担心交割问题，没有交易对手方的风险。缺点则是，因为交易中是全额清算，对参与方的资金占用较多，需要一定的措施来提高资金利用效率。具体方案实施可以考虑设计银行间拆借资金池进行资金使用权的市场化调节。

五、票据交易所的职能分析

传统的交易所模式中，交易所主要提供两种服务：信息中介和信用中介。在以区块链和智能合约为基础的数字票据交易平台上，因为基本上所有的信息都是留存在区块链上的，交易所信息中介的角色会弱化，而区块链本身就擅长解决信任问题，因此交易所在区块链的业务系统中，更多是提供交易场所、支持服务，并引导交易发生。同时，在隐私数据的交换过程中，交易所可以承担信息中转的角色。票据交易所也是一个交易规则的制定者，负责参与方的线下身份认证，监控链上的交易行为，更新发布票据的智能合约模板等。对于复杂交易来说，交易所可以辅助分析交易条件，提供定制智能合约等服务。此外，票据交易所还是整个票据业务平台的建设者和维护者。

第二节　数字货币与银行账户

基于银行账户与数字货币钱包分层并用的设计有以下两个优点：一是可以在最小化影响商业银行核心系统的前提下，充分利用商业银行的账户实名认证、电子渠道、现金运营体系、产品服务体系，对于数字货币在商业银行对公业务推广中有决定性作用，从而也可顺利延伸到零售业务中。二是账户与钱包既是一体的又是相对独立的，一体的情况下可以高度复用银行现有的电子渠道做几乎所有的业务，相对独立的情况下可以通过发钞行实现点对点现金交易。

一、基于账户和不基于账户

数字货币能否发挥其成效，技术路线、风险防控手段及安全保障措施固然是基础，但应用是关键。只有被公众和市场接受的、好用的法定数字货币才有生命力，才能真正实现对传统货币的补充甚至是替代。虽然纯数字货币系统可以不与银行账户关联，但由于我国的货币发行遵循中央银行到商业银行的二元体系，而且当前社会经济活动主要基于商业银行账户体系开展，如可以借助银行账户体系，充分利用银行现有成熟的 IT 基础设施以及应用和服务体系，将大大降低数字货币推广门槛，提高使用便捷性和灵活性，有助于最广大的客户群体使用数字货币。数字货币在融入现有的应用基础之上将拓展出更加丰富和多元化的场景，数字货币的自身服务能力和竞争力也将进一步增强。

借助账户体系，最直截了当的办法是扩展中央银行资产负债表的接入范围。事实上，商业银行和一些其他金融机构以央行存款形式持有的中央银行求偿权已经数字化。但中央银行是否应该向更广泛的对手方提供此类服务？包括居民家庭在内的非金融部门是否可以在中央银行持有账户？这个问题引起了广泛的讨论。英格兰银行、欧洲央行和瑞典央行已经就此问题做了相关的研究。英格兰银行副行长本·布劳德本特道出了商业银行的担忧：那会引发存款从商业银行转移到央行，导致整个银行体系缩窄，成为"狭义银行"。实际上，这种担忧目前在监管层面具有一定的代表性。

对此，人民银行行长周小川也早就发表了自己的观点："数字货币的技术路线可分为基于账户和不基于账户两种，也可分层并用而设法共存。"这是非常有原则性而又精辟的表述，分层并用的思想显然要比直接在央行开户的方式更深刻。但在如何实现的具体手段上，这段话似有不同解读，本节试图给出一个解决方案。

二、商业银行传统账户体系＋数字货币钱包属性

为缓冲单独设立数字货币体系给现有银行体系带来的冲击，也为了最大限度地保护商业银行现有的系统投资，在具体设计上，可考虑在商业银行传统账户体系上，引入数字货币钱包属性，实现一个账户下既可以管理现有电子货币，也可以管理数字货币。电子货币与数字货币在管理上有其

共性，如账号使用、身份认证、资金转移等，但也存在差异。数字货币管理应符合央行有关钱包设计标准，类似保管箱的概念，银行将根据与客户的约定权限管理保管箱（比如必须有客户和银行两把钥匙才能打开等约定），保留数字货币作为加密货币的所有属性，将来利用这些属性可以灵活定制应用，如图 11－1 所示。

这样做的好处是沿用了货币发行二元体系的做法，数字货币属于 M_0 范畴，是发钞行的负债，在账户行的资产负债表之外。由于账户行依然还在实质性管理客户与账户，不会导致商业银行被通道化或者边缘化。不同于以往的圈存现金，数字货币不完全依赖银行账户，可以通过发钞行直接确权，利用客户端的数字货币钱包实现点对点的现金交易。

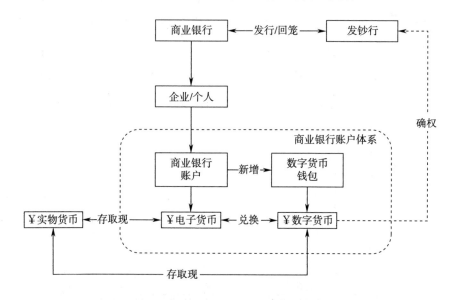

图 11－1 商业银行账户体系支持数字货币

三、央行自主发行与授权发行

发钞行可以是央行，也可以是央行授权的发钞机构（例如港元发行模式）。具体选择哪种发行方式根据实际情况来定，本文仅作学术探讨。

在中央银行集中统一发行数字货币的环境下，商业银行银行库中的数字货币属于商业银行的资产，中央银行的负债；商业银行客户账户中的数字货币则属于客户的资产，中央银行的负债。客户之间点对点交易数字货币，由央行数字货币发行系统进行交易确认与管理，央行承担交易责任；交易电子货币，则和现有流程一致，通过央行跨行支付系统、商业银行核心业务系统完成。

在央行授权发行法定数字货币的环境下，商业银行银行库中的数字货币属于商业银行的资产，发钞行的负债；商业银行客户账户中的数字货币则属于客户的资产，发钞行的负债（发钞行不见得就是账户行）。客户之间点对点交易数字货币，由法定数字货币发钞行进行交易确认与管理（谁发行谁管理），央行承担监管责任；交易电子货币，则和现有流程一致，通过央行跨行支付系统、商业银行核心业务系统完成。需要特别说明的是，发钞行和中央银行以及发钞行之间的互联互通，将由央行来做顶层设计，该顶层是否可以迁移至分布式账本的架构之下，将是业界面临的重大课题。

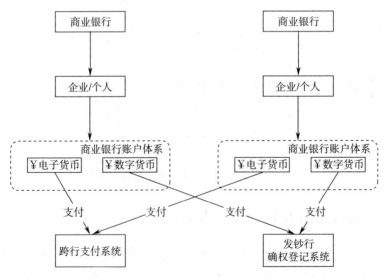

图 11-2　不同类型货币不同交易渠道

四、数字货币钱包的设计思路

在分层并用的具体实现手段上，延续商业银行以客户为中心的思路，在银行基本账户增加数字货币钱包 ID 字段。钱包起到保管箱功能，不参与日终计提等业务，最小化影响现有银行核心业务系统。数字货币的确权依托发钞行，传统账户与数字货币结合，可以极大地增强银行 KYC 与AML 的能力。

在钱包设计上，所有的数字货币钱包需符合央行提供的规范。银行端的数字货币钱包较轻，仅提供安全管控以及账户层相关的必要属性，侧重于数字货币的管理；应用服务商提供的客户端的钱包较重，其功能会延伸至展示层与应用层。在客户端，智能合约的应用可以尽情施展，这也是应用服务商的核心竞争力之一。

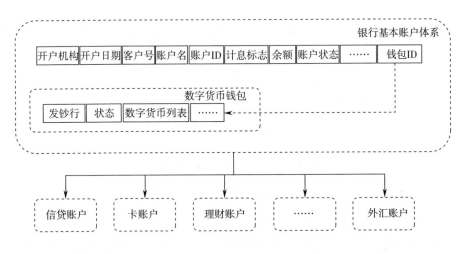

图 11 - 3　数字货币钱包与银行基本账户体系

五、场景示例：专项补贴款发放

某部委发放专项补贴款，逐级下发至获取补贴款的企业或个人。如果要跟踪补贴发放的实际到位情况，传统模式下难以实现，往往需要逐级汇总报送上来，信息流和资金流不能做到完全匹配，执行中各地存在落实不到位、以拨列支等现象。依托数字货币的可跟踪的特性，辅助一定的智能合约权限管理，部委将可以不依赖其他业务参与方，直通式掌握各级补贴发放情况，避免下级机构挪用补贴的风险，实现专款专用。

如果不在银行账户体系中植入数字货币钱包属性，势必要各级机构、各补贴受益人开通和使用数字钱包，不仅需要考虑数字钱包物理载体的选择，而且还涉及众多参与方，央行将直接面对终端用户，推广难度大。而基于商业银行账户体系，应用部分在商业银行后台即可改造解决。对各级终端用户来说，利用现有账户，在操作上和之前日常习惯一致，通过银行柜面、网上银行、手机银行等现有渠道就可以完成该项服务。

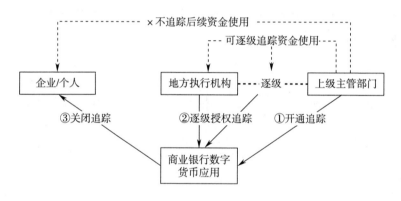

图 11 - 4 专项补贴资金精准追踪

在全面数字化的世界里，不能因为表面上、形式上都是数字，就混淆数字背后的经济金融内涵。此数字与彼数字尽管都是数，但它们有可能代表不同类型的资产，这是在考虑数字货币设计的时候必须牢记在心的。实物货币转化为 M_1 或 M_2，天然就有实物和数字的区隔，但数字 M_0 极易让人忽略这种区隔。普遍的观点是数字资产之间的转换速度加快了，但这意味着不同类型的数字资产间的差异消失了吗？

人民银行副行长范一飞曾撰文指出："法定数字货币必然受到现有支付体系、信息技术的影响，但也需要与现有支付体系适当区分，以专注于自身服务领域，发挥其替代传统货币的功能。从理论上说，支付体系主要处理的是广义货币中的活期存款部分，而数字货币则主要属于现金（M_0）范畴。"

通过在商业银行账户体系中新增数字货币属性的方法，法定数字货币不仅可以有机融入"中央银行—商业银行"二元体系，复用现有的成熟的金融基础设施，更重要的是，此一处理，因特别考虑了数字 M_0 在商业银行体系中的"安身立命"问题，既可使之独立开来，又可分层并用，发钞行只需对数字货币本身负责，账户行承担实际的业务，应用开发商落实具体的实现，各司其职，边界清晰，若辅之以其他手段（比如可以酌情收取保管费，实质上等同于负利率），或可降低狭义银行出现的可能性。

增加数字货币属性也是对商业银行账户体系的创新，商业银行不仅可以利用现有账户系统继续为本行客户提供数字货币服务，还可以利用数字货币的新特性积极拓展新型业务，进一步加强自身的服务能力与竞争力。

本部分的探讨只是一个开始，进一步的研究可聚焦钱包的设计规范，需更进一步考察的问题还有：（1）如何设计差异化的货币使用成本和资产价格政策来保证转轨期的纸币、法定数字货币和商业银行存款之间的动态平衡。（2）如何在此设计之上构建良性的中央银行、发钞行、商业银行、钱包服务提供商、支付服务提供商、数字货币使用方之间的应用生态。

第三节　跨行调款场景

传统人民银行跨行调款业务中，取款商业银行在收到实物货币后，以转账支票方式到当地人行分支机构手工入账，引发资金在途成本并且操作效率不高。在跨行调款业务中引入数字货币，可以提高结算效率。利用智能合约，设计数字货币条件支付功能，能够在满足监管要求下优化业务流程，实现交款和结算同步进行。业务上可以实现日间多场次调款、准实时结算。基于冠字号码流程系统，数字货币条件支付功能可以应用到物联网环境，自动触发智能合约，实现数字货币现场结算。在电子商务领域，条件支付功能还可对第三方支付的担保交易模式产生替代效应。

在建设数字央行的目标下，利用金融科技对传统业务升级改造的契机，在人民银行内部寻找试点场景，深入探索和挖掘数字货币创新应用，既能快速开展试点，又能做到安全可控，不失为现阶段可以尝试的选择。人民银行跨行调款业务相对封闭、低频、可控，有利于进行创新试点。研究发现，基于冠字号码流通系统，传统跨行调款业务信息和实物的流转效率有了大幅提高[1]。在此基础上，引入数字货币，在原有三流合一的基础上，将结算资金流整合进来，可以进一步提高效率、优化流程，实现整个业务的闭环。

一、人民银行跨行调款业务场景概述

（一）跨行调款业务简介

商业银行（以下简称商行）在管理实物货币头寸过程中，每日会出现剩余或短缺的情况，因此商行之间存在相互取现的需求。按现有实践，大多数商行之间不直接进行实物货币交易，而通过人民银行来调剂。人民银行分支机构（以下简称人行）针对辖内商行开展跨行调款业务，主要分为两个阶段：

1. 生成调款任务。各商行每日向人行发起预约，申请次日交款或取款。人行进行配款，生成跨行调款任务并发送到商行。

2. 现金送款和支票入账。如图 11-5 所示，交款商行依据跨行调款任务，向取款商行进行实物货币送款。取款商行确认收款后，派专人送转账支票到人行。人行手工入账到交款商行存款准备金账户。交款商行派专人到人行取支票回单。

---

① 张奎. 人民币冠字号码流转试点与货币数字化应用场景的调查与思考——区块链技术应用［J］. 金融纵横，2017（3）.

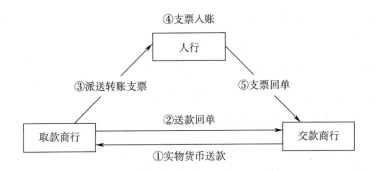

图 11-5　人行跨行调款业务支票入账流程

（二）基于冠字号码流通平台的跨行调款业务模式

传统跨行调款业务现金送款过程，存在重复清分问题和冠字号码信息无法跟踪问题。当前出现冠字号码流通系统，从技术上提供了一种解决思路。

如图 11-6 所示，实物现金清分系统采用物联网技术，完成实物现金自动清分、扫描关联捆包号，将冠字号码文件上传至冠字号码信息平台。实现现金清分、打捆成包全过程线上线下联网完成，捆包号和冠字号码信息统一记录。其他银行凭捆包号下载冠字号码信息，避免重复清分。在实物现金转移过程中，通过分布式账本技术，在人行和商行之间建立共享账本，对现金捆包号的出入库信息进行同步登记，代表现金权属转移，实现实物现金信息流和物流的双流合一。结合冠字号码信息的共享，实现实物现金流转和冠字号码信息的同步跟踪。

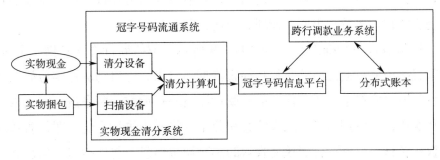

图 11-6　冠字号码流通系统结构图

基于冠字号码流通系统，实现跨行调款业务系统，可以减少线下手工环节，并将业务流整合进来，实现三流合一。跨行调款业务系统作为冠字号码流通系统的上层应用，可以通过冠字号码信息平台获取冠字号码信息，同时通过分布式账本完成实物现金出入库的登记，跟踪实物现金交款过程。整个业务可以划分为以下三个步骤：

1. 线上生成调款任务。如图 11-7 所示，交款商行和取款商行通过系统提交请求，人民银行在系统上进行需求的匹配，并最终生成调款任务。商行通过系统查询调款任务信息。

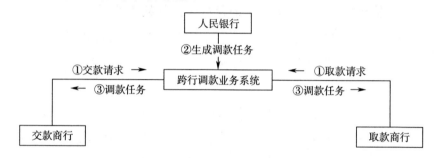

图 11-7　在线生成跨行调款任务流程

2. 交款商行清分出库。如图 11-8 所示，交款商行根据调款任务，将实物现金通过清分系统自动扫描、打捆并组包，系统自动上传冠字号码文件和捆包号信息。交款商行通过跨行调款业务系统，完成出库确认操作，对应捆包号的出库信息在分布式账本进行登记。该笔待交款的实物现金信息，包括捆包号信息和冠字号码信息，对所有参与方保证一致。交款商行按现有流程，将登记出库实物现金交送至取款商行。

3. 取款商行扫描入库。如图 11-9 所示，取款商行收到实物现金后，无须二次清分。通过清分系统扫描收款捆包号后，可自动从冠字号码信息平台获取对应冠字号码文件。取款商行通过跨行调款业务系统，完成入库确认操作，对应捆包号的入库信息在分布式账本中进行登记，即代表该现金权属转移至收款商行。该笔收款的实物现金信息，包括捆包号信息和冠字号码信息，对所有参与方保证一致。

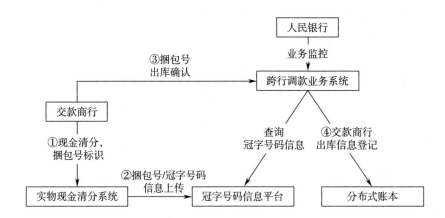

图 11 - 8　交款商行清分出库流程

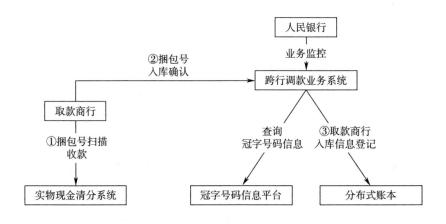

图 11 - 9　取款商行扫描入库流程

二、跨行调款业务存在的问题

基于冠字号码流通系统，实现跨行调款业务的三流合一，但结算资金流仍然独立在外，现金交款与支票结算过程分离，交款和结算过程不同步。

1. 引发资金在途成本问题并且操作效率不高

取款商行收到实物货币后，以转账支票方式到当地人行手工入账付款。取款商行开票到人行入账大概需要 1～2 天时间，支票结算滞后，无法进行日间多场次调款。

2. 先交物后付款的信用交易方式有待改进

交款商行先将实物现金交款给取款商行，再待取款商行进行付款。这种交易模式，交款和结算过程不同步，交款商行本质是凭取款商行的信用先行交款，操作过程存在改进空间。

三、跨行调款业务引入数字货币应用模式探索

1. 数字货币应用模式概述

基于冠字号码流通系统的跨行调款业务，在结算效率和交易方式上存在改进空间，为数字货币应用提供了很好的基础。一方面可以探索引入数字货币来改进结算效率；另一方面可以探索数字货币智能合约的应用，设计新的数字货币功能，满足同步交易的需求。

初步设计数字货币应用模式如下：

（1）以数字货币作为支付媒介解决结算效率问题。取款商行用数字货币替代转账支票进行支付，实现准实时结算。

（2）设计数字货币条件支付功能，实现交款和结算过程同步。取款商行先发起数字货币条件支付操作，通过智能合约控制支付交易执行过程，冻结相应数字货币，等待交款商行送款完成后，同步进行数字货币转移。从而改变现有信用交易的模式，实现实物现金和数字货币同步兑付。

2. 数字货币应用流程设计

数字货币条件支付，能够实现支付资金在途可控，由智能合约自动检查预设规则满足后，自动完成最终资金转移。由此可优化跨行调款业务流程，将交款和结算流程同步起来。如图 11－10 所示，在人民银行生成跨行调款任务后，重新设计交款和结算流程。整个过程分为三步：

（1）发起支付，等待交款

取款商行向数字货币系统发起数字货币条件支付操作，并设定智能合

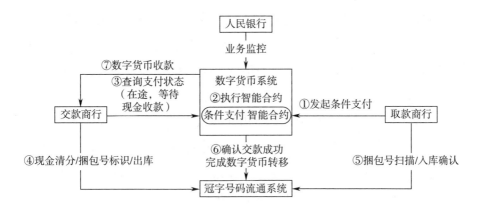

图 11 – 10　跨行调款业务数字货币应用流程

约的支付规则：须等待取款商行扫描入库完成，才最终进行数字货币转移。数字货币系统完成支付方数字签名和金额等验证后，对支付的数字货币进行冻结，并运用智能合约等待验证支付规则。

（2）确认支付发起，清分现金出库

交款商行确认取款商行已成功发起条件支付操作，按照支付金额，通过冠字号码流通系统完成出库操作，包括：现金清分、冠字号码文件和捆包号信息上传，出库确认信息在分布式账本进行登记，之后进行实物现金送款。

（3）现金扫描入库，支付完成

取款商行收到实物现金后，完成入库操作，包括：现金捆包号扫描、下载冠字号码文件、入库确认信息在分布式账本进行登记等。数字货币系统智能合约检查预设规则，验证交款商行已确认入库，自动进行数字货币转移。交款商行在取款商行扫描收款的同时，同步收到数字货币。

如果交款商行因某种原因未能正常完成实物货币送款，数字货币系统可以撤销该支付交易，取款商行相应数字货币进行解冻。

四、应用展望

1. 应用数字货币优化跨行调款业务流程、提高结算效率。

取款商行用数字货币替代转账支票进行付款，人行通过数字货币智能合约替代手工入账操作，既满足业务监管要求，也提高了操作效率，从而能实现日间多场次调款、准实时结算。同时数字货币条件支付功能，优化了现有跨行调款流程，在三流合一基础上整合结算资金流，实现四流合一的同步兑付模式。

2. 跨行调款场景有利于数字货币开展试点。

跨行调款业务具有封闭、低频和可控等特点：（1）跨行调款的业务场景参与方只有人行和商行，系统参与方比较少。（2）跨行调款金额较大、交易笔数和频率低，无须考虑高并发等性能问题。

3. 人行处于核心监管地位，可对整个过程进行有效控制，有利于试点。

五、数字货币条件支付功能拓展与展望

1. 定制智能合约监控物联网操作并自动化执行

冠字号码流通管理平台，采用物联网技术扫描跟踪实物现金流转过程，可进一步探索数字货币在物联网环境下的应用创新。扩展数字货币条件支付功能，利用智能合约来监控物联网线下操作，自动触发智能合约线上执行，从而实现数字货币O2O（Online To Offline）交易模式。

跨行调款业务中，可以修改数字货币智能合约的支付规则，通过监控取款商行的扫描操作，同步进行数字货币转移。例如：取款商行每扫描一次，数字货币智能合约也在同步记录信息，等到扫描金额达到约定金额，自动进行数字货币转移。这样，还可以将原有一笔支付交易拆成多笔，每次扫描到一定金额，就进行一次数字货币转移。甚至还可以实现，每扫描一次，就转移一笔，实现扫描多少、转多少的现场结算。

2. 数字货币条件支付可用于买卖双方非同步交易场景

数字货币条件支付功能，其应用场景可以更通用地被描述为：付款方先发起付款，收款方同步交付标的物，该付款操作等待满足付款条件后，收款方才能最终收到款项。

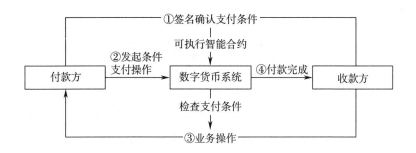

图 11 – 11 通过智能合约实现条件支付的流程

如图 11 – 11 所示，付款方和收款方需对支付条件达成一致，并设定为智能合约规则，加上双方的签名，该合约可由数字货币系统程序化执行。付款方发起数字货币条件支付操作，指定支付条件对应的智能合约。收款方同步进行业务操作（例如交付货物、提供服务等）。数字货币系统自动执行智能合约，通过交易参与方提供的电子凭证检查支付条件，若满足则完成付款。实现可以利用多重签名技术来进行验证。

3. 数字货币条件支付可替代第三方支付担保交易

数字货币条件支付功能更加灵活、安全，可对第三方支付的担保交易产生替代效应。首先，智能合约可定制，使得交易双方对支付条件的设置更加灵活方便。其次，智能合约是程序化执行，相比第三方主体对支付过程进行控制，能够避免第三方主体的信用问题。最后，付款方使用条件支付功能，可以直接支付给收款方，而无须将资金支付给第三方，避免第三方持有资金的安全问题。

数字货币条件支付功能作为一种新型的支付方式，很好地解决了交易双方的信任问题，以及交易过程中资金流与交易流的同步问题，可广泛应用于电子商务、金融等领域。

第四节　保理业务

当前保理业务运作存在两个突出问题：一是支付方式多样化和账户体系分散化导致操作复杂、成本高；二是企业财务制度的约束导致应收账款无法直接支付给保理商，引发回款风险。研究发现，保理业务引入数字货币作为统一支付媒介可以简化操作、降低成本。研究提出的数字货币间接付款功能，即利用数字货币可编程特性解决业务中的资金流安全管控问题，可以让保理商通过定制支付合约实现资金的安全回收，有效降低回款风险。

保理业务针对供应链企业具有封闭性且保理商对业务过程控制力较强，比较适合数字货币试点。通过对有代表性保理商进行深入调研，了解其在现行金融基础设施中保理业务面临的挑战，引入数字货币作为保理业务统一支付媒介，设计基于支付合约对资金流进行管控的数字货币系统功能，助力保理业务。

一、研究背景

1. 数字货币环境下的金融服务模式

经研究发现，在数字货币环境下，数字货币经由"中央银行—商业银行"二元发行体系进入流通环节。金融服务商（例如：保理商等）基于商业银行提供的数字货币钱包服务，利用数字货币优越性来定制金融服务契约，实现金融服务创新。

2. 保理业务应用场景描述

保理业务是指卖方、供应商或出口商与保理商之间存在的一种契约关系。根据该契约，卖方、供应商或出口商将其现在或将来的基于其与买方（债务人）订立的货物销售或服务合同所产生的应收账款转让给保理商，

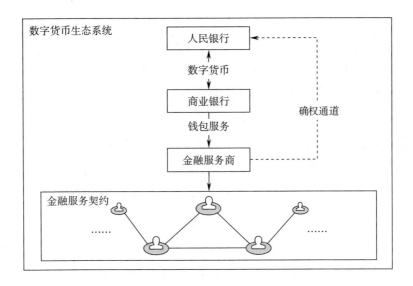

图 11 – 12　数字货币环境下的金融服务示意图

由保理商为其提供贸易融资、销售分户账管理、应收账款催收、信用风险控制与坏账担保等服务中的至少两项。

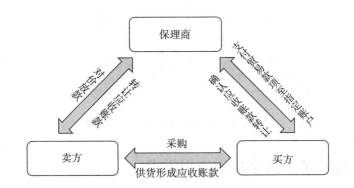

图 11 – 13　保理业务流程图

二、保理业务的挑战

保理业务中保理商需要对卖方账户进行监管，同时还要能够支持各种还款方式，主要面临的挑战如下：

在买卖双方现有的业务模式和支付方式下，买方支付贸易款项的支付方式多样（电汇、第三方支付等），卖方账户分散在多家银行，保理商需要开发各种应用系统来对接，也需要增加人手核对和处理凭证信息以及异常情况。

保理业务在正常情况下要求买方直接还款给保理商（即还款路径变更），但在实际操作中，除保理商对接买方多样化支付方式存在操作困难外，还有买方企业的财务制度要求买方付款对象必须和发票的出票方一致，使得在一些情况下无法由买方直接付款给保理商。

如图 11 - 14 所示，在保理还款路径不变更的情况下，保理商的回款资金是由买方先付款给卖方再由卖方支付给保理商，在这种模式下保理商就会面临卖方信用风险。

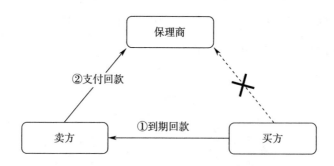

图 11 - 14 保理业务还款路径不变更

三、保理业务数字货币应用需求

基于保理业务场景分析，主要有以下两点数字货币应用需求：

由于买方支付方式多样化和卖方账户分散化，导致保理商系统对接和操作处理成本高。

在还款路径不变更的情况下，买方把本应支付给保理商的回款资金支付给卖方，存在卖方信用风险，需保证该资金最终支付给保理商。

四、应用数字货币的保理业务流程

针对保理业务场景需求设计数字货币应用如下：

1. 买方、卖方和保理商统一使用数字货币进行支付

保理商使用数字货币放款给卖方，买方使用数字货币支付贸易款项给保理商作为融资回款。各方统一基于数字货币付款，能够简化保理商系统对接和操作处理成本，便于保理商对卖方资金进行监管。

实现的过程为付款方发送付款请求（包含支付的数字货币、支付金额、接收方等），数字货币平台收到请求后作废用于支付的数字货币，按支付金额生成所有者为收款方的数字货币，发送数字货币给收款方，如果有余额，按余额生成新的数字货币发送给付款方。

2. 买方使用基于支付合约的数字货币间接付款功能进行回款

买方以数字货币向卖方支付货款，并通过数字货币的支付合约来限制和管控卖方将所收到的数字货币中属于保理商的金额付款给保理商，避免由于卖方信用风险给保理商带来的损失。具体流程如图 11 – 15 所示：

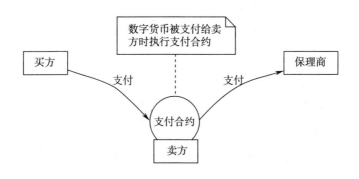

图 11 – 15　通过支付合约保障资金支付给保理商

（1）卖方和保理商在签订保理合同时确定使用数字货币付款的规则，约定卖方收到买方的贸易款后根据约定的规则转付给保理方。

（2）确定规则后，由其中任一方向数字货币系统提交支付合约，卖方

签名申请开通支付合约。

（3）数字货币系统验证申请后，启用该支付合约。卖方在给买方的"应收账款转让通知书"中约定买方使用数字货币支付时使用该支付合约。

支付合约可以约定卖方收到数字货币后，相关金额数字货币只能支付给保理商，也可以约定卖方收到数字货币后，自动转付相关金额数字货币给保理商。

（4）买方以数字货币向卖方发起付款操作，并指定要使用的支付合约。该付款的数字货币按预先设定的支付规则执行，保证资金转付给保理商。在支付过程中卖方和保理商可以查询支付状态。

五、数字货币在保理业务场景的应用评估和展望

1. 保理业务场景适合数字货币试点

（1）保理业务操作成本和还款风险问题痛点明显，全行业需求迫切，在调研过程中客户表现积极；

（2）通过选择有代表性的保理商，其对上下游企业控制力较强，能够有效推动在保理业务中使用数字货币；

（3）保理业务主要针对企业客户，不涉及个人，比较适合数字货币试点。

2. 数字货币在保理业务应用的抽象

场景抽象：付款方因某种原因无法直接付款给最终收款方，需要经过中间代收方但又要防止代收方的信用风险。

数字货币系统通过支付合约保证资金支付给代收方后在满足预设支付规则的情况下，一定能支付给最终收款方。

3. 数字货币在保理业务应用中的拓展和深化

充分利用数字货币可编程属性可管控资金流向，保障资金安全，基于试点可进一步拓展其他应用场景。

后续将进一步深入研究数字货币在资金流管控方面的应用模式，不断

完善数字货币及支付合约的设计与实现，探索如何为中央银行提供新的资金监管手段。

第五节　精准扶贫

有效监控资金流向、提高资金使用效率一直是扶贫工作中的难点。通过调研选取了扶贫工作中具有代表性的医疗救助场景，尝试利用法定数字货币可编程特点，制定支付合约限定资金用途，实施定向支付；利用法定数字货币的可追踪性，通过央行授权方式，将扶贫资金流向追踪功能开放给扶贫主管部门，保障扶贫资金的合规使用。可以预见的是，上述两项功能尤其是可控追踪性会在未来具有广阔的使用情景。通过授权后的组织机构可以在其业务权限之内追踪数字货币的流转信息，实现资金的精准可控使用。与外界的想象略有不同，法定数字货币的可控追踪功能，与其说是向监管者提供的工具，毋宁说是面向用户并由用户自主控制的一项全新服务。

精准扶贫、精准脱贫是脱贫攻坚的基本方略。结合数字货币系统的应用特点，本节针对精准扶贫医疗救助场景中的应用进行了初步探索。利用数字货币的可编程性和可追踪性，研究设计了数字货币定向支付和资金追踪功能，探索扶贫资金定向使用和可控追踪的应用模式。

一、医疗救助场景概述

1. 医疗救助基本内容

医疗救助场景是指当符合条件的救助对象，在"一站式"即时结算的定点医疗卫生服务机构就诊时，其自费部分按比例得到扶贫补贴。当地民政部门定期申请医疗救助资金，并与当地医疗机构签订协议，由医疗机构先垫付医疗救助资金，所发生资金经民政部门审核后，由民政部门与医疗机构进行结算。

2. 医疗救助资金使用流程

在明确医疗救助对象后，实施救助时的资金使用主要包括两个阶段：

第一阶段为医疗救助费用核算和垫款（如图 11 – 16 所示）。首先，被救助对象在医疗机构就诊后进行费用核算。其次，医疗机构需通过卫计委系统计算其需要垫付的费用，并告知被救助对象经扶贫补贴后，个人需支付的款项。最后，由被救助对象进行付款结算。

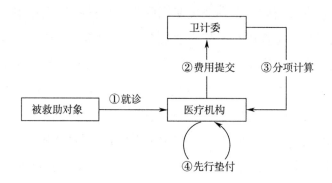

图 11 – 16　医疗救助费用核算和垫款流程

第二阶段为医疗救助扶贫资金结算（如图 11 – 17 所示）。当地民政部门从上级民政部门定期申请扶贫资金拨款，并存放在商业银行。医疗机构定期将医疗救助垫款明细发送当地民政部门申请结算，民政部门经过审核后，提交至商业银行以扶贫资金进行结算。

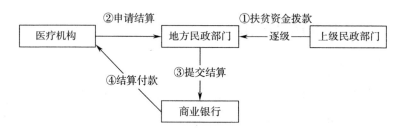

图 11 – 17　医疗救助扶贫资金结算

二、传统扶贫资金管理存在的问题

一是不易控制资金流向。扶贫资金拨款后,上级民政部门难以有效控制资金流向,造成扶贫资金被挤占挪用。传统扶贫资金管理一般采用"专户运行、专账核算、专户管理",但执行中存在落实不到位、以拨列支等现象。二是不便追踪资金去向。在资金逐级划拨过程中,上级民政部门无法便捷追踪资金流向,难以跨越多个主体,进行层层追踪。

三、利用数字货币提高对扶贫资金的管理能力

法定数字货币具有可编程和可追踪的特点,通过设计针对扶贫资金管理环节的定向支付功能和资金追踪服务,为扶贫主管部门提供信息数据支持,进而提高对扶贫资金的控制和追踪能力。

1. 通过数字货币可编程性实现扶贫资金精准控制

上级民政部门使用数字货币进行扶贫资金拨款,根据扶贫资金使用的要求来设定支付合约,合约由数字货币系统自动程序化执行,数字货币按照指定资金路径使用。该定向支付功能保证上级民政部门可以自主控制后续扶贫资金的用途,达到扶贫资金专款专用和精准控制。

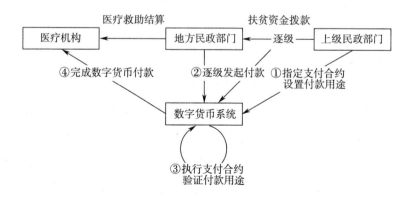

图 11 - 18　数字货币支付合约实现扶贫资金定向使用

如图 11 – 18 所示,上级民政部门使用数字货币进行医疗救助专项资金拨款(注:实际拨款过程可以是多级),向数字货币系统发送付款指令并同时设定支付合约,该合约设置数字货币的后续付款操作必须满足指定用途。地方民政部门作为接收方收到该数字货币后,只能按支付合约指定的用途发起付款操作,如付款给定点医疗机构。数字货币系统验证通过后,将数字货币付款给医疗机构。上级民政部门可以定制更为复杂的支付合约,实现更加精准的资金用途,如验证付款结算清单符合医疗救助条件等。

2. 通过数字货币可追踪性实现扶贫资金精准追踪

数字货币的流转信息可通过央行授权方式,将扶贫资金流向追踪功能开放给扶贫主管部门,实现扶贫资金精准追踪。开通数字货币的追踪功能,主要包括以下三个基本操作:

开通。需要启用追踪的数字货币所有者,在支付时开通数字货币追踪功能,数字货币系统即对该数字货币标记为可追踪。

授权。后续收到数字货币的所有者,对有追踪标记的数字货币可进行追踪授权。在数字货币连续支付过程中,每个环节的所有者都进行追踪授权,就会形成一条可追踪的数字货币支付链条。链条上的数字货币所有者可以向下追踪数字货币的流向。

关闭。数字货币的所有者在支付时可以关闭追踪标记,此追踪链断裂,以保证后续交易的隐私性。

如图 11 – 19 所示,在医疗救助场景中,上级民政部门使用数字货币进行医疗救助专项资金拨款,并开通数字货币追踪功能。后续逐级民政部门按上级要求在使用数字货币时进行追踪授权。上级民政部门需要查询资金使用情况时,提交之前拨款使用的数字货币以及代表所有者的私钥证书。数字货币系统接收到请求后验证证书和数字货币的关系,返回后继续带有追踪标记的数字货币信息,包括金额、交易时间、所有者等。通过该追踪链条,上级民政部门可以跨主体层层追踪资金流向,实时了解资金使

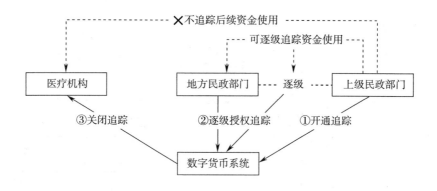

图 11 - 19　数字货币实现扶贫资金精准追踪

用情况。配合扶贫管理系统，还可以验证资金使用是否与预算和申请相符，从而使扶贫资金监控更加精准和高效。

第六节　第三方支付

一、账户体系的沿革

在第三方支付出现前，中国的支付体系是以央行为主导，再加上银行和用户构成的二元账户体系。不管是商业银行本行还是跨行的交易信息对央行都是公开和透明的。掌握资金交易信息，是央行进行反洗钱、货币调控和监管的前提。

然而，第三方支付的出现，改变了传统的中央银行—商业银行的账户体系，动摇了监管的根基。以支付宝为代表的第三方支付，直接采用行业称之为"反接"的模式，在自己体系内为客户建立虚拟账户，同时直接连到多家银行，并在每家银行内创立支付宝账户。

在这种模式下，第三方支付公司在多个银行开立账户，提现/充值的资金流在外部看来是本行业务。由于支付账户本质上是虚拟资金账户，其

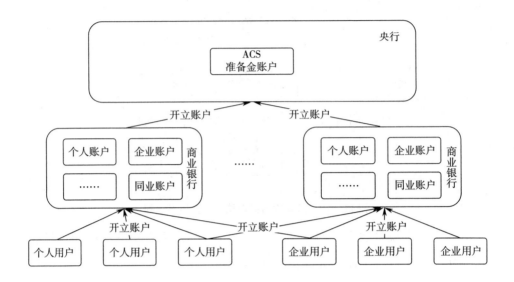

图 11 – 20　传统二元账户体系

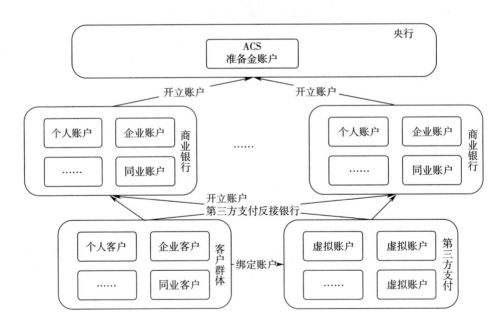

图 11 – 21　传统二元账户体系 + 第三方支付虚拟账户

背后的真实资金账户为开立在备付金存管银行的银行账户，同一支付公司不同虚拟账户之间的交易不涉及银行清算，支付公司通过自己的虚拟账户与每家银行直连，其实担当了清算体系的功能。而这些交易对商业银行、央行都是不公开、不透明的。商业银行损失了宝贵的客户交易数据，无法拥有全面的金融数据进行深入挖掘和分析。央行无法掌握准确的资金流向，给反洗钱、金融监管、货币政策调节带来很大的困难。

在此背景下，网联平台成立了。网联的主要职责是成为网上交易的清算平台，把清算功能从各家第三方支付公司剥离，也切断了第三方支付和银行的直连，并充当银行与第三方支付的桥梁，保证用户通过第三方支付的交易信息能够公开和透明。

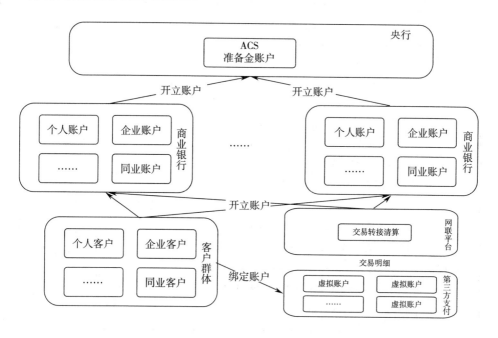

图 11 - 22 传统二元账户体系 + 第三方支付虚拟账户 + 网联统一清算平台

在这种模式下，支付平台提交的详细交易请求由网联平台传给商业银行，商业银行和央行也能掌握交易明细与资金的流向。

二、账户的分类与管理

（一）银行结算账户分类

2015 年 12 月 25 日，央行发布人民币银行结算账户管理新规，将原有的银行结算账户从开立渠道、功能、限额等维度分为三级，针对每一级账户体系界定了清晰的分类管理和动态管理指引。其核心监管理念是三个：一是加强并坐实银行账户实名制有关身份核实的要求，满足合规和金融安全保障诉求；二是在网络支付场景日益丰富的情况下，给银行在线开户提供一个可操作的标准，与支付机构的支付账户体现监管对等；三是提供了代理开户的实施规范，突出了银行金融服务的普惠性和人本理念。

表 11 - 1 银行结算账户分类

账户类型	账户功能	账户限额	账户形式	办理方式
Ⅰ 类账户	全功能	不限制	借记卡及储蓄存折	柜台当面办理
Ⅱ 类账户	直销银行，网上理财产品，不得存取现金，账户的资金只能来自 Ⅰ 类账户	单日支付额度在 1 万元以内，但是购买理财产品的额度不限	电子账户	以非面对面方式办理
Ⅲ 类账户	主要用于快捷支付，如闪付，免密支付等，不得存取现金，账户的资金只能来自 Ⅰ 类账户	限定金额的消费和缴费支付等业务，余额限定 1000 元以内，日累计消费限额 5000 元	电子账户	以非面对面方式办理

Ⅰ 类账户是全功能账户，常见的借记卡、存折均属于 Ⅰ 类账户；Ⅱ类、Ⅲ 类账户则是虚拟的电子账户，是在已有 Ⅰ 类账户基础上增设的两类功能逐级递减、资金风险也逐级递减的账户。主要区别如表 11 - 1 所示。

Ⅰ 类账户功能齐全，资金流入流出无限额。可以作为工资账户或个人财富主账户，主要用于大额消费、大额资金流转、储蓄存款及投资理财。不必随身携带。

Ⅱ类账户投资理财功能齐全，可以灵活地由Ⅰ类账户向其转入资金，无累计转入限额，既满足日常使用，又避免大额资金损失。

Ⅲ类账户主要用于小额高频交易，账户余额不得超过1000元人民币，适合用于绑定支付账户，及日常小额高频交易（如二维码支付、手机NFC支付等）。可以随用随充，便捷安全。

（二）第三方支付账户分类

中国人民银行公告发布了《非银行支付机构网络支付业务管理办法》。根据该办法，从2016年7月1日起，个人支付账户将分为三类；支付机构将进行评级，根据支付账户实名情况进行差别化监管。

表11-2 第三方支付账户分类

账户类型	分类标准	余额付款功能	余额付款限制
Ⅰ类账户	非面对面实名认证，并通过至少一个外部渠道核实身份	消费、转账、提现	自账户开立起累计不超过1000元（包括支付账户向客户本人同名银行账户转账）
Ⅱ类账户	面对面实名认证；或非面对面实名认证，并通过至少三个外部渠道核实身份	消费、转账、提现	年累计不超过10万元（不包括支付账户向客户本人同名银行账户转账）
Ⅲ类账户	面对面实名认证；或非面对面实名认证，并通过至少五个外部渠道核实身份	消费、转账、提现、购买理财	年累计不超过20万元（不包括支付账户向客户本人同名银行账户转账）

该办法指出，支付机构应当遵循主要服务电子商务发展和为社会提供小额、快捷、便民小微支付服务的宗旨，基于客户的银行账户或者按照本

办法规定为客户开立支付账户提供网络支付服务。本办法所称支付账户，是指获得互联网支付业务许可的支付机构，根据客户的真实意愿为其开立的，用于记录预付交易资金余额、客户凭以发起支付指令、反映交易明细信息的电子簿记。支付账户不得透支，不得出借、出租、出售，不得利用支付账户从事或者协助他人从事非法活动。

同时，支付机构应当遵循"了解你的客户"原则，建立健全客户身份识别机制。支付机构为客户开立支付账户的，应当对客户实行实名制管理，登记并采取有效措施验证客户身份基本信息，按规定核对有效身份证件并留存有效身份证件复印件或者影印件，建立客户唯一识别编码，并在与客户业务关系存续期间采取持续的身份识别措施，确保有效核实客户身份及其真实意愿，不得开立匿名、假名支付账户。

支付机构应当综合客户类型、身份核实方式、交易行为特征、资信状况等因素，建立客户风险评级管理制度和机制，并动态调整客户风险评级及相关风险控制措施。支付机构应当根据客户风险评级、交易验证方式、交易渠道、交易终端或接口类型、交易类型、交易金额、交易时间、商户类别等因素，建立交易风险管理制度和交易监测系统，对疑似欺诈、套现、洗钱、非法融资、恐怖主义融资等交易，及时采取调查核实、延迟结算、终止服务等措施。

（三）第三方支付账户与银行账户的对比

央行发布的《关于改进个人银行账户服务加强账户管理的通知》和《非银行支付机构网络支付业务管理办法》两个管理规范都要求支付账户进行分类，同样是分三类，银行与第三方支付的差别其实很大。

1. 适用范围

银行的三类账户中，Ⅰ类等级最高适用范围最广，Ⅲ类则只能用于限定金额的消费和缴费支付；而第三方支付账户中，Ⅰ类等级最低，而Ⅲ类等级最高适用范围最广；同样是Ⅱ类账户，银行的Ⅱ类账户可以用于购买投资理财产品等金融产品，而第三方支付的不行。

2. 限额

银行Ⅰ类账户没有限额，Ⅱ类、Ⅲ类账户有限额，但并没有给出具体规定。而第三方支付在限额方面就要更明确和严格一些，Ⅰ类账户总共限额1000元，Ⅱ类限额为每年10万元，Ⅲ类每年20万元。

需要注意的是，这里的限额是限制余额付款交易额度，Ⅰ类的包括支付账户向客户本人同名银行账户转账，而Ⅱ类、Ⅲ类不包括。也就是说，如果你是Ⅰ类账户，那么也就是体验一些1000元以内的转账和支付，然后这个账户就没什么用了，除非你提升至Ⅱ类、Ⅲ类账户，而后两者虽然每年有限额，但是限制的是余额交易，把余额转入自己的银行卡的金额不算在额度内，转多少都可以。

3. 开户方式

表11 - 3　　　　　　　　银行账户与第三方支付账户开户方式对比

		银行账户开户		第三方支付账户开户
Ⅰ类账户	通过柜面提交银行账户开户申请	通过远程视频柜员机和智能柜员机等自助机具提交银行账户开户申请，银行工作人员现场核验身份信息的		非面对面实名认证，并通过至少一个外部渠道核实身份
Ⅱ类账户		通过远程视频柜员机和智能柜员机等自助机具提交银行账户开户申请，银行工作人员未现场核验身份信息	通过网上银行和手机银行等电子渠道提交银行账户开户申请的	面对面实名认证；或非面对面实名认证，并通过至少三个外部渠道核实身份
Ⅲ类账户				面对面实名认证；或非面对面实名认证，并通过至少五个外部渠道核实身份

从表11 - 3可以看出，要想达到银行功能最全的账户（Ⅰ类），和我们之前通过银行柜面提交开户申请一样就行了，当然通过自助机具提交银行账户开户申请，银行工作人员现场核验身份信息也行。而想要开立功能最

全的第三方支付账户（Ⅲ类），需要通过五个外部渠道进行身份验证，要求更有严格一些。

三、第三方支付模式分析与问题浅析

（一）第三方支付发展历程

《非金融机构支付服务管理办法》中将非金融机构支付服务定义为非金融机构在收付款人之间作为中介机构提供的一系列货币资金转移服务。第三方支付的定义可以从不同层面对其进行定义，主要分为平台、组织和产业等。

第三方支付平台是指具有雄厚资金基础和良好信誉背景的独立机构，合作联系银行机构，以计算机、信息技术为支持，提供保障消费者和商家间资金流和商品流、完成支付结算的中介服务。第三方组织独立于商家和银行，作为中转单位提供支付服务。第三方产业是指围绕第三方支付业务形成的复杂系统，涉及相关利益者和外部环境等多元化因素。多种概念重复交叠，本文的研究主要针对第三方支付平台而展开。

1. 第三方支付的结构模式

根据资金支付流程，通常将第三方支付分为基础支付层、骨干支付层和应用支付层。第三方支付平台与商业银行通过协议的签订以确定资金支付结算的具体细节；第三方支付平台以其信誉保证，使得消费者在选择购买商品后先将货款转至第三方平台，并将发货时间、收货情况等信息发送给商家，在交易完成或支付结算日，通过与银行结算将款项支付给商家。

2. 第三方支付的发展路径

（1）网关支付阶段

第三方支付的起步阶段，基于电子银行发展的契机，在连通企业客户与电子银行接口之间存在巨大的市场空间。通过对接多家银行的网关支付接口，向客户提供统一支付接口，简化客户对接成本，提高对接效率。同时也帮助电子银行快速、低成本拓展市场。

网关支付主要体现为渠道价值，技术含量低，创新空间小，往往靠打

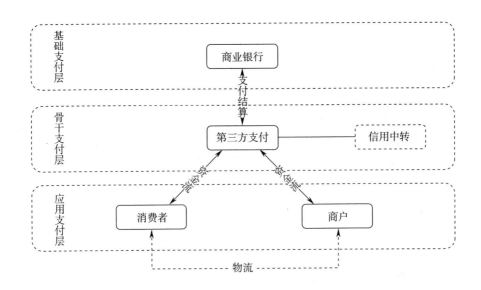

图 11 – 23 第三方支付的结构模式

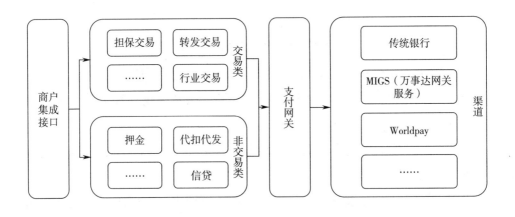

图 11 – 24 网关支付阶段模型

价格战，因此不能持续发展。

（2）账户支付阶段

账户支付阶段，通过第三方支付虚拟账户取代银行账户作为支付媒介，第三方支付机构真正作为一个平台，处于交易流程中资金和信息的重要停留节点，拥有了更大的服务创新和价值创造空间（如图 11 – 25 所示）。

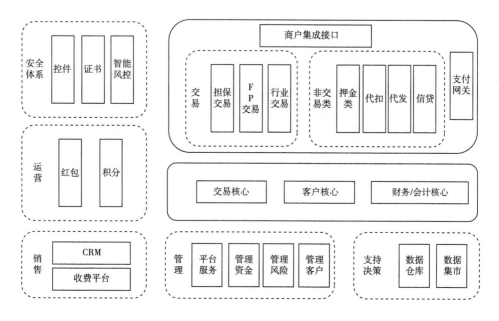

图 11 – 25　账户支付阶段模型

①将大量银行账户的交易，转化为第三方支付账户内的交易，为电子商务小额支付提供低成本、实时到账的服务。同时，也减轻了基于银行账户的电子支付系统的交易压力。

②在基础支付服务的同时，可以提供各种创新的支付服务，如缴费、转账、还款等。

③第三方支付发展到账户阶段后，业务模型出现了标准化过程（如图 11 – 26 所示）。

账户支付主要体现为支付媒介的价值，对第三方支付机构的实力、信誉、安全保障和客户资源等方面有一定门槛。其伴随而来的安全问题、非法活动等，不仅给企业自身带来经营风险，也可能产生社会性问题，引发监管的担忧。

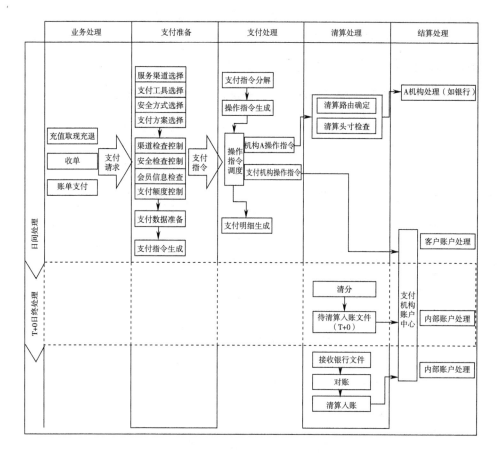

图 11-26 支付模型的标准过程

（3）增值服务阶段

第三方支付逐步建立起完整的面向小微客户的运营服务体系，并提供围绕支付的增值服务，满足个性化的支付需求。

从客户角度，通过第三方支付获得更加优质的响应和用户体验、个性化需求以及与客户应用和业务紧密结合的系统集成。

从银行角度，将琐碎的小微零售客户服务和风险控制前推到第三方支付机构，减轻银行客户服务的资源和成本压力，可以集中资源优势优化核心产品和服务。同时通过与第三方支付公司合作共享小微客户资源，方便银行的金融产品快速、低成本通过第三方支付渠道进行渗透。

　　增值服务体现了客户服务的价值，创新空间大（如图 11 – 27 所示）。通过市场差异化竞争，逐步形成各自的优势领域，是第三方支付持续发展的根本所在，标志着第三方支付行业确立自身市场定位并逐步走向成熟。

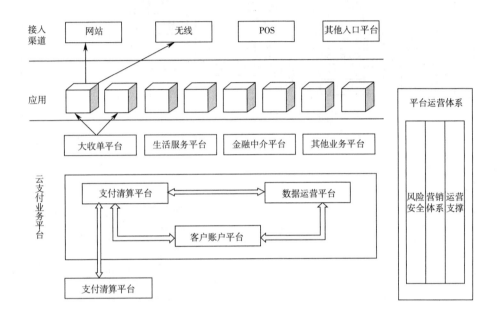

图 11 – 27　增值服务阶段模型

（4）金融创新阶段

　　信息技术驱动的变革，使得产业间的跨界融合成为潮流。第三方支付依托客户资源带来的流量入口优势，为客户提供一站式金融平台服务。同时，利用技术手段，将金融服务渗透到更为广泛的客户群体中，个性化、智能化地满足客户全方位的金融服务需求。

　　金融创新体现了技术创新的价值和跨界整合的价值，市场空间大，发展前景广阔，相比银行具有的资源和实力优势而言，最能发挥第三方支付创新优势，也是第三方支付盈利的源泉（如图 11 – 28 所示）。

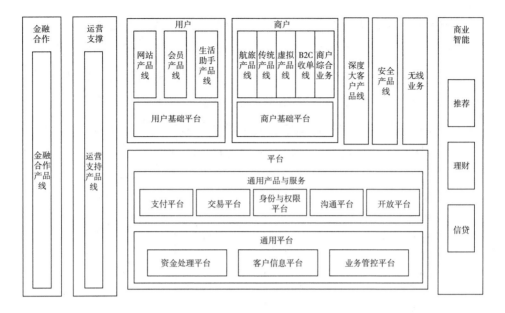

图 11－28　金融创新阶段模型

（二）第三方支付发展中面临的问题

1. 第三方支付与电子银行竞争关系

在业务发展初期，第三方支付作为连通客户和电子银行接口的中间服务角色，第三方支付能够帮助银行快速、低成本地拓展客户，帮助电子银行拓展市场。同时，银行提供业务的电子银行接口对接和电子支付后台服务，可以促进第三方支付建立自己的系统平台并拓展客户，不断发展壮大（如图 11－29 所示）。

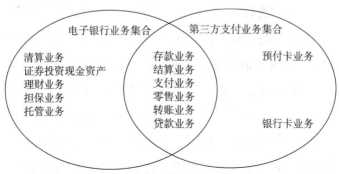

图 11－29　电子银行与第三方支付业务重叠情况

随着电子支付的普及和电子银行系统的完善，客户和电子银行的连通变得愈加容易，第三方支付本身作为中间渠道的价值也逐渐减弱。第三方支付虚拟账户在一定程度上替代了银行账户，以及第三方支付屏蔽了客户与电子银行之间的联系，使得第三方支付在账户和客户资源方面与电子银行之间竞争性加强。同时，近年来很多第三方支付推出了存款业务，以其高利息率吸引了众多客户，如余额宝（见图11-30）。

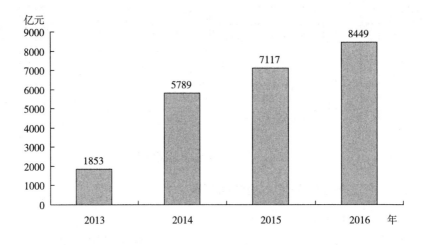

图11-30 2013—2016年余额宝规模

从第三方支付服务终端客户角度，银行账户是整个电子支付体系的基础，第三方支付账户和支付业务都是建立在电子银行的基础之上。例如，第三方支付的备付金账户开立在银行账户之上，第三方支付大量的支付交易还是针对银行账户进行的，第三方支付账户的资金流动最终还是以银行账户为基础。与此同时，电子银行提供的网关接口是第三方支付为终端客户服务的基础，其服务最终需要依赖银行账户接口功能。从信用安全角度，电子银行以其时间、信用、资金优势可以为消费者和商家提供资金和信息安全的需求，第三方支付需要依靠银行的支持来实现支付的安全性。电子银行拥有相对完善的风控模型，可以提供风险监测和担保业务，在线上交易的过程中，通过电子银行和第三方合作共同实现支付的安全。

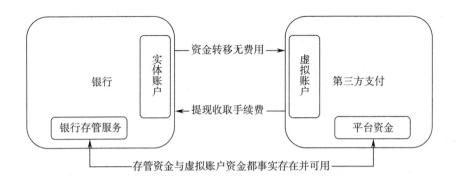

图 11 - 31　银行账户与第三方支付账户

第三方支付依赖着电子银行的基础支持，但是在现行政策方面，银行承担着高成本的 KYC、服务网点建设、自助设备投入等工作，但是吸纳来的存款与客户事实上是与第三方支付公司共享，甚至在某种程度上来说政策鼓励客户将资金留存在第三方支付平台（银行账户充值到第三方支付账户是免费的，第三方支付账户提现到银行账户是收取手续费的），由此带来的市场不公平竞争也会阻碍银行对第三方支付长期支持的积极性。

第三方支付的虚拟账户对商业银行以及监管机构不透明，而且第三方支付的准备金存管账户采用的是头寸管理的方式，就意味着准备金存管账户中和第三方支付虚拟账户中在某一个时间段同时存在可以实际使用的资金，造成事实上的货币增发与潜在的流动性风险。从货币政策执行监管角度出发，有必要对这方面的风险进行分析与管理。

2. 第三方支付面对更高的监管要求

（1）备付金严格监管，套利空间收窄

近日，中国人民银行表明将针对非银行支付机构风险管理松弛、忽视消费者权益、备付金挪用、机构内部管理松散等问题构建更加全面的监管框架，提升处罚力度。主要表现为以下几个方面：一是中央和地方致力于化解前期风险，保证消费者权益；二是构建并强化基础设施，如出台更高层级的、更细化的相关管理办法、行动细则为第三方支付机构的行为提供指导；三是统一监管客户备付金，交至指定账户，第三方支付机构不得挪用或占用。

（2）监管细化，业务门槛提高

2015 年，中国人民银行对第三方支付的登记和牌照发放给出了更加严格的规定，主要在于第三方支付行业混乱。近年来，虽然第三方支付市场份额增速明显，但主要份额集中在支付宝、财付通等大企业，其余不足 10% 的份额掌握在 200 余家小支付机构手中。在该种生存形势下，小企业活跃在监管模糊或盲区，以套取收益。因此，亟需通过提高门槛、细化监管内容，以保证第三方支付行业的规范化发展。

（3）第三方支付行业安全风险问题日益突出

第三方支付凭借互联网的支撑，各类数据和信息在网络传输的过程中面临病毒或黑客攻击的风险。随着第三方支付的发展，目前针对第三方支付的攻击和安全事件日益增多，给支付机构经营造成的经济损失逐步扩大。同时，第三方支付的信息泄露问题日益严重，引发违法犯罪活动潜在风险。第三方支付在安全方面的经济成本不断提高，给行业发展造成负面影响。导致以上问题的出现主要是由于：一是风险意识薄弱，很多支付机构缺乏稳定的信息安全保护机制，平台建设存在隐患，风险控制机制不健全；二是缺乏系统的维权机制，当安全事件发生后，客户无法有效进行报案、追踪、投诉等行为以维权；三是消费者维权意识差，消费者只关注支付的便捷性，没有设置必要的安全设置，在充分利用第三方支付便捷性的同时，必须考虑安全性并重。

四、第三方支付数字货币整体方案设想

（一）第三方支付引入数字货币基本思路

2017 年初，以支付宝、微信支付为代表的第三方支付机构，提出了"无现金社会"的口号。尽管他们将自己当作了实物现金的替代者，但目前第三方支付的虚拟账户中的资金，还只是支付工具，达不到现金的层次。很显然，这是第三方支付机构对自己提出了更高的要求。假如第三方

支付的虚拟账户中的资金变成了真正的数字现金，那无疑是整个支付行业的重大变革。

以下对第三方支付引入数字货币进行粗浅探讨，旨在探索一种全新视角下的第三方支付可能的模式，为第三方支付在数字货币生态下优化升级提供一些思路。

1. 数字货币提供标准化、安全、统一的基础支付环境

数字货币作为加密字符串，本身具有很好的安全性。同时数字货币系统具有很高安全性，并能够实现点对点直接支付。为第三方支付提供了全局统一、标准化的底层支付环境。

2. 数字货币钱包提供安全可信、灵活扩展的应用环境

数字货币存放于数字货币钱包之中，钱包作为集成支付和应用服务的容器，与场景对接，提供应用服务。钱包可以利用智能合约实现安全、可扩展的业务运行，并利用数字货币实现安全、统一的支付。从而实现数字货币在支付和应用层的整合支撑。

（二）第三方支付数字货币方案框架设想

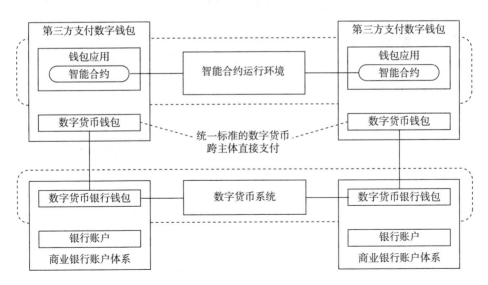

图 11-32　第三方支付数字货币应用总体框架

通过数字货币和数字货币钱包能够为第三方支付在支付服务和应用服务提供全面支撑，从根本上解决现有问题。

如图 11-32 所示，第三方支付数字钱包由钱包应用和数字货币钱包组成。钱包应用负责针对场景和用户需求提供个性化服务，支持可订制化智能合约，并通过智能合约运行环境执行。钱包应用通过第三方支付数字货币钱包实现支付功能。商业银行账户体系，可以基于用户银行账户扩展银行钱包，并为第三方支付提供银行钱包的访问接口。商业银行钱包对接数字货币系统，共同构成数字货币底层环境，为上层钱包提供标准化支付服务。第三方支付数字货币钱包调用商业银行钱包实现数字货币直接转移，这种模式下，数字货币在钱包之间真实转移，不存在一笔资金在虚拟账户和备付金账户同时并存的问题，也不存虚拟账户和银行账户之间转账的费用差异化问题。同时，第三方支付钱包不能脱离银行钱包，更多提供应用操作上的便利，而银行钱包则提供最基本的数字货币现金业务，这一点也符合业务监管要求。

五、第三方支付数字货币钱包设计思路

数字货币钱包遵循相同的规范和接口，包括：商业银行数字货币钱包接口、智能合约运行接口。不同第三方支付公司开发的钱包可以兼容运行。从而打破传统支付孤岛问题。数字货币钱包之间的支付，表现为数字货币的转移。第三方支付数字钱包可以转移给其他第三方支付的数字钱包，也可以直接转移给其他商业银行数字钱包。从而彻底打通了第三方支付之间、第三方支付与银行之间的账户壁垒，实现全局性、点对点、无差异化的支付。

数字货币钱包应用，通过智能合约也能够打破应用层的区隔，使得不同第三方支付之间的应用、各类场景应用，都可以在相同的智能合约运行环境下执行，并保持信息同步一致。便于第三方支付对接更多应用场景，提供更好的创新服务。第三方支付通过部署智能合约，可以方便实现钱包

应用升级，满足客户个性化需求。

六、第三方支付数字货币应用探索

（一）在现有平台基础上引入数字货币和钱包

数字货币和钱包可以在现有金融基础设施之上运行，第三方支付可基于现有体系改造，逐步过渡到数字货币体系。

第三方支付在电子银行接口保留的情况下，新增对接商业银行数字货币钱包接口，实现数字货币支付功能。将虚拟账户资金兑换为数字货币，可以解决虚拟账户和备付金的安全问题。所有第三方支付钱包存放统一的数字货币，实现第三方支付体系的互联互通。

第三方支付账户服务进行移植，变为数字货币钱包应用。钱包应用可以对接各种场景，为用户提供统一的支付和增值服务。钱包应用集成智能合约功能，基于智能合约的安全可信运行环境，提高交易的透明性，提升第三方支付服务的安全性、信赖度。

（二）利用数字货币和钱包实现第三方支付服务

在数字货币环境下，用户和商户可以自由选择第三方支付机构，并可以实现跨第三方支付的资金直接转移。

如图 11 – 33 所示，用户使用第三方支付 A 的数字货币钱包，商户则使用第三方支付 B 的数字货币钱包，分别接入交易场景的应用系统。用户在交易场景完成商户产品订单，发起结算。交易场景按订单内容生成智能合约，合约包括用户和商户钱包信息、交易信息和支付信息。用户和商户分别通过钱包应用确认智能合约内容。智能合约自动发起从用户钱包到商户钱包的支付交易。用户端第三方支付数字货币钱包通过商业银行接口，发起数字货币钱包支付指令，将用户数字货币转移给商户。商业银行按收到的钱包支付指令，向数字货币系统发起数字货币支付，将数字货币转移给商户。数字货币系统进行权属变更，将数字货币发送至商户的银行钱包。商业银行通过接口，将收到的数字货币发送至第三方支付的数字货币

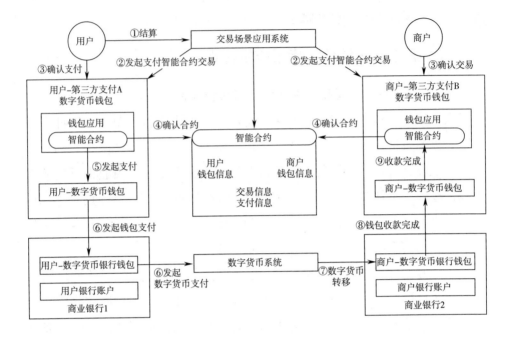

图 11 – 33 第三方支付数字货币支付流程

钱包，完成第三方支付数字货币收款。最后，通知钱包应用收款完成，智能合约执行结束。

七、小结

第三方支付发展的瓶颈在于基础设施薄弱，安全保障缺乏，由此带来的经营风险和监管成本不断增大，阻碍行业发展。数字货币的引入，最核心不是解决成本和效率问题，而是解决行业性的安全以及创新发展问题。数字货币可以作为一种新金融基础设施，打破原有第三方支付严重依赖电子银行账户和网关接口的困境，从而为第三方支付开辟了新的市场空间，对整个支付体系和环境带来新的活力。

数字货币的安全可靠、智能合约的可信运行，可以增强行业信用基础，提高行业安全保障。数字货币可基于现有金融基础设施运行，第三方支付在现有平台上可直接引入，将原有支付账户体系转化为数字货币，提供便捷、互通的支付服务。将原有支付账户场景应用功能迁移到数字货币钱包，充分挖掘智能合约潜力，扩大创新服务的深度和广度。第三方支付行业作为支付领域的创新力量，必然要紧紧抓住这次机会，实现行业变革。在数字货币生态体系下，为推动数字普惠金融发挥更加重要的作用。

第十二章　法定数字货币的未来之路

近几年来，数字货币发展迅速，正成为大家热议的焦点，其中关于法定数字货币（Digital Fiat Currency，DFC）的研发，更是引起政策制定者、监管机构、产业界、学术界的广泛关注。目前，各国中央银行更多关注的是如何将分布式账本技术（Distributed Ledger Technology，DLT）应用于资金批发市场的实时全额支付（Real – Time Gross Settlement，RTGS），而对于法定数字货币的具体形态，尚未有清晰的概念和蓝图。

早在2015年，国际清算银行下属的支付和市场基础设施委员会（Committee on Payments and Market Infrastructures，CPMI）将法定数字货币定义为加密货币（Crypto – Currency）（CPMI，2015）[1]。随后，周小川（2016）[2] 提出数字货币可分为基于账户和不基于账户两种。继 Broadbent（2016）[3] 提出央行数字货币（Central Bank Digital Currency，CBDC）的概念后，范一飞（2016）[4] 指出央行数字货币主要属于现金（M_0）范畴。姚前（2016a）[5] 则提出了基于账户（Account – Based）和基于钱包（Wallet – Based）的数字货币概念，并设计了一个基于银行账户和数字货币钱包分

---

[1]　Committee on Payments and Market Infrastructures. Digital Currencies [R]. 2015.

[2]　周小川. 专访周小川——央行行长周小川谈人民币汇率改革、宏观审慎政策框架和数字货币 [J]. 财新周刊，2016（6）：52 – 61.

[3]　Broadbent B. Central Banks and Digital Currencies [EB/OL]. (2016). http：//www. bankofengland. co. uk/publications/pages/speeches/2016/886. aspx.

[4]　范一飞. 法定中国数字货币的理论依据和架构选择 [J]. 中国金融，2016（17）：10 – 12.

[5]　姚前. 中国版数字货币设计考量 [J]. 中国金融，2016（12）：26 – 27.

层并用的架构（姚前，2017a)①，以使法定数字货币可以有机融入"中央银行—商业银行"二元体系，复用现有的成熟的金融基础设施，避免狭义银行化影响。与之相似，Koning（2017）② 根据是否基于央行账户，将法定数字货币区分为央行数字账户（Central Bank Digital Account，CBDA）和央行数字货币（CBDC）。Bordo 和 Levin（2017）③ 将法定数字货币区分为CBDC 账户和 CBDC 代币。而 Bech 和 Garratt（2017）④ 则提出央行加密货币（Central Bank Cryptocurrencies，CBCCs）的概念，并从发行者（央行或其他）、货币形态（电子或实物）、流通范围（全局或局部）、流通机制（中心化或去中心化）四个角度对 CBCC 的特性进行了阐述。

上述各种提法既相似也有一些微妙的不同，法定数字货币前所未有，畅想它的未来形态，需要有更丰富的想象力和更广阔的视野。不同于已有研究，本书建立了一个系统性框架，从价值内涵、技术方式、实现手段和应用场景等四个全新的维度，剖析了法定数字货币的本质和内涵。本书研究认为，法定数字货币在价值维度上是信用货币，从技术上看应该是加密货币，从实现方式来看则是算法货币，从应用场景来看是智能货币。理想中的法定数字货币应具备全新的品质，从而超越现有的私人数字货币和电子货币。

一、在价值维度上法定数字货币是信用货币

法定数字货币是由中央银行发行，采用特定数字密码技术实现的货币形态。与实物法币相比，数字法币变的是技术形态，不变的是价值内涵。本质上，它仍是中央银行对公众发行的债务，以国家信用为价值支撑。这

① 姚前. 数字货币和银行账户［J］. 清华金融评论，2017（7）：63–67.
② Koning J P. Evolution in Cash and Payments: Comparing Old and New Ways of Designing Central Bank Payments Systems, Cross–border Payments Networks, and Remittances ［R］. R3 Reports. 2017.
③ Bordo M D, Levin A T. Central Bank Digital Currency and the Future of Monetary Policy ［R］. NBER Working Paper No. 23711. 2017.
④ Bech M, Garratt R. Central Bank Cryptocurrencies ［R］. BIS Quarterly Review, 2017.

使其天生就具有两个私人数字货币无法比拟的优势。

（一）法定数字货币有价值锚定，能够有效发挥货币功能

相比交易媒介功能，货币作为计价手段的功能是第一位的，而作为计价功能，货币价值的稳定性至关重要。对于货币的价值储藏功能，更是如此。货币需要有价值锚定，才能有效发挥货币功能。

回顾历史，各种货币形态均有价值锚定。商品货币、金属货币的价值锚定来源于物品本身的内在价值。在金本位制度下，各国法定货币以黄金为价值锚定。布雷顿森林体系崩溃以后，各国法定货币虽不再与黄金挂钩，但是以主权信用为价值担保。到了法定数字货币时代，这一最高价值信任将继续得到保留和传承。

反观以比特币为代表的去中心化类私人数字货币，其价值来源在哪里？是自由主义者对货币发行非国家化的乌托邦情怀，还是挖矿消耗的计算资源？是市场对未来区块链技术发展的乐观预期，还是短期投机暴利下的非理性诱惑？从目前来看，应该是投机因素居多。从公共经济学视角看，比特币等私人数字货币不具备提供"清偿服务"和"核算单位价值稳定化服务"等公共产品服务的能力，在交易费用上亦不具有明显优势，这些缺陷决定了其难以成为真正的货币[①]。

（二）法定数字货币有信用创造功能，从而对经济有实质作用

在非信用货币时代，人们眼中的货币是无意义的。李嘉图、门格尔、瓦尔拉斯等古典经济学家们倾向于认为，商品货币、金属货币等非信用货币对经济是中性的，它们只是覆盖在实物经济上的面纱，对经济无实质作用，仅会引起价格的变化。

而在信用货币时代，货币本身就是信用，实质上是发行主体信用的证券化，具有金融属性，货币创造过程即是一种信用创造过程。凯恩斯主义者、货币主义学派、理性预期学派以及金融加速器理论从不同角度分别论

---

① 姚前．中国法定数字货币原型构想［J］．中国金融，2016（17）：13－15.

证了各种情况下货币非中性的微观机理和宏观表现，支持了货币在经济中具有关键作用的观点。

事实也表明，货币的信用创造功能对于现代经济至关重要，尤其是金融危机时的流动性救助，对于防止危机传染、助推经济快速复苏有着重要的意义。典型的例子是 2008 年国际金融危机爆发后，美联储主动创设多种流动性支持工具，将援助对象由传统的商业银行，扩展到非银行金融机构、金融市场和企业，迅速阻止了危机的进一步传染和恶化，这正是当前美国经济能够在全球率先复苏的关键因素。

从完全放任自由市场到中心化机构的出现，都是市场自然而然演化的结果。具有讽刺意味的是，以自由市场为圭臬的市场原教旨主义者，竟然不相信自由市场的选择。诸如比特币等，按照算法设计，每四年产生的数量减半，最高上限为 2100 万个，其实是货币的"返祖"，相当于重新披上了商品货币和金属货币的面纱，对经济没有实质意义，仅起到克服物物交换困难的便利交易作用。在日益复杂的信用经济时代，若以比特币为货币，无疑是一场灾难。

除了上述两个优势，与传统法币相比，法定数字货币还有一个优势是，有助于改进法币的价值稳定。

以国家信用为价值支撑的法币，在不同人眼里有着不同评判，有人认为其具有最高价值信任，也有人认为它只是利益再分配的工具。比如自由主义者认为，国家有着财政赤字货币化的冲动，由其垄断货币发行权，容易导致通货膨胀，因此他们宣扬自由市场的力量，建议废除国家货币发行垄断权，实行货币自由发行和竞争，以维持价格稳定。此外，中央银行制定货币政策规则时，通常会设定 2% 的目标通胀水平，也经常被解读为通胀倾向。

对于前者，可以通过提高央行独立性来解决。目前，在政府治理机制比较完善的国家中，财政赤字货币化行为已得到很好的抑制。而对于后者，则可通过引入法定数字货币，来降低在货币政策规则上设定 2% 目标通胀水平的必要性。在数字货币环境下，有效负利率政策将成为可能，中央银行可能不再需要设定目标通货膨胀率缓冲，理论上中央银行的目标通货膨胀率可降至零。从这个角度看，法定数字货币或有助于改进法定货币的价值稳定。

二、在技术维度上法定数字货币是加密货币

法定数字货币是数字经济发展的基石。未来的数字经济一定是加密数字经济，而不是明文数字经济。就此而言，法定数字货币的技术本质，理应是加密货币。加密技术是法定数字货币实现技术安全和可信的关键要素。

具体而言，在法定数字货币本身的设计上，需要运用密码学理论知识设计法定数字货币特定的表达形式，保障数字货币的可流通性、可存储性、不可伪造性、不可重复交易性与不可抵赖性等；在法定数字货币交易过程中，需要运用加密技术、分布式账本技术、可信云计算技术和安全芯片技术来保证端到端的安全，防止被窃取、篡改、冒充[1]；在法定数字货币的用户体验上，需要结合隐私保护技术与分布式账本技术，在为用户提供不同于传统电子支付的点对点支付体验的同时，通过隐私保护技术确保用户数据的安全，避免敏感信息的泄露，且不损害可用性；在法定数字货币监管方面，利用数字货币"前台自愿，后台实名"的特性，通过安全与隐私保护技术来管理相关数据使用权限，确保大数据分析等监管科技有用武之地[2]。

近几十年来，加密货币理论创新与实践进展迅速。在理论上日渐成熟。Chaum（1983）[3] 最早提出一种具有匿名性、不可追踪性的电子现金

---

[1] 姚前，汤莹玮. 关于央行数字货币的若干思考 [J]. 金融研究，2017（7）：78 – 85.

[2] 姚前. 中国法定数字货币原型构想 [J]. 中国金融，2016（17）：13 – 15.

[3] Chaum D. BlindSignatures for Untraceable Payments [M]. Advances in Cryptology. Springer US, 1983：199 – 203.

系统。Dai（1998）[1] 提出了一种名为"b – money"的匿名分布式电子现金系统。Jakobsson 和 Juels（1999）[2] 提出工作量证明机制。Szabo（2008）[3] 发明了 Bitgold。Nakamoto（2008）[4] 发表经典论文《比特币：点对点的电子现金系统》，提出了一种去中心化的完全通过点对点技术实现的电子现金系统。实际上比特币的区块链技术融合了当时各种加密技术的最新进展。

加密货币理论在实践上成果丰富。自比特币问世以来，各种替代加密货币层出不穷。截至2017年，共有1400多种数字货币。这些加密货币进一步利用各种数字货币技术，对比特币进行了扩展与变型，很多试验进展具有较强的学术创新性。

加密货币理论研究和试验成果为法定数字货币提供了丰富、有益的参考。目前，一些国家的央行也都基于分布式账本技术进行央行数字货币试验，如加拿大央行的 Jasper 项目（Project Jasper，2017）[5]、新加坡金管局的 Ubin 项目（Monetary Authority of Singapore，2017）[6]、香港金管局的 Lionrock 项目（Hong Kong Monetary Authority，2016）[7]。欧洲中央银行和日本央行联合开展的 Stella 项目（European Central Bank and Bank of Japan，2017）[8] 则对分布式账本技术是否能够取代实时全额结算系统（RTGS）进

---

① Dai, W. B – Money [EB/OL]. 1998. http：//www. weidai. com/bmoney. txt.

② Jakobsson M, Juels A. Proofs of Work and Bread Pudding Protocols [M]. Secure Information Networks. Springer US, 1999：258 – 272.

③ Szabo, N. Bit Gold Unenumerated：an Unending Variety of Topics [EB/OL]. 2008. http：//unenumerated. blogspot. com/2005/12/bit – gold. html.

④ Nakamoto, S. Bitcoin：a Peer – to – Peer Electronic Cash System [EB/OL]. 2008. https：//bitcoin. org/bitcoin. pdf.

⑤ Project Jasper. A Canadian Experiment with Distributed Ledger Technology for Domestic Interbank Payments Settlement [R]. 2017.

⑥ Monetary Authority of Singapore . The Future is Here – Project Ubin：SGD on Distributed Ledger [R]. 2017.

⑦ Hong Kong Monetary Authority. Whitepaper on Distributed Ledger Technology [R]. 2016.

⑧ European Central Bank and Bank of Japan. Payment Systems：Liquidity Saving Mechanisms in a Distributed Ledger Environment [R]. 2017.

行了研究。现在看，DLT 取代 RTGS 还为时尚早，应将数字货币和区块链"松绑"（姚前，2017c）①。法定数字货币对区块链技术的借鉴，应根据实际业务需求在改造的基础上灵活应用。就此而言，Danezis 和 Meiklejohn（2016）② 提出的 RSCoin 系统的设计理念值得参考，该系统站在中央银行视角，不拘泥于区块链技术，力图实现一种受中央银行控制的、可扩展的加密数字货币（姚前，2017d）③。

Koning（2017）把账户（Account）和（代）币（Currency or Token）这两个最重要的概念拎了出来，非常有趣。从演化路径看，央行发行法定数字货币其实是从账户（Account）向央行代币（Token）延伸的过程；而加密货币从最开始的公有链到后续的联盟链、私有链，则可看作从代币（Token）往账户（Account）方向的推进。在这里账户、代币、币之间其实是你中有我、我中有你的关系。所以，央行发行法定数字货币，采用 CBDA、CBDC、CBCC 混合的思路或更为稳妥。

说到 Token，很自然就会想起 Tokenization 技术，比如支付标记化（Payment Tokenization）技术。这是由国际标准化组织 EMVCo 于 2014 年正式发布的一项支付技术。支付标记化技术采用标识符号替代了传统银行卡卡号和有效期，从根本上杜绝敏感信息泄露的可能，降低了欺诈交易的发生概率，并可以通过域控功能限定交易场景（如交易类型、使用次数、交易金额、有效期、支付渠道、商户名称等），使支付更加安全。探索中国法定数字货币的表达方法，进一步研究数字货币基础数学模型，包括属性、发行者、所有者、使用权限、使用范围、数字签名、加密、防伪等，并建立其识别和描述模型，无疑是必要的（姚前，2016b）④。支付标记化技术对便利性、隐私性和安全性的平衡处理，以及采用的域控设计理念，

① 姚前. 数字货币的发展与监管 [J]. 中国金融，2017（14）：38-42.
② Danezis G，Meiklejohn S. Centrally Banked Crypto-currencies [EB/OL]. 2016.
③ 姚前. 中央银行加密货币——RSCoin 系统之分析 [J]. 财经，2017（13）：20-22.
④ 姚前. 中国法定数字货币原型构想 [J]. 中国金融，2016（17）：13-15.

值得法定数字货币借鉴。

随着可信云计算、安全芯片与隐私保护等加密技术的成熟，法定数字货币将以用户为中心来管理，这将大大减少货币运营中的诸多中间环节，央行也可以直接穿透到最终用户，为经济调控提供一种全新的手段。

三、在实现维度上法定数字货币是算法货币

在实际的货币业务中，法定数字货币是算法货币，包含三层意思。一是在法定数字货币的设计上，可以在采用各种加密算法来保障安全可信的同时，如哈希算法、Fitzer 加密算法、盲签名、环签名等，为将来的新兴算法也预留了一些特殊字段。二是在货币发行环节，法定数字货币在设计上有可执行脚本的考虑，将来可以使用预设可靠的算法规则来进行发行。说起发行算法，很自然就会想起比特币的 PoW 共识机制，比特币煞有介事地通过挖矿的算法机制来进行发行，但这种规则与交易手续费捆绑在一起，机械僵化，根本上脱离了社会经济发展的实际，无法适应现代宏观经济调节的需求。法定数字货币发行的算法规则，理应是一套能在保持币值稳定的前提下，让货币供给充分适应宏观经济多变量环境变化的智能规则。以目前的技术水平看，有可能是一套精致的、基于机器学习算法的人工智能（AI）模型。三是可以运用大数据，对货币的发行、流通、储藏等进行深度分析，了解货币运营规律，为货币政策宏观审慎监管和金融稳定分析等需求干预提供数据支撑。

一直以来，货币经济学家们对货币政策规则展开广泛而深入的研究，试图为中央银行的货币供给提供理论指导，泰勒规则、弗里德曼单一规则、芝加哥学派货币主义等货币学说，在方法论上从定性扩展到定量研究，建立了计量经济学和实验经济学模型，以期为中央银行理解和把握现实经济世界提供精准的工具。从某种意义上说，经济学家们为中央银行构建的货币发行决策模型，其实是初级的 AI 模型。

遗憾的是，由于数据搜集、存储和计算能力受限，这些 AI 模型尚未

能在大规模的机器学习中得到优化和改进，仅是中央银行货币决策的辅助工具。比如，模型学习的数据维度小，频度低，时滞长，导致模型学习的知识量不足，过度参数化，预测误差大；模型计算能力有限，无法遍历各种决策空间，决策逻辑相对单一，难以实现决策全局最优。这就决定了目前的央行货币发行更多依靠专家决策，专家的学识、智慧和经验当然值得推崇，但人脑决策难免存在误差，甚至有可能失误，这正是现代货币政策备受诟病的原因之一。

目前货币运行相关数据基本通过后验式统计与估算来形成。这样就使得货币在现实流通中存在较大不确定性，即货币发行以后缺乏实时有效的监控手段，在流通中实际发挥交易手段、流通手段的货币到底有多少，这些货币被应用的主要场景有哪些，货币流通速度怎么样等问题，都很难找到确切的答案。以至于有的国家央行官员不无调侃地说，我们真不知道目前实际发挥流通手段、交易手段的纸币规模到底有多少，这是一个黑盒子。

但数字货币的出现改变了这一局面。尤其是对法定数字货币而言，其货币的创造、记账等都是由央行或者央行组建的联盟中心来完成的，央行是造币者、发行者，一些关键核心节点是记账者，普通节点是运用数字货币进行交易的经济主体，在这一技术体系中，央行拥有最高的决策和业务权限。因此，在这一角色定位下，在数据适当脱敏的情况下，大数据分析就有了用武之地。

法定数字货币在系统设计之初，就需要在法律许可的范围内，重点考虑大数据顶层设计及相关的基础设施建设。在系统设计上，要注重大数据基础设施的鲁棒性和拓展性，根据数据层、接口层、服务层和应用层划分，保证数据收集、分析模型、应用接口都具有良好的安全性、灵活性和一定程度的开放性。在时域上，要提取数字货币发行、流通、交换、贮藏、回收的全生命周期关键基础数据，为进一步模型构建、仿真、分析和调控夯实基础。在空间域上，构建数字货币运行分布云图，清晰勾画法定数字货币运行的规模、地点、时间，并进行空间标注，形成数字货币运行分布的实时云图，清晰地了解数字货币的运行区域和投放重点域，为精准施策做好支持。

基于以上基础，中央银行科学遴选相关数字货币分析指标体系，从可观性、可控性、相关性和稳定性维度，测度关键的数字货币总量类指标和价格信号类指标，进一步仿真分析数字货币调控工具类指标的影响，从而为货币政策制定与实施提供有益的决策参考（姚前和李连三，2016）[①]。

当前技术以摩尔定律不断地发展。随着自动搜索、网络爬虫、自动分类等数据搜集技术的持续发展，传感器、信息识别、生物识别等数据捕捉工具的不断丰富，现代高性能计算集群的计算性能和存储功能的快速提高以及通信技术的更新换代，基于大数据分析，将机器学习算法和人工智能技术应用于货币政策，探索开发完备先进的货币发行 AI 模型，是否可以先行先试？我们认为这是可能的，我们已对法定数字货币发行的 AI 模型和学习算法展开了研究，探索性地提出具体框架，包括模型设计和学习算法，并基于通过外汇市场开展货币投放的简单场景，进行了初步的试验。结果表明，虽然存在一定的识别误差，但模型的整体效果还不坏。

总之，预计未来，在法定数字货币环境下，通过预设、可靠的程序算法规则，在保证币值稳定的前提下，由经济系统自发、内生地决策货币供应量，自动地发行和回收货币，将成为可能。中央银行的角色或许将不仅仅是货币发行量的决策者，还是货币发行算法规则的设计者。

四、在应用维度上法定数字货币是智能货币

法定数字货币不仅是简单地将货币进行数字化和网络化，更重要的是可以让货币变得更加智能化。与信用卡、银行储蓄卡、支付宝、微信支付等传统电子支付工具相比，法定数字货币将会呈现出全新、更好的品质。

---

① 姚前，李连三. 大数据分析在数字货币中的应用［J］. 中国金融，2016（17）：37－38.

（一）法定货币的用户体验将变得更加智能

当前，人工智能技术正在快速地融入人们的生活。移动芯片中包含人工智能单元正成为主流，硬件终端的智能化将与各个软件系统的智能化形成交互，从而创造出全新的智能化世界。在这智能化的世界里，需要有智能化的货币。智能合约执行自动且可信，可以在技术上提供降低合同违约和信用违约风险的新手段，是法定数字货币发展的一个方向。

姚前（2017e）[①] 研究了数字货币在跨行调款场景中的应用，发现通过数字货币的条件支付功能，能够很好地解决交易双方的信任问题，以及交易过程中资金流与交易流的同步问题。徐忠和姚前（2016）[②] 研究了基于区块链技术的数字票据交易平台方案，并结合数字货币的清算结算功能，设计了一个由智能合约管理的流动性节约机制（LSM），结果表明央行数字货币的引入大幅简化了票据交易流程。

此外，去中介化的点对点支付，也将带来很多全新的用户体验，它能给数字货币插上翅膀，让用户支付的能动性大大提高，并在货币的支付功能上延伸出更多智能化的功能，从而创造出各种智能化的商业应用。

从现状看，很多国家研究更多是超级央行、CBDA 的思路，类似于构建一个央行层面的超级支付宝。而在中国，由于支付宝、微信支付等私人支付工具非常发达，"无现金社会""无现金城市"等词语频频出现，最近讨论的货币市场基金是否推高融资成本的问题，其实质意义还在滥觞。私人支付工具的发达及其日益垄断的局面，一定会倒逼监管机构有所行动；商业银行也必须严肃思考狭义银行以及退为资金批发商和系统后台的可能性。按常理，零售端的支付工具本该以央行数字货币为主，但私人部门已经捷足先登，一方面私人部门的创新能力值得称道，另一方面央行必须奋起直追。无论如何，在数字资产的世界里，央行数字货币不能缺位。

[①] 姚前. 数字货币在跨行调款场景的应用研究 [J]. 金融电子化，2017（5）：16－19.

[②] 徐忠，姚前. 数字票据交易平台初步方案 [J]. 中国金融，2016（17）：31－33.

中央银行发行零售端数字货币，对于健全社会支付体系、维护金融稳定以及加强央行的货币地位，具有重大而深远的意义。

应该说，用户已经体验到了私人支付工具的便利性，对法定数字货币的用户体验心存疑虑。实际上相比传统货币，无论是实物货币，还是电子支付工具，法定数字货币对持币者的好处是可以专门探讨的。传统纸币，有发行机构的信息，但不会有持有人登记的概念，更不会保存流转过程中全生命周期的信息，而且这些信息的主导权，还在持币者的手中。这样一种根本性的差异，使得法定数字货币的持币者，对于自己资金的自主可控，有了一个质的飞跃。

（二）货币政策执行将变得更加智能

目前，学者们已经敏锐地感知到，货币形式的数字化对于提高货币政策有效性能发挥积极作用。如 Stiglitz（2017）[①] 研究了电子货币系统的宏观经济管理。我们对这个思路进行详细论证时发现，法定数字货币的可追踪性和可编程性将会让货币政策执行变得更加智能，更加有效。进而，我们尝试着提出了一个称为"前瞻条件触发"（Forward Contingent）的货币生效设计。通过这一设计，目前困扰中央银行的传导机制不畅、逆周期调控困难、货币"脱实向虚"、政策沟通不足等货币政策困境，有可能得到很好的解决。

比如通过"时点条件触发"（Time Contingent）货币生效设计，让货币只有在商业银行放贷时才能生效，从而减少货币政策传导时滞，并避免货币空转；通过"流向主体条件触发"（Sector Contingent）货币生效设计，限定商业银行贷款流向部门和主体，精准定向货币投放，实施结构性货币政策，减少货币空转，提高金融服务实体经济能力；通过"信贷利率条件触发"（Loan Rate Contingent）货币生效设计，让商业银行信贷利率满足关

---

① Stiglitz JE. Macro – economic Management in an Electronic Credit/Financialsystem ［R］. NBER Working Paper No. 23032. 2017.

于基准利率的函数,从而实现基准利率向贷款利率的有效实时传导;通过"经济状态条件触发"(Economic State Contingent)设计,根据宏观经济状态,逆周期调整商业银行对中央银行的资金归还利率,从而减少商业银行风险特征及其贷款行为的顺周期性,实现经济的逆周期调控。

同时,由于法定数字货币在发行时即内置了这些条件设定,并能被商业银行公开获知,而这些条件设定恰是央行货币政策逻辑和意图的反映,因此法定数字货币兼具了前瞻指引(Forward Guidance)功能。

五、结语

对于货币持有者而言,他们最关切的货币品质不外乎有两点:一个是不能"假"了,另一个是不能"毛"了。前者是对铸币技术的要求,后者是对货币背后的价值支撑的要求。这种关切对数字货币来说也概莫能外。前文所阐述的法定数字货币四个维度,即在价值上是信用货币,技术上是加密货币,实现上是算法货币,应用场景上是智能货币,完全可以落到这两个根本点上来,只不过数字货币技术的应用,使得法定数字货币还会有更多的安全便捷智能等方面的特性要求。

考虑到中国的支付环境非常发达,中国的法定数字货币,必须在品质上超越现有的各种私人支付工具,让货币价值更稳定,让数据更安全,让监管更强大,让个人的支付行为更灵动,让货币应用更智能,不仅能很好地服务大众,同时又能为经济调控提供有效手段,还能为监管科技发展提供坚实的基础,这应是中国法定数字货币追求的目标。

中国有句古语"取法乎上,仅得其中;取法乎中,仅得其下"。我们建立了一个系统性框架,剖析了法定数字货币的四个维度,目的就是为了取法乎上,树立一个远大的理想和目标。但我们也清醒地认识到,这个远大目标的实现不可能一蹴而就,需要根据现实情况分步实施。

目前,各国探索的法定数字货币,主要还是为了提高支付效率,而中国在电子支付方面已经非常发达。在当下,我们的弊端似乎不是效率问题，而是需要兼顾效率和安全，既提倡创新也注重风险防范，在弥补零售端数字法币缺失的同时做好私人支付工具的监管，然后再逐步探索法定数字货币品质的进一步提升，这应该是比较稳妥的路径选择。这也契合当前技术发展的进程，比如数字货币的可编程性有很大的想象空间，对这个方向的探索也非常重要，但很可能是下一阶段的工作。

参考文献

［1］Bruce Schneier. 应用密码学：协议、算法与 C 源程序［M］. 吴世忠等译. 北京：机械工业出版社，2000：98 - 104.

［2］GB/T 32918. 1—2016，信息安全技术 SM2 椭圆曲线公钥密码算法第 1 部分：总则［S］.

［3］GB/T 32918. 1—2016，信息安全技术 SM2 椭圆曲线公钥密码算法第 2 部分：数字签名算法［S］.

［4］GB/T 32918. 1—2016，信息安全技术 SM2 椭圆曲线公钥密码算法第 3 部分：密钥交换协议［S］.

［5］GB/T 32918. 1—2016，信息安全技术 SM2 椭圆曲线公钥密码算法第 4 部分：公钥加密算法［S］.

［6］GB/T 32905—2016，信息安全技术 SM3 密码杂凑算法［S］.

［7］GB/T 32907—2016，标准信息安全技术 SM4 分组密码算法［S］.

［8］Hyperledger Fabric1. 0 架构概览［EB/OL］http：//blog. csdn. net/fidelhl/article/details/54893353.

［9］James Tobin, Stephen S. Golub. 货币、信贷与资本［M］. 大连：东北财经大学出版社，2010：12.

［10］R·吉奥瑞. 提供和转移替代电子货币的系统和方法：CN 103548044 A［P］. 2014.

［11］Zcashfans, Zcash 交易剖析［EB/OL］, http：//www. zcashfans. com/ posts/498，2016.

［12］陈恺. 电子现金系统与公钥基础设施研究［D］. 西安电子科技

大学，2001.

[13] 曹天杰，张永平，汪楚娇．安全协议［M］．北京邮电大学出版社，2009.

[14] 东天阳．Zerocash：数字货币领域的暗科技［EB/OL］．https：//zhuanlan. zhihu. com/p/25168970，2017.

[15] 弗里德里希·冯·哈耶克．货币的非国家化［M］．新星出版社，2007：5.

[16] 弗雷德里克·S·米什金．货币金融学［M］．北京：机械工业出版社，2011：42.

[17] 范一飞．法定中国数字货币的理论依据和架构选择［J］．中国金融，2016（17）：10－12.

[18] 更好的区块链技术［EB/OL］．https：//z. cash/zh/，2017.

[19] 凯恩斯．就业、利息和货币通论［M］．北京：商务印书馆，1983.

[20] 凯恩斯．预言与劝说［M］．赵波，包晓闻，译．南京：江苏人民出版社，1999：313.

[21] 哈特穆特·皮希特．货币竞争. V. 奥斯特罗姆、D. 菲尼、H. 皮希特．制度分析与发展的反思——问题与抉择［M］，北京，商务印书馆，1996：311－329.

[22] 李赫，孙继飞，杨泳等．基于区块链2. 0的以太坊初探［J］．中国金融电脑，2017（6）：57－60.

[23] 李萍，张建中．一种基于RSA密码体制的盲签名方案［J］．信息安全与通信保密，2006（9）：121－122.

[24] 林闯，苏文博，孟坤等．云计算安全：架构、机制与模型评价［J］//计算机学报，2013，36（9）：1765－1784.

[25] 刘彪．环签名算法研究与应用［D］．西安电子科技大学，2012：23－40.

［26］刘向民．央行发行数字货币的法律问题［J］．中国金融，2016（17）：17-19．

［27］米尔顿·弗里德曼．货币的祸害［M］．中信出版社，2016：291．

［28］马恩涛．我国公共产品私人供给的有效性分析［J］．山西财政税务专科学校学报，2003（5）：114-117．

［29］马克思．资本论（第一卷）［M］．北京：人民出版社，2004：101．

［30］秦波，陈李昌豪，伍前红等．比特币与法定数字货币［J］．密码学报，2017，4（2）：176-186．

［31］区块链技术指南［EB/OL］．https：//yeasy. gitbooks. io/block-chain_ guide/．

［32］史有辉，李伟生．盲签名研究综述［J］．计算机工程与科学，2005，27（7）：83-85+94．

［33］王常吉，蒋文保，裴定一．用限制性群盲签名构造电子现金系统［J］．通信学报，2001，22（12）：63-69．

［34］汪朝晖，张振峰．SM2椭圆曲线公钥密码算法综述［J］．信息安全研究，2016，2（11）：972-982．

［35］徐忠，姚前．数字票据交易平台初步方案［J］．中国金融，2016（17）：31-33．

［36］移动支付［EB/OL］．https：//baike. baidu. com/item/．

［37］移动支付安全技术对数字货币的借鉴［J］．中国金融，2016，（17）：41-42．

［38］亚当·斯密．国民财富的性质和原因的研究（上卷）［M］．北京：商务印书馆，1972：20-49．

［39］易纲，吴有昌．货币银行学［M］．上海：上海人民出版社，1999：26．

［40］姚前，李连三．大数据分析在数字货币中的应用［J］．中国金融，2016（17）：37－38.

［41］姚前．数字货币的发展与监管［J］．中国金融，2017（14）：38－42

［42］姚前．数字货币与银行账户［J］．清华金融评论，2017（7）：63－67.

［43］姚前．数字货币在跨行调款场景的应用研究［J］．金融电子化，2017（5）：16－19.

［44］姚前．中国法定数字货币原型构想［J］．中国金融，2016（17）：13－15.

［45］姚前．中国版数字货币设计考量［J］．中国金融，2016（12）：26－27.

［46］姚前．中央银行加密货币——RSCoin系统之分析［J］．财经，2017（13）：20－22.

［47］姚前，汤莹玮．关于央行数字货币的若干思考［J］．金融研究，2017（7）：78－85.

［48］以太坊的商业潜能［EB/OL］．http：//ethfans.org/posts/3.

［49］杨小凯．经济学：新兴古典与新古典框架［M］．北京：社会科学文献出版社，2003：511－515.

［50］云计算可信架构研究项目组．云计算可信架构研究报告［R］．中国工程院咨询研究项目，2012.

［51］张方国，张福泰，王育民．多银行电子现金系统［J］．计算机学报，2001，24（5）：000455－462.

［52］支付宝［EB/OL］．https：//www.alipay.com/.2017.

［53］中国人民银行．中国金融集成电路（IC）卡规范［M］．中国金融出版社，2013.

［54］周红生，王斌，铁玲，李建华．基于代理签名的多银行电子现金

系统［J］．上海交通大学学报，2004（01）：79－82．

［55］周小川．专访周小川——央行行长周小川谈人民币汇率改革、宏观审慎政策框架和数字货币［J］．财新周刊，2016（6）：52－61．

［56］赵晓柯．浅析零知识证明［J］．硅谷，2010（16）：36－37．

［57］张引兵，王慧．零知识证明协议研究［J］．赤峰学院学报（自然版），2014（7）：6－9．

［58］张宇燕，张静春．货币的性质与人民币的未来选择——兼论亚洲货币合作［J］．当代亚太，2008（2）：9－43．

［59］Abe M，Fujisaki E．How toDate Blind Signatures［M］．Advances in Cryptology — ASIACRYPT 96．Springer Berlin Heidelberg，1996：244－251．

［60］Andreas M．Antonopoulos．Mastering Bitcoin［R］．2015．

［61］ARM Security Technology［EB/OL］．ARM，［2015－2］．http：//infocenter．arm．com/help/topic/com．arm．doc．prd29－genc－009492c/PRD29－GENC－009492C_ trustzone_ security_ whitepaper．pdf．

［62］Avizienis A，Laprie J C，Randell B，et al．Basic Concepts and Taxonomy of Dependable and Secure Computing［J］．IEEE transactions on dependable and secure computing，2004，1（1）：11－33．

［63］Badger L，Grance T，Patt－Corner R，et al．Draft Cloud Computing Synopsis and Recommendations［J］．NIST special publication，2011，800：146．

［64］Bari M F，Boutaba R，Esteves R，et al．DataCenter Network Virtualization：A Survey［J］．IEEE Communications Surveys & Tutorials，2013，15（2）：909－928．

［65］Bech M，Garratt R．Central Bank Cryptocurrencies［R］，BIS Quarterly Review．2017．

［66］Ben－sasson E，Chiesa A，Tromer E，et al．Succinct Non－interactive Zero Knowledge for a Von Neumann Architecture［C］//USENIX Security．

2014.

[67] Bernstein L. TrustworthySoftware Systems [J]. ACM SIGSOFT software engineering Notes, 2005, 30 (1): 4 - 5.

[68] Bordo M D, Levin A T. CentralBank Digital Currency and the Future of Monetary Policy [R]. NBER Working Paper No. 23711. 2017.

[69] Bowring J, Orso A, Harrold M J. MonitoringDeployed Software Using Software Tomography [C] //ACM SIGSOFT Software Engineering Notes. ACM, 2002, 28 (1): 2 - 9.

[70] Brands S. Untraceable Off - line Cash in Wallet with Observers [J]. Lecture Notes in Computer Science, 1993: 302 - 318.

[71] Broadbent B. Central Banks and Digital Currencies [EB/OL]. 2016. http: //www. bankofengland. co. uk/publications/pages/speeches/2016/ 886. aspx.

[72] Bugiel S, Nurnberger S, Sadeghi A, et al. TwinClouds: an Architecture for Secure Cloud Computing [C] //Workshop on Cryptography and Security in Clouds (WCSC 2011). 2011, 1217889.

[73] C. Menger. On the Origin of Money [J]. Economic Journal, 1892, No. 2: 239 - 255.

[74] Cash isStill King in the Digital Era [EB/OL]. http: //money. cnn. com/2017/11/20/news/economy/cash - circulation - payment/ index. html. 2017.

[75] Camenisch J, Maurer U M, Stadler M. Digital Payment Systems with Passive Anonymity - Revoking Trustees [C] // European Symposium on Research in Computer Security: Computer Security. Springer - Verlag, 1996: 33 - 43.

[76] Camenisch J, Stadler M. Efficient Group Signatures for Large Groups [C] // International Crytology Conference. 1997.

[77] Chan A, Tsiounis Y, Frankel Y. Easy come – easyGo Divisible Cash [C] //International Conference on Advances in Cryptology – eurocrypt. 1996, 1403 (11): 561 – 575.

[78] Chaum D. Blind Signatures for Untraceable Payments [M]. Advances in Cryptology. Springer US, 1983: 199 – 203.

[79] Chaum D, Fiat A, Naor M. Untraceable Electronic Cash [M]. Advances in Cryptology — CRYPTO' 88. Springer New York, 1988: 319 – 327.

[80] Chaum D, Pedersen T P. Wallet Databases with Observers [C] //International Cryptology Conference on Advances in Cryptology. Springer – Verlag, 1992: 89 – 105.

[81] Chaum D L. Blind Signature Systems: EP, US4759063 [P]. 1988.

[82] Chen M Y, Kiciman E, Fratkin E, et al. Pinpoint: Problem Determination in Large, Dynamic Internet Services [C] //Dependable Systems and Networks, 2002. DSN 2002. Proceedings. International Conference on. IEEE, 2002: 595 – 604.

[83] Committee on Payments and Market Infrastructures. Digital Currencies [R]. 2015.

[84] Dai, W. B – Money [EB/OL]. 1998. http: //www. weidai. com/ bmoney. txt.

[85] Danezis G, Meiklejohn S. Centrally Banked Cryptocurrencies [R]. 2015.

[86] Davila – Nicanor L, Mejia – Alvarez P. ReliabilityImprovement of Web – based Software Applications [C] //Quality Software, QSIC 2004. Proceedings Fourth International Conference on. IEEE, 2004: 180 – 188.

[87] Debnath, Ashmita, Singaravelu, Pradheepkumar, Verma, Shekhar. Efficient Spatial Privacy Preserving Scheme for Sensor Network [J]. Central European Journal of Engineering. 3 (1): 1 – 10.

[88] Eastlake Rd D, Jones P. US Secure Hash Algorithm 1 (SHA1) [M]. RFC Editor, 2001.

[89] Eyal I, Gencer A E, Sirer E G, et al. Bitcoin – NG: A Scalable Blockchain Protocol [C] //NSDI. 2016: 45 – 59.

[90] European Central Bank and Bank of Japan. PaymentSystems: Liquidity Saving Mechanisms in a Distributed Ledger Environment [R]. 2017. https://www. ecb. europa. eu/pub/pdf/other/ecb. stella_ project_ report_ september_ 2017. pdf.

[91] Feige U, Fiat A, Shamir A. Zero – knowledge Proofs of Identity [C] //Proceedings of the Nineteenth Annual ACM Conference on Theory of Computing, 1987: 210 – 217.

[92] Groth J, Kohlweiss M. One – out – of – many proofs: orHow to Leak a Secret and Spend a Coin [C] //Annual International Conference on the Theory and Applications of Cryptographic Techniques. Springer Berlin Heidelberg, 2015: 253 – 280.

[93] Gilad Y, Hemo R, Micali S, et al. Algorand: Scaling Byzantine Agreements for Cryptocurrencies [C] //Proceedings of the 26th Symposium on Operating Systems Principles. ACM, 2017: 51 – 68.

[94] Glaser F, Zimmermann K, Haferkorn M, et al. Bitcoin – Asset or Currency? Revealing Users′Hidden Intentions [C] //The Twenty Second European Conference on Information Systems, 2014.

[95] Goel A, Po K, Farhadi K, et al. the Taser Intrusion Recovery System [C] //ACM SIGOPS Operating Systems Review. ACM, 2005, 39 (5): 163 – 176.

[96] Goldwasser, S. , Micali, S. , Rackoff, C . the Knowledge Complexity of Interactive Proof Systems [J]. SIAM Journal on Computing, 1989, 18 (1): 186 – 208.

[97] Goodhart C A E. The Two Concepts of Money: Implications for the Analysis of Optimal Currency areas [J]. European Journal of Political Economy, 1998, 14 (3): 407 –432.

[98] Gu L, Cheung S C. Constructing andTesting Privacy – aware Services in a Cloud Computing Environment: Challenges and Opportunities [C] //Proceedings of the First Asia – Pacific Symposium on Internetware. ACM, 2009: 2.

[99] Halfond W G J, Anand S, Orso A. PreciseInterface Identification to Improve Testing and Analysis of Web Applications [C] //Proceedings of the Eighteenth International Symposium on Software Testing and Analysis. ACM, 2009: 285 –296.

[100] Heilman E, Alshenibr L, Baldimtsi F, et al. : an Untrusted Bitcoin – compatible Anonymous Payment Hub [R]. Cryptology ePrint Archive. Report 2016/575, Tech. Rep. , 2016.

[101] Hong Kong Monetary Authority. Whitepaper onDistributed Ledger Technology [R]. 2016.

[102] Horster P, Michels M, Petersen H. Cryptanalysis of theBlind Signatures Based on the Discrete Logarithm Problem [J]. Electronics Letters, 1995, 31 (21): 1827.

[103] Hsu F, Chen H, Ristenpart T, et al. Back to theFuture: a Framework for Automatic Malware Removal and System Repair [C] //Computer Security Applications Conference, ACSAC'06. 22nd Annual. IEEE, 2006: 257 –268.

[104] Ingham G. the Nature of Money [M]. John Wiley & Sons, 2013: 81 –86.

[105] Jakobsson M, Juels A. Proofs of Work and Bread Pudding Protocols [M]. Secure Information Networks. Springer US, 1999: 258 –272.

[106] Jedusor Tom Elvis. MimbleWimble [EB/OL]. https: //download.

wpsoftware. net/bitcoin/wizardry/mimblewimble. txt. 2016.

[107] Jiang X, Xu D. Violin: VirtualInternetworking on Overlay Infrastructure [C] //International Symposium on Parallel and Distributed Processing and Applications. Springer, Berlin, Heidelberg, 2004: 937 – 946.

[108] Johnson D, Menezes A, Vanstone S. the Elliptic Curve Digital Signature Algorithm (ECDSA) [J]. International Journal of Information Security, 2001, 1 (1): 36 – 63.

[109] Jonsson J, Kaliski B. Public – Key Cryptography Standards (PKCS) #1: RSA Cryptography Specifications Version 2. 1 [J]. Rfc Editor United States, 2003, 29 (5): 79 – 195.

[110] Juels A. Trustee Tokens: Simple and Practical Anonymous Digital Coin Tracing [C] // International Conference on Financial Cryptography. Springer – Verlag, 1999: 29 – 45.

[111] Kallepalli C, Tian J. Measuring and Modeling Usage and Reliability for Statistical Web Testing [J]. . IEEE Transactions on Software Engineering, 2001, 27 (11): 1023 – 1036.

[112] Kiayias A, Russell A, David B, et al. Ouroboros: a Provably Secure Proof – of – stake Blockchain Protocol [C] //Annual International Cryptology Conference. Springer, Cham, 2017: 357 – 388.

[113] King T M, Ganti A S. MigratingAutonomic Self – testing to the Cloud [C] //Software Testing, Verification, and Validation Workshops (ICSTW), 2010 Third International Conference on. IEEE, 2010: 438 – 443.

[114] Knapp G F. the State Theory of Money [M]. History of Economic Thought Books, 1924.

[115] Koblitz N. Elliptic curve cryptosystems [J]. Mathematics of computation, 1987, 48 (177): 203 – 209.

[116] Koning J P. Evolution inCash and Payments: Comparing Old and

New Ways of Designing Central Bank Payments Systems, Cross – border Payments Networks, and Remittances [R]. R3 Reports. 2017.

[117] Kumar A, Fischer C, Tople S, et al. a Traceability Analysis of Monero's Blockchain [C] //European Symposium on Research in Computer Security. Springer, Cham, 2017: 153 – 173.

[118] Li D, Liu C, Wei Q, et al. RBAC – basedAccess Control for SaaS Systems [C] //Information Engineering and Computer Science (ICIECS), 2nd International Conference on. IEEE, 2010: 1 – 4.

[119] Lysyanskaya A, Ramzan Z. Group Blind Digital Signatures: a Scalable Solution to Electronic Cash [C] // International Conference on Financial Cryptography. Springer Berlin Heidelberg, 1998: 184 – 197.

[120] Michael J B, Drusinsky D, Otani T W, et al. Verification and Validation for Trustworthy Software Systems [J]. IEEE Software, 2011, 28 (6): 86 – 92.

[121] Miers I, Garman C, Green M, et al. Zerocoin: Anonymous Distributed E – cash from Bitcoin [C] //2013 IEEE Symposium on Security and Privacy (SP). IEEE, 2013: 397 – 411.

[122] Menezes A, Oorschot P V, Vanstone S, et al. Handbook of Applied Cryptography – References [M]. 2009.

[123] Miller A, Bentov I, Kumaresan R, et al. Sprites: Payment Channels That Go Faster Than Lightning [R]. arXiv preprint arXiv: 1702. 05812, 2017.

[124] Miller A, Xia Y, Croman K, et al. the Honey Badger of BFT Protocols [C] //Proceedings of the 2016 ACM SIGSAC Conference on Computer and Communications Security. ACM, 2016: 31 – 42.

[125] Miller V S. Use of Elliptic Curves in Cryptography [J]. Lecture Notes in Computer Science, 1985, 218 (1): 417 – 426.

[126] Monetary Authority of Singapore. the Future is Here — Project

Ubin: SGD on Distributed Ledger [R]. 2017.

[127] Monetary Authority of Singapore. Re – imagining Interbank Real – Time Gross Settlement System Using Distributed Ledger Technologies [R]. 2017.

[128] Nakamoto S. Bitcoin: a Peer – to – peer Electronic Cash System [EB/OL]. 2008. https: //bitcoin. org/ bitcoin. pdf.

[129] NFC [EB/OL]. https: //nfc – forum. org/.

[130] NIST. DES Modes of Operation [S]. Federal Information Processing Standards Publication 81 (FIPS PUB 81), December 1980. U. S. Department of Commerce/N. I. S. T.

[131] NIST. Data Encryption Standard (DES) [S]. Federal Information Processing Standards Publication 46 – 3 (FIPS PUB 46 – 3), October 1999. U. S. Department of Commerce/N. I. S. T.

[132] Noether S. RingSignature Confidential Transactions for Monero [J]. IACR Cryptology ePrint Archive, 2015. 1098.

[133] Oded Goldreich, Silvio Micali, Avi Wigderson. Proofs that Yield Nothing but Their Validity [J]. Journal of the ACM , Volume 38, Issue 3, 1991: 690 – 728.

[134] Ogle D M, Schwan K, Snodgrass R. Application – dependentDynamic Monitoring of Distributed and Parallel Systems [J]. IEEE Transactions on Parallel and Distributed Systems, 1993, 4 (7): 762 – 778.

[135] Pass R, Shi E. HybridConsensus: Efficient Consensus in the Permissionless Model [C] //LIPIcs – Leibniz International Proceedings in Informatics. Schloss Dagstuhl – Leibniz – Zentrum fuer Informatik, 2017, 91.

[136] Pass R, Shi E. the Sleepy Model of Consensus [C] //International Conference on the Theory and Application of Cryptology and Information Security. Springer, Cham, 2017: 380 – 409.

［137］ Prabhakaran V, Arpaci – Dusseau A C, Arpaci – Dusseau R H. A-nalysis and Evolution of Journaling File Systems ［C］//USENIX Annual Technical Conference, General Track. 2005, 194: 196 – 215.

［138］ Project Jasper. a Canadian Experiment with Distributed Ledger Technology for Domestic Interbank Payments Settlement ［R］. 2017.

［139］ Provos N. Improving Host Security with System Call Policies ［C］//USENIX Security Symposium. 2003: 257 – 272.

［140］ Qin F, Tucek J, Sundaresan J, et al. Rx: Treating Bugs as Allergies—a Safe Method to Survive Software Failures ［C］//Acm sigops operating systems review. ACM, 2005, 39（5）: 235 – 248.

［141］ Rivest R, Shamir A, Adleman L M. A Method for Obtaining Digital Signatures and Public – key Cryptosystems ［J］. Communications of the Acm, 1978, 26（2）: 96 – 99.

［142］ Ron Rivest, Adi Shamir, and Yael Tauman, How to Leak a Secret ［C］//ASIA CRYPT 2001. Lecture Notes in Computer Science, Vol. 2248 : 552 – 565, 2001.

［143］ Santos N, Gummadi K P, Rodrigues R. Towards Trusted Cloud Computing ［J］. HotCloud, 2009, 9（9）: 3.

［144］ Sasson E B, Chiesa A, Garman C, et al. Zerocash: Decentralized Anonymous Payments from Bitcoin ［C］//2014 IEEE Symposium on Security and Privacy（SP）. IEEE, 2014: 459 – 474.

［145］ Sigelman B H, Barroso L A, Burrows M, et al. Dapper, aLarge – scale Distributed Systems Tracing Infrastructure ［R］. Technical report, Google, Inc, 2010.

［146］ Srinivasan S M, Kandula S, Andrews C R, et al. Flashback: ALightweight Extension for Rollback and Deterministic Replay for Software Debugging ［C］//USENIX Annual Technical Conference, General Track. 2004:

29 – 44.

［147］ Stadler M, Piveteau J M, Camenisch J. Fair blind signatures ［C］// International Conference on Theory and Application of Cryptographic Techniques. Springer – Verlag, 1995: 209 – 219.

［148］ Stephen M. Goldfeld. the Case of the Missing Money ［J］. Brookings Papers on Economic Activity, 1976, 3: 683 – 739.

［149］ Stiglitz J E. Macro – economic Management in an Electronic Credit/ Financial System ［R］. NBER working paper No. 23032. 2017.

［150］ Szabo, N. Bit GoldUnenumerated: an Unending Variety of Topics ［EB/OL］. 2008. http: //unenumerated. blogspot. com/2005/12/bit – gold. html.

［151］ TEE System Architecture Version 1. 0 ［S］. GlobalPlatform, 2011 – 12 ［2015 – 2］. http: //www. globalplatform. org/specificationsdevice. asp.

［152］ The Trusted Execution Environment White Paper ［EB/OL］. GlobalPlatform, 2011 – 2 ［2015 – 2］. www. globalplatform. org.

［153］ T H Hannon, JM McDowell. Market Concentration and Diffustion of New Technology in the Banking Industry ［J］. Review of Economics & statistics, 1984, 66 (4): 686 – 691.

［154］ Tsai W T, Zhong P, Balasooriya J, et al. an Approach for Service Composition and Testing for Cloud Computing ［C］//Autonomous Decentralized Systems (ISADS), 2011 10th International Symposium on. IEEE, 2011: 631 – 636.

［155］ Whittaker J. Google vs. Microsoft, and the Dev: Test Ratio Debate ［R］. 2008.

［156］ White L H. Free Banking in Britain: Theory, Experience, and Debate, 1800 – 1845 ［M］. Cambridge University Press, 1984.

［157］ Why Monero isDifferent ［EB/OL］. https: //getmonero. org/.

2017 – 6 – 22/2017 – 10 – 31.

[158] Yair Frankel, Yiannis Tsiounis, Moti Yung. " Indirect Discourse Proof": Achieving Efficient Fair Off – Line E – cash [C] // International Conference on the Theory and Application of Cryptology and Information Security. Springer Berlin Heidelberg, 1996: 286 – 300.

[159] Zcash [EB/OL]. http: //www. 8btc. com/zcash. 2017 – 10 – 31.

[160] Zech P. Risk – basedSecurity Testing in Cloud Computing Environments [C] //Software Testing, Verification and Validation (ICST), 2011 IEEE Fourth International Conference on. IEEE, 2011: 411 – 414.

[161] Zhong M. a Faster Single – term Divisible Electronic Cash: ZCash [J]. Electronic Commerce Research and Applications. 2002, 1 (3 – 4): 331 – 338.

术语索引

数字货币：数字货币是指以数字形式存在的货币，在不同语境下，有着完全不同的内涵和外延。目前，狭义的数字货币主要指纯数字化、不需要物理载体的货币；而广义的数字货币等同于电子货币，泛指一切以电子形式存在的货币。

电子支付：电子支付指电子交易的当事人，包括消费者、企业和金融机构使用安全的、数字化的支付手段，通过网络向另一方进行货币支付或资金流转的过程。

双花：双花指的是双重支出，是数字现金方案中的一个潜在缺陷，在这种方案中，同一个单一数字代币可以花费一次以上。

盲签名：盲签名是指签名者并不知道所签文件或消息的具体内容，而文件或消息的拥有者又可以签名得到签名人关于真实文件或消息的签名。

P2P 网络：P2P 是指位于同一网络中的每台计算机都彼此对等，各个节点共同提供网络服务，不存在任何"特殊"节点。每个网络节点以"扁平"的拓扑结构相互连通。

数字签名：数字签名是展示数字信息或文件真实性的数学方案。有效的数字签名为收件人提供了理由，认为该邮件是由已知的发件人（认证）创建的，发件人不能否认已发送的邮件（不可否认性），并且邮件在传输过程中不能被更改（完整性）。

区块链技术：区块链技术是利用加密链式区块结构来验证与存储数据、利用分布式共识算法来新增和更新数据、利用运行在区块链上的代码，即智能合约，来保证业务逻辑的自动强制执行的一种全新的多中心化基础架构与分布式计算范式。

智能合约：一个智能合约是一组以数字形式定义的承诺（Promises），包括合约参与方可以在上面执行这些承诺的协议。合约通常以计算机网络上的程序或者电子产品的形式实现，因此，这些合约比它们的纸形态的前身更加的智能。

分布式账本：分布式账本是一种在系统参与者之间共享、复制和同步的网络数据库，存储了金融、法律定义上的实体或数字资产，资产的安全性依赖于密码学的保护，参与者通过密钥对资产行使权利。分布式账本中的每条记录都有数字签名和时间戳，使得账本成为网络中所有交易的可审计历史记录。

PoW：工作量证明（Proof－of－Work，PoW）是一种应对服务与资源滥用、或是拒绝服务攻击的经济对策。一般是要求用户进行一些耗时适当的复杂运算，并且答案能被服务方快速验算，以耗用的时间、资源与能源作为成本，以确保服务与资源是被真正的需求所使用。中本聪将工作量证明应用于比特币的共识机制中，用于随机选定出块人，并使得篡改记录的攻击成本变得异常高昂。

POS：权益证明机制，主要思想是节点记账权的获得难度与节点持有的权益成反比，依然是基于哈希运算竞争获取记账权的方式。

环签名：环签名是一种数字签名，环签名的信息可以被认为是特定的人群中的某个人所签的，但确定具体是哪一个成员的密钥所生成的签名在计算上是不可行的。

零知识证明：零知识证明指的是证明者能够在不向验证者提供任何有用的信息的情况下，使验证者相信某个论断是正确的。证明者向验证者证明并使其相信自己知道或拥有某一消息，但证明过程不能向验证者泄漏任何关于被证明消息的信息。

对称密钥加密：由于加密和解密都使用相同的密钥，因此这种算法被称为"对称密钥加密"，密文的安全取决于密钥能否被保密。

非对称密钥加密：加密和解密过程要用到两个密钥：一个用于加密数据的公钥（Public Key）和另一个用于解密数据的私钥（Secret Key）。

ECDSA：ECDSA 称为椭圆曲线数字签名算法，是数字签名算法（DSA）的椭圆曲线版本，其安全性基于椭圆曲线离散对数问题。

哈希函数：将一个比特串映射为一个固定长度比特串的函数。该函数满足如下性质：a）对于任意给定的输出，要找到其对应的输入，在计算上是不可行的；b）对于任意给定的输入，要找到输出相同的另一个输入，在计算上是不可行的。

DES 的四种工作模式：ECB（电码本模式），CBC（密文分组连接模式），CFB（密文反馈模式），OFB（输出反馈模式）。

公有链：节点可以自由加入和退出网络，并参加链上数据的读写，运行时以扁平的拓扑结构互联互通，网络中不存在任何中心化的服务端节点。

联盟链：各个节点通常有与之对应的实体机构组织，通过授权后才能加入与退出网络。各机构组织组成利益相关的联盟，共同维护区块链的正常运转。

私有链：各个节点的写入权限归内部控制，而读取权限可视需求有选择性地对外开放。私有链仍然具备区块链多节点运行的通用结构，适用于特定机构的内部数据管理与审计。

Key – Value 型数据库：其数据按照键值对的形式进行组织、索引和存储。KV 存储非常适合不涉及过多数据关系业务关系的业务数据，同时能有效减少读写磁盘的次数，比 SQL 数据库存储拥有更好的读写性能。

关系型数据库：建立在关系模型基础上的数据库，借助于集合代数等数学概念和方法来处理数据库中的数据。

移动支付：移动支付是允许用户使用其移动终端（通常是手机）对所消费的商品或服务进行账务支付的一种服务方式。

NFC：Near Field Communication，近场通信。又称近距离无线通信，

是一种短距离的高频无线通信技术，允许电子设备之间进行非接触式点对点数据传输（在 10 厘米内）交换数据。

TEE：Trusted Execution Environment ，可信执行环境。TEE 是与设备上的操作系统并存的运行环境，并且给操作系统提供安全服务。它具有其自身的执行空间，比操作系统的安全级别更高。

比特币地址：比特币地址用来标识比特币系统中一笔交易的支出方和接收方。

钱包：在比特币系统中，钱包是私钥的容器，通常通过有序文件或者简单的数据库实现。

挖矿：在工作量证明机制中，矿工们通过反复尝试求解某种数学难题来竞争获得记账权并获得奖励，这一过程被称为挖矿。区块链基于挖矿进行分布式验证和确认，实现了去中心化条件下，对于状态转移的分布式共识。

ICO：Initial Coin Offering ，初始加密代币发行。是一种为加密代币/区块链项目筹措资金的方式。

后　记

　　本书汇集了作者数年来有关数字货币理论研究和实践的思考，部分章节得到国家重点研发计划（批准号：2016YFB0800600）资助，仅代表个人学术观点，不代表所在机构意见。上海交通大学谷大武教授，北京交通大学张大伟副教授，中国科学院计算所张家琳博士，中国人民银行研究局徐忠局长，中国人民银行数字货币研究所陈华、孙浩、蒋国庆、彭枫、钱友才、赵新宇等诸位同仁，中国人民银行科技司冯蕾，中国金融出版社陈翎女士在本书写作过程中给予了大力的帮助和支持，在此表示诚挚的谢意。因本人学识所限，书中不足和谬误难免，希请方家指正。

姚　前

2018 年 1 月 20 日